Helmut Krebs

Sklerose

Leitbilder und Ideologien der alternden Gesellschaft
mit einem Nachwort von Titus Gebel

herausgegeben von Michael von Prollius
Edition Forum Freie Gesellschaft
Bd. 4

Bibliografische Information der Deutschen Nationalbibliothek:
Die Deutsche Nationalbibliothek verzeichnet diese Publikation in der
Deutschen Nationalbibliografie; detaillierte bibliografische Daten sind im
Internet über http://dnb.dnb.de abrufbar

© 2015, Helmut Krebs, Michael von Prollius (Herausgeber)
Forum Freie Gesellschaft, Fürstenberg

Herstellung und Verlag: BoD – Books on Demand, Norderstedt
Titelbild und Umschlaggestaltung: Björn von Prollius
Typografie: Helmut Krebs

ISBN: 978-3-7392-0375-1

Vorwort

Die Mitte ist das Maß aller Dinge. Politisch positionieren sich alle namhaften Parteien in und um die Mitte. In Umfragen tendieren die Menschen selbst zur Mitte. Wirtschaftlich prägen Mittelschicht und Mittelstand Deutschland. Kulturell mangelt es daher genauso an Eliten und Querdenkern wie in der Politik. In der Mitte haben es sich die Deutschen bequem eingerichtet. Und es geht uns gut. Nur ein wenig oberhalb und unterhalb, links und rechts von der Mitte beginnt bereits die Zone des Unbehagens.

Mit gewissen Abweichungen lässt sich dieser Befund auf erhebliche Teile des Westens übertragen. Die Mitte hat sich durchgesetzt. Die Mitte prägt unser Leben. Der Mitte-Mensch gibt sich aufgeschlossen, wenn nicht mondän, so doch progressiv, fortschrittlich.

Allerdings trügt das Selbstbild. Helmut Krebs zeigt in seinem Essay auf, welches Geistes Kind die Menschen der Mitte sind – der Konservatismus der Besitzstandwahrer dominiert Politik, Wirtschaft und Gesellschaft. Zugleich ist ein zielloser Interventionismus zum Markenzeichen der Mitte geworden. Ziellos, weil es kein geordnetes Ganzes oder eine ideologische Leitidee gibt, dem die Eingriffe dienen. Von Sonderinteressen geleitete Eingriffe in das Leben von Menschen, pragmatisch, technokratisch und flexibel bis zur Labilität kennzeichnen das Agieren der Sozialingenieure. Ein neuer Sozialismus ist nicht das Ziel, das wäre zu weit von der Mitte entfernt, genauso wie eine freie Marktwirtschaft, die als zu radikal gefürchtet wird. Also muss einmal mehr ein dritter Weg her.

Das Leitbild der Mittelschichten ist zwar diffus. Helmut Krebs verleiht ihm aber klare Konturen und prägt den Begriff „Wohlfühlstaat". Das passt zum Sicherheitsstreben der Menschen in einer alternden Gesellschaft. Der Philosoph aus Heidelberg schreibt: „In dem Maße wie die Mittelschichten ihren Einfluss auf die Politik durchsetzen, wandelt sich das heutige Leitbild des Staates zu einem komplexeren *Wohlfühlstaat*" und fährt fort: „Das alte Leitbild der merkantilistischen Ära, der Polizeistaat, steht wieder auf im Gewand eines Staates des absoluten Guten. Instrument und Folge dieser Idee ist die ausufernde Bürokratie."

Der erwünschte Interventionismus besteht zu einem wesentlichen Teil aus einer großen Umverteilungsmaschine. Keineswegs handelt es sich indes nur um ein materielles Unterfangen. Vielmehr ist der Staat zum Adressat ethischer Ansprüche an die Gesellschaft avanciert. Es bleibt naturgemäß nicht bei einzelnen Forderungen der Mittelschicht. Tatsächlich gestalten die politischen Parteien die Gesellschaft nach dem Leitbild der wählenden Mitte. Ein Bündnis ist entstanden, nicht einmal das – die tonangebende Politik und die Mittelschicht sind einfach deckungsgleich. Die Große Koalition symbolisiert das unübersehbar.

Geistig, aber auch materiell hemmt der Interventionismus die Entwicklung, verlangsamt er die Geschwindigkeit, mit der Wohlstand und Wohlfahrt für alle greifbar werden. Je freier eine Marktwirtschaft, desto besser geht es den relativ Ärmsten. Diese Erkenntnis ist keine Parole, sondern empirisch gesättigte Erkenntnis. Der Interventionismus hingegen lähmt das Unternehmertum, die wirtschaftlichen und gesellschaftlichen Kräfte erstarren allmählich. All das geschieht im Namen des Guten. Ziel der Subventionen ist kein Sozialismus, keine autoritäre Herrschaft, sondern eine Subventionierung aller Parteien. Angewandt auf den Fall des berühmten Milchpreisbeispiels von Ludwig von Mises sind es die Konsumenten und die Produzenten, die zugleich unterstützt werden sollen. In Zeiten nie dagewesenen Wohlstands schient jeder hilfsbedürftig geworden zu sein. Die unweigerliche Folge ist ein allgegenwärtiger Staatseinfluss, eine permanente Präsenz des Politischen, ein latenter Primat der Politik in allen Lebensbereichen. Die Omnipräsenz der Bürokratie prägt unausweichlich unser Leben, und sie versperrt uns viele Wege in die Zukunft. Für eine alternde Gesellschaft scheint das unproblematisch zu sein, tatsächlich gilt das allenfalls für die Mittelschicht hier und heute. Gleichwohl, so ließe sich hinzufügen, sind die Masse unserer Probleme erst politisch geschaffen worden.

Das diffuse Leitbild zeigt sich auch in einem verbreiteten Mangel ökonomischer Kenntnisse. So wird der Ökologismus von Menschen getragen, die von Staat abhängig sind und allenfalls wenig und kaum Substanzielles über Wirtschaft wissen: „Sie sind vom Zeitgeist fehlgeleitete Absolventen der Massenuniversität, mit geringen Beschäftigungsaussichten", urteilt Helmut Krebs nicht zuletzt gestützt auf persönliche Erfahrung.

Abhilfe bietet der Heidelberger Philosoph mit seiner prägnanten Darlegung der sozioökonomischen Lage in der alternden Mittelstandsgesellschaft. Gestützt auf die Klarheit und Genialität von Ludwig von Mises wird die Errungenschaft der Markt- als Verbraucherwirtschaft – als Herrschaft der Verbraucher – dargelegt und mit dem Wirtschaftssystem des Interventionismus kontrastiert.

Ebenso aufschlussreich dürften die Ausführungen über den sozialen Wandel sein, der durch Alterung, Feminisierung und Akademisierung geprägt ist und in Ideologien wie Ökologismus, Egalitarismus und dem modernen Wahn des Gender Mainstreaming zum Ausdruck kommt. Wer darüber hinaus den geistigen Wurzeln von Mittelschichtmoden nachspüren möchte, darunter Veganismus und Yoga, der findet sie im zweiten großen Teil des Essays zur Ideologie. Das Stichwort lautet Elitarismus.

Für mich trifft Helmut Krebs den Geist der Zeit. Das gilt über die Analyse des Zeitgeistes mit seinen Wurzeln Romantik, Egalitarismus und Elitarismus hinaus. Der Preisaufschlag bei sogenannten ethischen Produkten entspreche dem Opfer, das der Kirchgänger in den Klingelbeutel werfe: „Befriedigt werden Bedürfnisse der Selbstdarstellung und Einordnung in die Bezugsgruppe. Doch ein Opfer ist es eher nicht." Und an anderer Stelle heißt es: „Nur naive Menschen können annehmen, dass solche ethischen Käufe eine merkliche Wirkung auf die Verhältnisse in der Welt irgendwo haben. Doch hier zählt nicht die reale Wirkung, sondern die Geste. Man nennt es ethischen Konsum, doch er ist eher Ich-Produktion als der Verzehr einer Sache. Er dient der Stabilisierung des Egos sowie der Abgrenzung gegen andere Gruppen."

Der nachfolgende Essay bietet für Menschen der Mitte wertvolle, zugleich enervierende Aufklärung und birgt zudem für alle prinzipientreue Freunde einer freien Gesellschaft eine Botschaft: Wir leben in einer Welt, die nach den Wünschen der Bürger gestaltet wurde, wohl gemerkt nach den Wünschen der Masse in der Mitte. Angela Merkel personifiziert die Identität von Staat und Bürger. Allerdings stellt die massenhafte Einwanderung den Wohlfühlstaat vor die absehbar größte Herausforderung. Die Mitte wird schon bald einer großen Unterschicht gegenüberstehen. Dann stehen Wohlfühlen und die damit verbundenen Ideologien zur Disposition. Ein neuer Realismus wird Raum greifen. Und die Herrschaftsfrage wird sich in den Vordergrund drängen.

Auf alle Herausforderungen hat der Liberalismus eine schlagende Antwort. Der wahre Liberalismus ist unparteiisch und für jeden Menschen da. Freiheit, Gerechtigkeit und Wohlfahrt für alle gehören zu den positiven Konstituanten, die Ablehnung von Macht, Bevormundung und Gleichmacherei zu den negativen, d.h. abwehrenden Leitideen. Da der Liberalismus einst eine Strömung für die Massen war und in seinem Kern unparteiisch geblieben ist, sind wahre Liberale gut für die Zukunft vorbereitet. Diese frohe Botschaft lässt sich dem Essay auch entnehmen. Lassen Sie sich vom Querdenken inspirieren!

Berlin, im November 2015
Michael von Prollius

Inhaltsverzeichnis

Einleitung

„Heutzutage sind die bekanntesten Chimären die der Stabilität und Sicherheit."[1]
„Unter Sklerose versteht man eine Verhärtung von Organen oder Gewebe durch eine Vermehrung des Bindegewebes. Die Sklerose ist also keine eigenständige Krankheit, sondern Folge einer anderen Grunderkrankung. ... Die befallenen Organe werden hart und verlieren ihre Elastizität." (Wikipedia)

Marx und Engels zeichneten vom Kapitalismus das Bild einer revolutionären Gesellschaft. Die dramatische Schilderung der Veränderungen und die geradezu eschatologisch-futuristische Dämonisierung des Kapitalismus als Moloch, der alle menschlichen Werte zerstört und „kein anderes Band zwischen Mensch und Mensch übriggelassen als das nackte Interesse, als die gefühllose,bare Zahlung'"[2], ist Ausdruck der Furcht, die die Angehörigen der alten Klassen hegen. Es ist zugleich eine grotesk verkehrte Schilderung, die nur in einem Punkt zutrifft, nämlich in der Feststellung, dass der Kapitalismus revolutionär[3] ist. Die permanente Umwälzung der gesellschaftlichen

---

1   Ludwig von Mises: *Human Action. A Treatise on Economics*, Auburn, 1998, S. 71. (Dieses und die folgenden Zitate wurden vom Autor übersetzt.)
2   Marx/Engels: *Das Kommunistisches Manifest*, Kapitel 3.
3   Selbst dieses Zugeständnis ist problematisch. Marx versteht unter Revolution eine Umkehrung von Oben und Unten in der Herrschaftsstruktur. In Wirklichkeit sind die ständigen Veränderungen der gesellschaftlichen Verhältnisse nur graduell und mehr oder weniger ausgeprägt im Rahmen eines evolutorischen Prozesses. In einer freien kapitalistischen Gesellschaft gibt es keinerlei Klassenherrschaft und ist daher auch nichts umzukehren. So lange eine demokratische Verfassung die friedliche Abwahl der Regierung ermöglicht, werden gewaltsame Revolutionen, d. h. Bürgerkriege, vermieden.

Verhältnisse, sowohl der Arbeits- als auch der Lebenswelt, als Folge der Steigerung der Arbeitsproduktivität ist nicht zu Ende. Es ist ein nie endender Prozess, vorausgesetzt, die Grundlagen werden nicht zerstört: der Frieden, die freie Marktwirtschaft und der Rechtsstaat.

Auf dem Weg des Fortschritts verstärken sich die Bedürfnisse nach Erfüllung jener menschlichen Werte, deren Vernichtung die bürgerliche Revolution nach Marx und Engels angeblich besiegelt hat. Eine freie, kapitalistische Gesellschaft fördert gerade den zivilisatorischen Humanisierungsprozess und stellt ihn auf eine solide „materielle" Grundlage, d.h. sie befreit den Menschen aus der Notwendigkeit der Plackerei und Schufterei fürs nackte Überleben.

In meinen Augen ist die Hauptgefahr des Interventionismus, d. h. des Wirtschafts- und Gesellschaftspolitik betreibenden Staates, dessen Mechanismen in diesem Essay analysiert werden sollen, nicht ein Rückfall in die Barbarei einer totalitären Gesellschaft in der Art der Nazidiktatur oder eines SED-Staates. Diese Befürchtung der liberalen Ökonomen Ludwig von Mises und Friedrich A. von Hayek[4] waren begründet wegen der dominierende sozialistischen Ideologie, die die öffentliche Meinung aller Industriestaaten beherrschte, bis sie nach 1945 und insbesondere in den Jahren vor 1989 ihre hegemoniale Stellung verlor.

Es droht uns auch kein Rückfall in einen rohen Naturzustand des Bürgerkrieges wie 1919 oder in den arabischen Ländern heute. Diese Tendenz ist charakteristisch für junge Gesellschaften, in denen die Sterblichkeitsrate unter der Geburtenrate liegt und die expansive Bevölkerung über die wirtschaftliche Entwicklung hinausschießt. Eine große Zahl überwiegend männlicher Jugendlicher formiert sich zu kriegerischen Verbänden, während die Staatsführungen an Einfluss verlieren, gar scheitern und verfallen.[5] Der Krieg wird zur Erwerbsquelle, wie dies in Deutschland im Dreißigjährigen Krieg für Wallensteins Soldaten der Fall war.

---

4   Vgl. Ludwig von Mises: „Middle-of-the-Road Policy Leads to Socialism", in: dslb.: *Planning for Freedom and Twelve other Essays and Addresses*, South Holland, Ill., 1974, S. 18–35; Friedrich A. von Hayek: *Der Weg zur Knechtschaft*, München, 2011.

5   Gunnar Heinsohn veröffentlichte Studien zur Kriegsdemografie, vgl.: https://de.wikipedia.org/wiki/Gunnar_Heinsohn (02.10.2015).

Wir leben in einer Zeit des Interventionismus. Doch wird er von den Akteuren der Politik nicht mehr wie in der ersten Hälfte des 20. Jahrhunderts als Instrument zur letztendlichen Herbeiführung des Sozialismus eingesetzt. Die Leitidee ist nun ein mittlerer Weg zwischen Sozialismus und einem negativen Bild von Kapitalismus, das noch immer stark durch die Deutung des Kommunistischen Manifests geprägt ist. Kapitalismus wird von seinen Gegnern als eine Gesellschaft gesehen, in der Arbeiter ausgebeutet werden, Reichtum unverdient ist, die sogenannte Schere zwischen Arm und Reich sich immer weiter öffnet, die Lebensbedingungen sich immer weiter verschlechtert, wenn den schwachen Arbeitern nicht mit der Macht des Staates und der Gewerkschaften geholfen wird. Kapitalismus ist in diesem Zerrbild schuld an Arbeitslosigkeit, Wirtschafts- und Finanzkrisen, zunehmende Umweltzerstörung, Erschöpfung der Rohstoffe, Hunger und Armut usw. Nichts von alledem ist richtig.

Das Leitbild der interventionistischen Politik unserer Tage ist merkwürdig verschwommen und namenlos. Es ist ein Überbleibsel aus der Zeit, als der Sozialismus vorherrschte. Man gab dieses Ziel auf, aber nicht die Politik, die dahin führen sollte. Wohin führt sie dann? Es ist eine Kernthese dieses Essays, dass die heutige Form des Interventionismus ziellos agiert. Sie tendiert aus ihrer immanenten Logik zu einer Hemmung der wirtschaftlichen Kräfte, zur Lähmung des Unternehmergeistes. Sie verlangsamt das Tempo der Entwicklung, sie zielt auf die Bewahrung des bestehenden und lässt die Verhältnisse kaum merklich erstarren. Es handelt sich nicht um ein bewusst gewähltes Ziel. Im Gegenteil: Allerorten werden Reformen diskutiert und „auf den Weg gebracht". Man hört von Umgestaltung, Verbesserung, Wende. Es wird reguliert, verbessert und nachgebessert. Die Unüberschaubarkeit des Steuerrechts ist legendär. Allein die von der EU-Bürokratie geschaffenen Gesetzessammlungen nehmen auf Dünndruckpapier einen Umfang von zwei laufenden Metern ein. Die Akteure möchten alles besser gestalten. Sie glauben, dass ihre Ziele für alle gut und ihre Maßnahmen nützlich sind. Die Reformer halten sich für fortschrittlich, sind aber faktisch konservativ. Sie ersetzen freies Handeln durch Vorschriften und drosseln die wirtschaftliche Dynamik. Niemand strebt bewusst nach Erstarrung. Sie ist aber ein unvermeidliches Resultat einer interventionistischen Politik, dessen hervorstechendstes und „nachhaltigstes" Ergebnis die Bürokratie ist.[6] Konservativ nenne ich Ideologien, die die Sklerotisierung der Gesellschaft befördern. Als die beiden Hauptströme des Konservatismus mache ich die Spielarten sozialistischer und ökologistischer Denkrichtungen mit ihren Leitideen der „sozialen Gerechtigkeit" und der „Nachhaltigkeit" aus. Die Reformer wähnen sich fortschrittlich; sie betreiben tatsächlich einen *Konservatismus der Besitzstandswahrer.*

Um die wirkungsmächtigen Ideologien geht es mir in diesem Buch, auch um die ökonomischen und sozialen Hintergründe, auf dem sie wirken. Ich berühre viele politische Streitfragen, doch der Leser darf keine programmatischen Vorschläge erwarten. Dies würde den Rahmen weit übersteigen und muss anderen Publikationen vorbehalten bleiben.[7]

1. Die alternde Gesellschaft

„Die Großregulatoren in Berlin und Brüssel maßen sich einen Erziehungsauftrag an, statt schlicht die Freiheit des Einzelnen zu schützen. Jedes Problem wird mit einer Richtlinie erschlagen. Es gibt Vorstände, die sitzen morgens mit ihren Rechtsberatern zusammen und nachmittags mit ihren Versicherungsleuten. Ein soziales System, das nicht 10 Prozent an krimineller Energie toleriert, wird mit mechanischer Konsequenz totalitär. Denn das oktroyierte Perfektionsideal hört nie auf, Sicherheitslücken zu finden. Irgendwann haben sie alles verboten, was nicht explizit erlaubt ist."[8]

---

6   Begleiterscheinungen sind Inflation, Schwächung der Sozialsysteme und Staatsverschuldung.

7   Siehe: Krebs/v. Prollius: *Zur Struktur staatlicher Aufgaben und ihrer Legitimität aus liberaler Sicht*, Forum Freie Gesellschaft, 2015.

8   Reihard K. Sprenger in einem Interview in Cicero, 07.10.2015.
    http://www.sprenger.com/index.php/newsreader/items/interview-zu-das-anstaendige-unternehmen.html.

Der Staat des Guten oder das umgekehrte Mephistoprinzip

Wir sind gewohnt, in Maßnahmen des Staates interessengeleitete Übervorteilungen der Mehrheit durch privilegierte und mächtige Minderheiten zu sehen. Diese Deutung ist tief in unserem Denken verwurzelt und sie mag zutreffend sein, wenn die politischen Akteure von einem sozialistischen Sendungsbewusstsein geleitet werden, wenn sie Exponenten einer Oligarchie sind oder Militärdiktatoren. Sie erscheinen vielen auch für die Beschreibung der heutigen Politik treffend, weil Gruppeninteressen Anlass und Ziel politischen Handelns sind. Die Hintergründe der Politik sind jedoch keine Verschwörungen oder Geheimpläne. Die Ähnlichkeit ist also nur oberflächlich.

Meiner Ansicht nach ist eine andere Deutung des heutigen Gesellschaftssystems und seiner Machtmechanismen zutreffender als der Verdacht auf Klassenkampf und Klassenherrschaft, dem Gemeinplatz des marxistischen Denkens. Gewiss, nach wie vor sind Menschen überwiegend von eigennützigen Zielen geleitet. Aber zu glauben, dass die mächtigen Eliten eine finstere Verschwörerbande sei, die ihre wahren Ziele versteckt, verzerrt die Tatsachen aus einer Froschperspektive. Unsere Gesellschaft ist nicht in undurchdringliche Klassenschranken unterteilt, sie ist offen und durchlässig. Die Zugänge zu Machtpositionen sind keiner besonderen Kaste vorbehalten. Jeder kann mit Tüchtigkeit und Glück aufsteigen, während andere fortwährend absteigen. Die Absichten der Akteure decken sich mehr oder weniger mit dem, was sie sagen. Es gibt keine Geheimgesetze und keinen geheimen Plan. Der Staat befindet sich nicht in den Händen einer allmächtigen kleinen Gruppe, einem Politbüro oder einem Diktator. Die gesetzlichen Entscheidungen werden öffentlich gefällt, sind verbindlich und werden im Großen und Ganzen auch beachtet. Die Regierung wird durch das Parlament kontrolliert. Entscheidungsmacht wird durch allgemeine, freie, geheime und gleiche Wahlen erteilt. Die Politik ist mehr denn je von der Mehrheitsmeinung des Volkes abhängig. Sie wird unablässig mit demoskopischen Methoden erforscht und berücksichtigt.

Wir dürfen annehmen, dass die Akteure der Macht im Selbstverständnis handeln, gerechte und moralisch gute Lösungen zu finden. Ihr Ziel ist es, das freie Spiel der ungebundenen Kräfte, das negativ bewertet wird, durch eine vermeintlich harmonische Ordnung zu ersetzen. In der Regel sind die

Beschlüsse auch sinnvoll und durchdacht, jedenfalls im Rahmen der Systemlogik. Wir haben es bei der Bürokratie in den hochentwickelten Ländern mit überdurchschnittlich fähigen Fachleuten zu tun. Nur haben ihre Maßnahmen eine Nebenwirkung: Sie erdrosseln das Spiel.[9] Mephisto nannte sich den Geist, der stets das Böse will und stets das Gute schafft. Hier ist es umgekehrt.

Ludwig von Mises wies auf ein historisch bedeutsames Beispiel für eine solche Erstarrung hin, auf China ab dem 13. Jahrhundert.[10] Zum Übergang einer einstmals dynamischen Hochkultur, die tausend Jahre an der Weltspitze stand, nach Jahren der Aufstände zu einer viele Jahrhunderte währenden Stagnation trugen Lehren bei, die die Werte der *Gleichheit,* der *Harmonie* und des *Gleichgewichts* betonten, wie z. B. Feng Shui, das heute in den Kreisen unserer akademischen Mittelschichten zunehmend beliebter wird. In ihren Werten mischen sich Dünkel und Erschlaffung eines Konservatismus der Saturiertheit. In die Vorstellung der Überlegenheit mischt sich die Furcht vor dem Verlust des Lebensstandards und des gesellschaftlichen Status zu einem Motiv des Bewahrens. Nichts anderes ist der Wesenskern des Ökologismus, der Lehre von der ewigen Wiederkehr des Gleichen. Die Sklerose Chinas vollzog sich in den Jahrhunderten des Aufstiegs Englands zur reichsten Nation unter ähnlich ungünstigen klimatischen Bedingungen einer kleinen Eiszeit.[11]

Zahlenvergleiche

Dies ist keine wirtschaftsgeschichtliche Untersuchung. Aber einige wenige Zahlen helfen, das Ausmaß der Probleme zu verstehen. Die folgende Grafik

---

9   Vgl. Michael von Prollius: *Die Dunkle Bedrohung: Verstaatlichung durch schleichende Bürokratisierung,* online: Forum Freie Gesellschaft, 2015.
10   Mises: *Human Action,* a.a.O., S. 836 ff.; vgl. Markus Taube zur chinesischen Geschichte: http://www.tagblatt.de/Home/nachrichten/wirtschaft_artikel,-China-Tausend-Jahre-Ueberlegenheit-500-Jahre-Stagnation-und-ein-sensationelles-Comeback-_arid,296034.html (02.10.2015).
11   Kenneth J. Hsü: *Klima macht Geschichte. Menschheitsgeschichte als Abbild der Klimaentwicklung,* Zürich, 2000, S. 13–37.

zeigt das reale prozentuale Wirtschaftswachstum (pro Jahr) in Deutschland.[12]

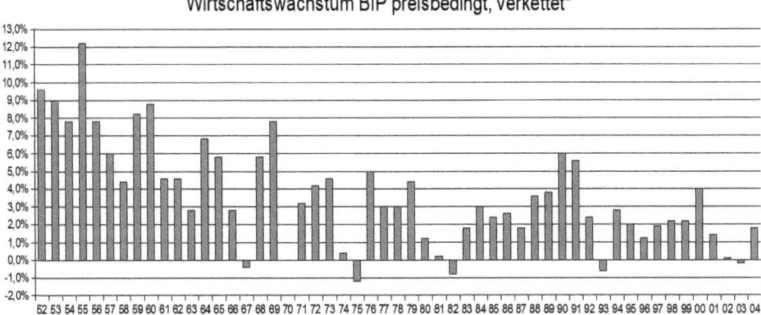

Wirtschaftswachstum BIP preisbedingt, verkettet*

Der Trend setzt sich bis heute fort. Der Zuwachs des Bruttoinnlandsprodukts sank in den letzten 10 Jahren im langfristigen Durchschnitt von 2 % auf 0 %.[13] Die anderen europäischen Länder stagnieren in vergleichbarer Weise. Der Motor des wirtschaftlichen Fortschritts ist längst nicht mehr das „alte" Europa. Es wanderte Mitte des 20. Jahrhunderts von England nach Amerika und von dort nach Asien. Die folgende Grafik zeigt den Vergleich mit Indien. Reale Zuwachsraten des BIP von 1951 bis 2008.[14]

12   http://www.wiwiwiki.net/index.php?
      title=Datei:Wirtschaftswachstum_BIP_preisbedingt.jpg.
13   Wikipedia: https://de.wikipedia.org/wiki/Wirtschaft_Deutschlands (15.10.2015).
14   https://rbi.org.in/Scripts/PublicationsView.aspx?id=13980. In den Jahren 1998 und
      2008 schwankten die Raten im Bereich von 4,1 % und 9,8 %.

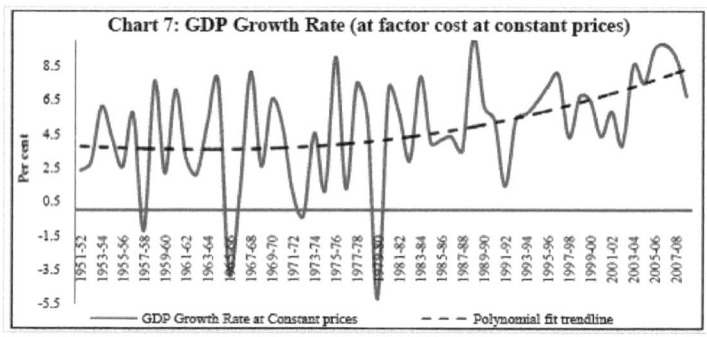

Chart 7: GDP Growth Rate (at factor cost at constant prices)

Die Stadt ist das Zentrum der wirtschaftlichen Entwicklung. Wo Städte entstehen und größer werden, ist der Puls der Zeit. Die größte Stadt Europas ist Istanbul (13 Milionen Einwohner, mehrheitlich im asiatischen Teil). Zweiundzwanzig Metropolen sind größer. Sie liegen in Japan, Indonesien, Indien, auf den Philippinen, in Südkorea, in China, Pakistan, den USA, Brasilien, Mexiko, Russland, Bangladesh, Ägypten, Thailand und Argentinien. Paris (10 Millionen) ist die größte rein europäische Stadt (Platz 28). Lagos, Shenzin, Rio de Janeiro, Kinshasa und Tianjin sind die nächst größeren.

Ein Vergleich der Wirtschaftsleistung ausgewählter Länder im Zeitraum von zwei Jahrzehnten zeigt die starken Unterschiede in der Dynamik:[15]

---

15   http://www.crp-infotec.de/03welt/vergleichglobal/grafs/top15_bip_nominal.gif
      (02.10.2015).

18

Land	Bruttoinlandsprodukt (Mrd. $)		in %	Ø p.a. in %	Durchschnitts-alter 2010[16]
	1992	2013			
Japan	3.510	4.902	139,6	1,60	44,7
Deutschland	1.850	3.635	196,5	3,27	44,3
USA	5.910	16.800	284,3	5,10	37,1
Australien	300	1.561	520,3	8,17	36,8
Indien	270	1.877	695,2	9,67	25,5

Europa gehört auch demografisch zu den alten Gesellschaften. Ein Vergleich der Bevölkerungsanteile von Alterskohorten im Jahre 2005[17] zeigt dies:

	Prozentuale Verteilung der Altersgruppen			
Gebiet	0—14	15—59	> 60	> 80
Welt	28,3	61,4	10,3	1,3
Entwickelte Länder	17,0	62,9	20,1	3,7
Weniger entwickelte Länder	**30,9**	61,0	8,1	0,8
Europa	15,9	63,5	**20,6**	3,5
Nordamerika	20,5	62,7	16,7	3,5
Asien	**28,0**	62,7	9,2	1,0

Der Vergleich der entwickelten mit den weniger entwickelten Länder zeigt, dass etwas mehr als 60 % die Last der übrigen tragen. Aber in den entwickelten sind dies überwiegend alte, in den unterentwickelten überwiegend junge Menschen.

Die Zahl junger Menschen ist von Gewicht. Arbeit ist der knappste Wirtschaftsfaktor schlechthin. Alle stofflichen Faktoren können gekauft oder durch andere ersetzt werden. Das Angebot an Arbeitern[18] kalibriert und li-

---

16 Angaben nach statista, 2015.
17 http://www.un.org/esa/population/publications/wpp2006/English.pdf (02.10.2015).
18 Unter Arbeiter sind alle in Produktions- und Handelsbetrieben tätigen Erwerbstätigen gemeint, also auch alle Angestellten, Manager, die mitarbeitenden Eigentümer.

mitiert die Produktion in einem Wirtschaftsgebiet. Ist Arbeit knapp, verteuert sie sich und die Produktion kann nur durch technische Verbesserungen gesteigert werden. Wird sie reichlich angeboten, ist sie billig und die Produktion kann expandieren.[19] Die Industrialisierung Englands am Ende des 18. Jahrhundert und später konnte auf das hungernde, in die Städte flüchtende Landproletariat zurückgreifen. In den hochentwickelten Ländern schrumpft das Angebot an Arbeitern aufgrund der sinkenden Geburtenraten (gleichzeitig herrscht wegen nicht marktgerechter Tariflöhne chronische Arbeitslosigkeit). Auch dies ist einer der hemmenden Faktoren, auf die wir im Lauf unserer Untersuchung eingehen werden.

Beispiel Japan

Die Wirtschaftsentwicklung Japans entwickelte sich nach 1945 dynamischer als die der USA. Sie holten einen enormen Rückstand in wenigen Jahrzehnten weitgehend auf. Die Grafik zeigt einen Vergleich des Bruttoinlandsprodukts im Zeitverlauf.[20]

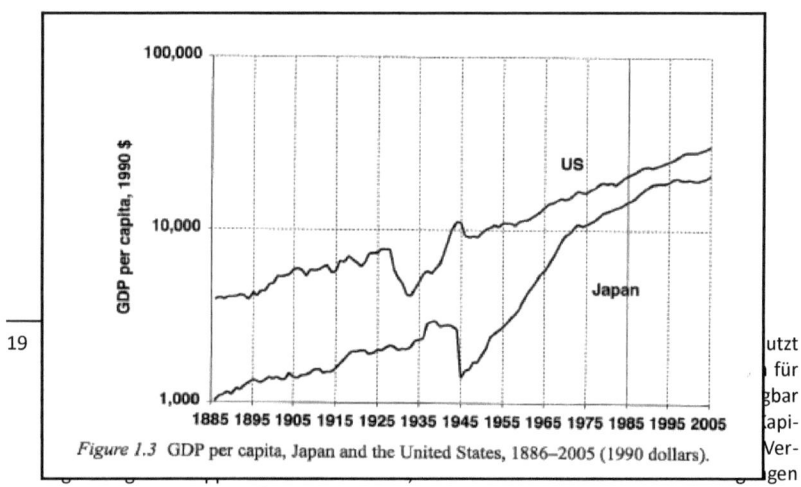

Figure 1.3 GDP per capita, Japan and the United States, 1886–2005 (1990 dollars).

19 ... utzt
... für
... gbar
... api-
... Ver-
... gen
der heutigen Welt langfristig keine Nichtverwendung von Arbeit in einer freien Marktwirtschaft bestehen kann, sind die ungenutzte Kapazität von Land und von nicht austauschbaren Industrieanlagen ein regelmäßiges Phänomen." Ludwig von Mises: *Human Action*, Kap. 16.14.
20   http://www.asiastudies.de/wp-content/uploads/2012/10/japanwirtschaft.pdf
(02.10.2015).

Doch etwa ab 1990 kam die Dynamik zu erliegen und hat sich bis heute nicht mehr erholt. Der Abstand zu den USA vergrößert sich daher wieder. Das Bruttoinlandsprodukt schrumpft seither, begleitet von einem Sinken der Konsumgüterpreise.[21] Als einer von mehreren Faktoren wird die negative Bevölkerungsentwicklung genannt. Japan altert. Seit 2006 schrumpft die Gesamtzahl, das Durchschnittsalter steigt[22] und der Anteil der Erwerbstätigen an der Bevölkerung nimmt ab. Selbstverständlich ist die Bevölkerungsentwicklung nur ein, wenn auch gewichtiger Faktor für eine alternde Gesellschaft.

Kapitalneubildung

Der zweite entscheidende Faktor ist die Kapitalneubildung. Ludwig von Mises verglich China mit England, um der Frage nachzugehen, welche Bedingungen Dynamik und welche Stagnation befördern:

> „China versuchte das Prinzip der Einkommensgleichheit in viel größerem Maße als England zu verwirklichen. Bodenbesitz wurde geteilt und unterteilt. Es gab keine Klasse von landlosen Proletariern. Aber im achtzehnten Jahrhundert war diese Klasse in England sehr zahlreich. Für eine sehr lange Zeit verzögerten die restriktiven Praktiken der nichtagrarischen Wirtschaft, gestützt durch traditionelle Ideologien, das Aufkommen des modernen Unternehmertums. Als aber die Laissez-faire-Ideologie den Weg für den Kapitalismus geöffnet hatte, indem sie die Fehlschlüsse des Restriktionismus völlig widerlegte, konnte die Entwicklung des Kapitalismus voranschreiten und ihr Schritttempo beschleunigen, weil die benötigte Arbeitskraft bereits bereit stand."[23]

Es waren die Ideen der Gleichheit der Lebensbedingungen als Verwirklichung der Gerechtigkeit, die private Kapitalbildung in China und auch in den orientalischen Ländern in den vergangenen Jahrhunderten verhinderte.[24] Dynamik mag einem Betrachter auf den ersten Blick als chaotisch und

---

21 https://de.wikipedia.org/wiki/Wirtschaft_Japans (02.10.2015).
22 1950 betrug es 22,3 Jahre, 2015 betrug es 46, 5 Jahre (statista 2015).
23 Ebd., Kap. 35.3.
24 „Aber China und die mohammedanischen Länder waren abgesehen von der Verskla-

hart erscheinen, und das ist sie im Einzelfall auch. Der Markt erfordert immer wieder Veränderungen der beruflichen Tätigkeit, Umzüge, Geschäftsaufgaben und die Mühe des Neuanfangs. Wirtschaftliche Dynamik hebt aber mit der Zeit das Niveau aller und erweist sich in geschichtlicher Sichtweise als segensreich. Stabilität und Ordnung mögen dem Betrachter als humaner und zivilisierter erscheinen, und das sind sie auf den ersten Blick auch für manche. Aber sie lähmen die Wirtschaft, senken das Niveau und verschlechtern die Lebensbedingungen vor allem der mittleren und unteren Schichten, d.h. der Bevölkerungsmehrheit. In geschichtlicher Betrachtung sind sie unmenschlicher und unzivilisierter, denn der Mensch strebt unabänderlich nach der Überwindung seines Unbefriedigtseins.

Wir können ein erstes Resümee ziehen. Dynamik einer Wirtschaft besteht in einer hohen Zuwachsrate der Produktion. Diese basiert auf einem tatkräftigen Unternehmertum, das Gewinne erwirtschaften kann, sowie einer expansiven, möglichst jungen Bevölkerung, die sparsam lebt und dadurch zur Kapitalneubildung beiträgt. Stagnation der Wirtschaft besteht in einer geringen oder sogar negativen Zuwachsrate der Produktion. Diese basiert auf einem geschwächten Unternehmertum, dessen Gewinne von

---

vung einer vergleichsweise kleinen Zahl von Menschen frei von der Starrheit der Kasten. Sie wurden von Autokraten beherrscht. Aber die einzelnen Untertanen waren gleich unter der Autokratie. Sogar Sklaven und Eunuchen wurden nicht am Zugang zu den höchsten Würden gehindert. Es ist diese Gleichheit vor dem Herrscher, auf die sich die Leute heute beziehen, wenn sie von den angeblichen demokratischen Bräuchen dieser Orientalen sprechen.
Der Begriff der wirtschaftlichen Gleichheit der Untertanen, dem diese Menschen und ihre Herrscher anhingen, war nicht sehr gut definiert, sondern vage. Er war aber sehr klar in einer Hinsicht, nämlich, in der völligen Verdammung der Anhäufung eines größeren Vermögens durch eine Privatperson. Die Herrscher sahen in reichen Untertanen eine Bedrohung ihrer politischen Oberherrschaft. Alle Menschen, die Herrscher wie die Beherrschten waren davon überzeugt, dass niemand üppige Mittel anders anhäufen kann, als einem anderen das wegzunehmen, was ihm gehören sollte, und dass die Reichtümer der wenigen Wohlhabenden durch die Armut der vielen verursacht wurde. Die Situation von reichen Geschäftsleuten war in allen orientalischen Ländern extrem unsicher. Sie waren auf die Gnade der Amtsinhaber angewiesen. Selbst verschwenderische Bestechungsgelder konnten sie nicht gegen die Enteignung schützen. Das ganze Volk freute sich, wann immer ein reicher Geschäftsmann dem Neid und Hass der Verwaltungsbeamten zum Opfer fiel." Ebd., Kap. XXXV.3.

Staat und Gewerkschaften abgeschöpft werden, einer geringen Sparneigung und einer schrumpfenden und alternden Gesellschaft.

Das Entscheidende für die Richtung und das Tempo gesellschaftlicher Entwicklungen sind die herrschenden Ideen. Sie bewegen die Menschen. Ideen sind die wahren geschichtsmächtigen Kräfte. Sie liegen den Handlungszielen zugrunde. Es gibt keine ökonomischen oder demografischen Gesetze, die sich nicht auf den Willen der handelnden Menschen zurückführen lassen. Aber der Wille des Menschen ist beeinflusst von den Ideen der Zeit. Der dritte Teil des Buches wird sich daher ausführlich mit den ideologischen Fragen befassen. Doch vorab wenden wir uns den ökonomischen und soziologischen Tatbeständen zu.

A. DER ÖKONOMISCHE ASPEKT ODER DIE SATURIERTE WOHLSTANDSINSEL

„Es gab immer und wird immer Leute geben, die aus eigennützigen Ambitionen eine Protektion ihrer persönlichen Interessen fordern und die hoffen, durch wettbewerbsbeschränkenden Maßnahmen Vorteile genießen zu können. Unternehmer, die alt und müde geworden sind und die dekadenten Erben von Leuten, die in der Vergangenheit erfolgreich waren, mögen die agilen Emporkömmlinge nicht, die ihren Reichtum herausfordern und ihre hervorgehobene gesellschaftliche Position. Ob ihr Wunsch, die wirtschaftlichen Bedingungen starr zu machen und Verbesserungen zu verhindern verwirklicht werden kann, hängt von dem Klima der öffentlichen Meinung ab. Die ideologischen Strukturen des neunzehnten Jahrhunderts ... ließen solche Wünsche nicht zu. Als die technologischen Verbesserungen im Zeitalter des Liberalismus die traditionellen Methoden der Produktion, des Transports und des Vertriebs revolutionierten, forderten diejenigen, deren eigene Interessen verletzt wurden, keine Protektion, weil es ein hoffnungsloses Unterfangen gewesen wäre. Aber heute wird es als eine legitime Aufgabe des Staates angesehen, einen effizienten Menschen am Wettbewerb mit weniger effizienten zu hindern. Die öffentliche Meinung sympathisiert mit den Forderungen mächtiger Interessengruppen, den Fortschritt aufzuhalten."[25]

„Wenn der Mensch daran denkt, sich von der Herrschaft des Verstandes zu befreien, muss er wissen, was er damit aufgibt."[26]

---

25 Ludwig von Mises, a.a.O., Kap. 15.3.
26 Ebd., Kap. 3.6.

2. Grundlagen

Die Verbraucherherrschaft

Wenn wir ein Kaufhaus oder einen Supermarkt betreten, können wir uns die Leistungsfähigkeit und die Wirkungsweise der freien wie der gehemmten Marktwirtschaft veranschaulichen. Das Sortiment des Unternehmers ist auf die Bedürfnisse der Kundschaft abgestimmt. Was die Kunden kaufen, ordert der Ladenbesitzer bei seinen Lieferanten, den Produzenten bzw. Großhändlern erneut. Was schwer in den Regalen liegt, wird in kleinerer Stückzahl nachbestellt oder gar nicht. Immer wieder werden Neuheiten angeboten. Die Preise bilden sich durch ein unmerkliches Feilschen. Sie sind ausgezeichnet und nicht verhandelbar, wohl aber ist der Artikel gängig oder nicht. Der Händler offeriert einen neuen Artikel mit einem relativ hohen Einstiegspreis und gibt bei Schwerverkäuflichkeit schrittweise nach, bis der Verkauf sich verstärkt. Wenn die Ware überlagert ist, verkauft der Händler den Rest billiger, bisweilen sogar unter dem Einkaufspreis, um soviel gebundenes Kapital wie möglich zu liquidieren, und die Verkaufsfläche für neue Waren zugänglich und damit rentabler zu machen. Die Kunden steuern das Handeln des Anbieters durch ihre Käufe oder Kaufverzichte, während der Händler versucht, diese vorauszusehen.

Angebot und Nachfrage tauschen sich in einem stummen Gespräch aus. Der Konsument entscheidet und steuert letztlich den Unternehmer und damit die gesamte Wirtschaft. Die Order des Händlers steuert wiederum die Produzenten; auch hier wirken Marktgesetze. Das letzte Wort haben aber stets die Verbraucher, denn die Produktion ist auf den Konsum ausgerichtet. Die Verbraucherbedürfnisse sind der Ausgangspunkt des Informationsaustausches und der Endpunkt des Herstellungsprozesses. Die Marktwirtschaft optimiert die Produktion nach den Maßstäben der Verbraucherbedürfnisse. Wir können in diesem Sinne von einer Marktdemokratie sprechen. Weicht das Angebot von der Bedürfnisstruktur ab, wird es verändert und wieder angepasst.

In einer behinderten Marktwirtschaft werden diese Anpassungen abgeschwächt und umgelenkt, so dass das Angebot von den tatsächlichen Verbraucherbedürfnissen abweicht und die Preise verzerrt werden. Dies ist eine Definition für relative Verarmung. *Die freie Marktwirtschaft verbessert die materiellen Lebensbedingungen aller Menschen, die Hemmung des freien Marktes sorgt demgegenüber für eine relative Verarmung.* Sie betrifft alle Menschen, doch die ärmsten Schichten am meisten. Daraus wachsen neue Ansätze für Alimentierung und Umverteilung.

Doch die Unternehmer hießen nicht Unternehmer und die Händler nicht Händler, wenn sie nicht aktiv wären. Die Anbieter versuchen die Bedürfnisse der Verbraucher zu beeinflussen. Die Unternehmer können neue Produkte kreieren und die Händler neue Offerten machen. Sie beleben mit ihren Ideen den Markt und verändern das Verbraucherverhalten. Neue Produkte verdrängen alte, doch der Richter ist immer der Verbraucher. Er entscheidet, was ankommt und was liegen bleibt. Unternehmerisches Handeln ist auf die bestmögliche Erfüllung der jeweils dringendsten Bedürfnisse der Verbraucher, der Käufer, ausgerichtet. Der Gewinn ist die Folge einer vergleichsweise besseren Anpassung an die Verbraucherbedürfnisse, das heißt einem gelungen kaufmännischen Verhalten.[27] Der Gewinn stellt einen Anreiz zur Optimierung der Wirtschaft im Interesse der Verbraucher dar. Sie belohnen verbraucherfreundliche Unternehmer. Weil sie zur Verbesserung der materiellen Lebensverhältnisse beitragen, sind sie aus moralischer Sicht gut für alle Menschen. Verluste sind die Folge schlechter Geschäftspolitik, d.h. einer unbefriedigenden Bedienung der Verbraucherbedarfe.

Wie kommt es, dass neue Waren erfunden und entwickelt, produziert und verkauft werden können? Ihre Herstellung erfordert neues zusätzliches Kapital, denn dieser Prozess verschlingt Kosten. Diese Mittel können aus den Erträgen oder den Rücklagen der Unternehmen gewonnen werden, indem alte Produkte vom Markt genommen werden. Das Neue ersetzt das Alte. Soll aber die Produktion insgesamt erweitert werden, so braucht es neues zusätzliches Kapital, das investiert wird. Es kann nur aus unverbrauchten Geldmitteln stammen. Es können bei einzelnen Unternehmen

---

27 „Wie jeder handelnde Mensch ist der Unternehmer immer ein Spekulant. Er hat es mit ungewissen Zukunftsbedingungen zu tun. Sein Erfolg oder Misserfolg hängt von der Richtigkeit seiner Voraussicht ungewisser Ereignisse ab. Wenn er die kommenden Dinge falsch versteht, ist er verloren. Die einzige Quelle, aus der ein Unternehmergewinn stammt, ist seine Fähigkeit, besser als andere Leute die zukünftige Nachfrage seiner Verbraucher vorherzusehen." Mises: *Human Action*, Kap. 18.8.

Kapitalrücklagen aus Gewinnen sein, die liquidiert werden, oder Kredite, die von Geldgebern bezogen werden. Doch woher beziehen die ihre Darlehen? Einzelne Produzenten können zu Lasten schrumpfender expandieren, doch wenn die Wirtschaft als Ganzes expandieren soll, so kann es nur aus der Umlenkung von Gütern vom Konsumbereich in den Produktionsbereich gelingen. Das ist mit dem Begriff *Kapitalneubildung*[28] gemeint. Voraussetzung sind Ersparnisse der Verbraucher, die aus dem vorläufigen Verzicht auf den Verzehr erarbeiteten Einkommens gebildet werden. Kapitalneubildung im Großen setzt Sparen voraus. Die Verbraucher müssen auf Konsum verzichten und Geldmittel zurücklegen, die über die Banken als Kredite zu den Produzenten fließen. Betrug die Sparquote privater Haushalte 1970 noch rund 20 %, so bewegt sie sich heute um die 10 %.[29]

Neu gedrucktes Geld, also Inflation und Kreditausweitung, kann diese ersparten Mittel nicht ersetzen, weil sie letztlich nur zu einer Verteuerung der Preise führen und damit versanden. Sie führen der Produktion keine erarbeiteten Güter zu, sondern verwässern die nachfragende Geldmenge; sie senken die Kaufkraft der Geldeinheit. Was anfangs die Wirtschaft belebt, hemmt sie in der Folge durch die preistreibenden Effekte und dem Aufschwung folgt der Abschwung. Aus einem Strohfeuer entsteht kein wirtschaftlicher Fortschritt, oft genug aber Katzenjammer.

Somit steuern die Sparer auch die Marschzahl des Fortschritts. Sie bestimmen den Spielraum für den wirtschaftlichen Fortschritt. Wird der Sparanreiz geschwächt, verlangsamt sich die Kapitalneubildung und die Wirtschaft stagniert.

Die Investitionen verbessern die Arbeitsproduktivität. Bei gleichartigen Artikeln erhöht sich die Stückzahl pro Arbeitseinheit und damit sinken die Kosten und dadurch der Preis. Es können neue oder bessere Produkte auf den Markt gelangen. Es erhöht sich somit der Lebensstandard aller Verbraucher. Je höher der Lebensstandard ist, desto größer der Anteil des Ein-

---

28 „Zusätzliches Kapital kann nur durch Sparen gebildet werden, d.i. einem Überschuss der Produktion gegenüber dem Verbrauch. Sparen kann in einer Einschränkung des Verbrauchs bestehen." Mises, Human Action, Kap. 18.7. Weitere Quellen der Kapitalneubildung sind hier ohne Belang.

29 Statistisches Bundesamt: *Volkswirtschaftliche Gesamtrechnungen, Inlandsproduktberechnung, Lange Reihen ab 1970*, Wiesbaden, 2015.

kommens, der gespart werden kann. Es handelt sich, so lange er nicht gehemmt wird, um einen sich selbst beschleunigenden Prozess.

Die Verbilligung der Grundversorgung

Die Verbilligung von Massenartikeln als Folge technischer Verbesserungen der Produktion ist eine wichtige Tendenz des Kapitalismus, der in seiner höheren Stufe dazu führt, dass die basalen Güter einen immer kleiner werdenden Posten in der Haushaltskasse ausmachen. *Basale* Güter nennen wir diejenigen, auf die als letzte verzichtet wird, wenn die Geldmittel schwinden. Die Produktion von Nahrung und Kleidung sind natürlich existenznotwendig.[30] Dem folgen andere Produkte. Die Palette verbreitert sich in Richtung Luxusgüter exponentiell.

Der Warenkorb der Verbraucher und das Warensortiment verändern sich bei steigenden Einkommen. Mit dem Realeinkommenszuwachs werden ehemalige Luxusgüter wie Olivenöl, Armbanduhren oder Urlaubsreisen zu Massengütern. Sie wandern mit sinkenden Preisen die sozialen Schichten nach unten bis zum Discounter.

Die Verbilligung der Grundversorgung drückt sich in einem sinkenden Anteil der Lebensmittelkosten an den Gesamtausgaben der Haushalte aus: 1850 betrug er 61 %, 1950 noch 44 %, 2000 nur noch 14,7 %[31] (siehe folgende Grafik). Die Zeit von 1950 bis 1970 wird Wirtschaftswunderzeit genannt. Mit den steigenden Einkommen sank rasch die Arbeitslosigkeit. Sie betrug 1950 im früheren Bundesgebiet 11 % und 1970 nur noch 0,7 %.[32]

Seit 1970 kehrt sich die Dynamik um. Die Massenarbeitslosigkeit[33] wird chronisch und das Wirtschaftswachstum verliert an Dynamik. Es ist offen-

---

30 Mises: *Human Action*, a.a.O., S. 96.
31 Man beachte den Zeitraum zwischen 1950 und 1970 im Unterschied zur anschließenden Zeit. Mit dem Regierungseintritt der SPD verstärkt sich die interventionistische Tendenz in Deutschland. Quelle: Statista.
     http://de.statista.com/statistik/daten/studie/75719/umfrage/ausgaben-fuer-nahrungsmittel-in-deutschland-seit-1900/ (02.10.2015).
32 https://www.destatis.de/DE/ZahlenFakten/Indikatoren/LangeReihen/Arbeitsmarkt/lrarb003.html.
33 Ebd. Sie steigt bis 1998 wieder auf über 10 %. Durch die liberalen Arbeitsmarktreformen der Agenda 2010 kehrt sich der Trend um. 2014 beträgt sie 6,7 %.

sichtlich, dass sich die Aufmerksamkeit anderer Sektoren der Wohlstands-
entwicklung zuwendet, wenn eine Dynamik erschlafft.

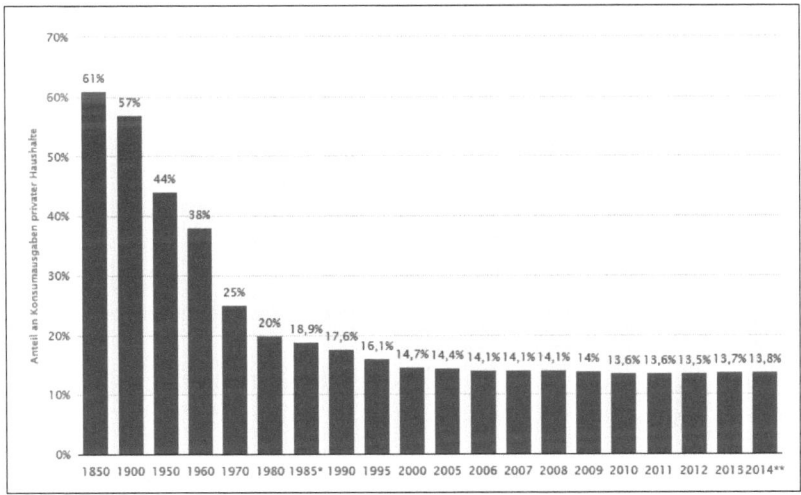

Grafik: Anteil der Lebensmittelkosten an den Gesamtausgaben der Haushalte

Der allgemeine Wohlstand als Spielraum sozialer Formung

Wenn die Versorgung mit Verbrauchsgütern eine Sättigung erreicht hat,
wandelt sich der Prestigewert des Produkts. Die Ausstattung der Haushalte
mit PKWs hat annähernd eine solche Sättigung erreicht. Es liegt in der Logik dieser Entwicklung, dass Car-Sharing-Modelle und Uber-Dienste in den
verkehrsdichten Räumen erörtert werden. Diese Diskussionen sind sehr
vernünftig, andererseits aber auch ein Nährboden für den Ökologismus.
Die Grenze zwischen Vernunft und Ideologie ist hauchdünn. Katalysatoren
und Rußfilter sind segensreiche Umweltschutzmaßnahmen. Doch das
politisch gewollte Durchdrücken des E-Mobils ist wirtschaftlich und technischer Unfug, der nur schlüssig ist im Zusammenhang mit der Zappelenergie

aus Wind und Sonne, deren Strom er als dezentralen Speicher aufnehmen soll.[34]

Mit der Hebung des materiellen Wohlstands nehmen in einer freien Gesellschaft die Handlungsmöglichkeiten der Individuen zu. Individualisierung als Massenphänomen ist ein Produkt der hohen Kapitalisierung der Wirtschaft, die viele Jahrzehnte dauerte.[35] Die Pauper und Proletarier des 18. und 19. Jahrhunderts pflegten keine Moden, sie kämpften ums Überleben. Billige Fabrikate der kapitalistischen Industrie hoben sie aus dem Elend. Die ersten Massenprodukte am Anfang der Industrialisierung waren Tuche, die die Herstellung von Konfektionskleidung ermöglichte. Bis dahin deckten sich die Unterschichten mit abgetragenen Hemden und Hosen, Kleidern und Blusen der Herren und Damen ein, die diese vom Schneider anfertigen ließen.

Die Erhöhung der finanziellen Freiheitsgrade ermöglichte eine in der Geschichte neuartige Entwicklung. Sie bildet den Fundus für eine zuneh-

---

34 Der Markt hat das E-Mobil längst abgelehnt. Der Elektromotor ging einst dem Verbrennungsmotor voraus. http://www.elektroauto-news.net/wiki/elektroauto-geschichte. Man durchdenke die Kausalkette des energiepolitischen Interventionismus: Um einer Überhitzung der Erde zu begegnen, soll CO_2 gespart werden. Dazu sollen Wind- und Solarenergieanlagen Kohlekraftwerke verdrängen; dazu müssen Backup-Gaskraftwerke bereitstehen; dazu müssen lange Überlandleitungen gebaut werden; dazu soll der Strom dezentral gespeichert werden; dazu sollen E-Autos verwendet werden; dazu sollen Stromtankanlagen in den Häusern eingebaut werden, die mit dem Stromnetz harmonisiert werden sollen; dazu sollen die Autofahrer ihr Fahrverhalten den Stromnetzbedürfnissen anpassen und das alles wird mit Hunderten Milliarden Euros subventioniert, obwohl noch keine geeigneten Batterien und keine Technik der Harmonisierung existieren. Es wird eine synthetische Infrastruktur durchgedrückt, bevor Bedarf und Technologie gewachsen sind. Auch der Bedarf ist synthetisch und rein ideologisch begründet. Es handelt sich um Planwirtschaft.

35 Vergleiche von Warenpreisen nach Zeitepochen auf der Grundlage der zu ihrer Herstellung aufzuwendenden Arbeitszeit gerechnet in Durchschnittseinkommen sind aussagekräftige Anhaltspunkte. „Die Kaufkraft der Nettostundenverdienste hat sich im Nachkriegsdeutschland mehr als verfünffacht: Ein Warenkorb, der 1950 noch dem Gegenwert einer vollen Stunde Arbeit entsprach, ist heute bereits nach elf Minuten verdient." (*Kaufkraft der Nettoverdienste* in: Institut der deutschen Wirtschaft Köln, April 2010). Online: http://www.iwkoeln.de/infodienste/iw-dossiers/beitrag/kaufkraft-der-nettoverdienste-20280 (02.10.2015).

mende Besteuerung. Wenn vor dem Ersten Weltkrieg die Staatsquote[36] bei 10 bis 15 % lag und heute bei 40 %, dann ist die Hebung des materiellen Lebensstandards der Massen dem vorausgegangen und muss logisch vorausgehen. Menschen, die ums Überleben kämpfen, kann man nicht in diesen Größenordnungen um ihre Existenzmittel bringen. Die Hauptmasse der heutigen Staatseinnahmen wird von den mittleren Einkommen erhoben.[37]

Auf dieser Grundlage sind nun nicht mehr nur Individuen Akteure in der Ausbildung von Lebensstilen. Der Staat wird mit seinen anschwellenden Haushaltskassen zum Instrument der Formung gesellschaftlicher Verhältnisse, die Öffentlichkeit verhandelt die betreffenden Fragen und baut einen Anpassungsdruck gegenüber den Individuen auf. Das Private ist politisch geworden. Das hervorstechendste Beispiel ist die Förderung des Bio-Labels. Da allgemein gilt, dass „Bio" einen positiven Wert hat, werden Landwirte, die die gesetzlichen, bzw. von Verbänden festgelegten Vorschriften erfüllen, subventioniert. Auch hier wandelt sich allmählich ein ehemaliges Nischen- und Luxusprodukt zur Massenware.[38] Die Bio-Produkte werden vom Steuerzahler subventioniert, obwohl eine Mehrheit sie nicht kauft, weil die damit verbundenen Wertvorstellungen von den meinungsbildenden Aktivisten in Staat und Gesellschaft durchgesetzt werden. Die Dämmvorschriften von Gebäuden sind ein weiteres Beispiel. In einem sogenannten Passivhaus zu leben, ist schick und wird durch Bauvorschriften unterstützt. Neue Fenster werden mit Luft-Wärmetauschern versehen und können nicht mehr geöffnet werden. Der Lebensstil einer ehemals kleinen Gruppe wird zur staatlichen Norm. Damit aber gerinnen die Moden zu gesetzlich befestigten Strukturmerkmalen. Moden kommen und gehen, aber staatlich festgelegte Standards werden erfahrungsgemäß eher verschärft als gelockert. Die schrittweise Erhöhung der Dicke der Styroporverkleidungen kann uns als Maßstab für den wuchernden Interventionismus des Staates im Bereich der bürgerlichen Lebensstile dienen.

---

36 Unter Staatsquote versteht man den staatlichen Anteil an der wirtschaftlichen Gesamtleistung. Die offiziellen Zahlen, die ich hier verwende, werden von Kritikern häufig als zu niedrig angesehen.

37 http://www.arm-und-reich.de/umverteilung/steuern.html (02.10.2015).

38 http://de.statista.com/statistik/daten/studie/360581/umfrage/marktanteil-von-biolebensmitteln-in-deutschland/.

Der interventionistische Staat heutiger Prägung ist – im Unterschied zum Staat des Kriegssozialismus in der ersten Hälfte des 20. Jahrhunderts – ein Kind der Friedens- und Prosperitätszeiten. Der alte *Wohlfahrtsstaat* war ein *Sozialstaat* der Oberschichten für die Massen der Unterschichten zum Zweck ihrer politischen Befriedung. In dem Maße wie die Mittelschichten ihren Einfluss auf die Politik durchsetzen, wandelt sich das heutige Leitbild des Staates zu einem komplexeren *Wohlfühlstaat*. Alle Menschen sollen sich wohl fühlen, glücklich sein, ihre Benachteiligungen ausgeglichen werden, und der Staat hat dafür zu sorgen, dass alle *empfundenen* Ungerechtigkeiten und Benachteiligungen beseitigt werden. Das alte Leitbild der merkantilistischen Ära, der Polizeistaat[39], steht wieder auf im Gewand eines Staates des absoluten Guten. Instrument und Folge dieser Idee ist die ausufernde Bürokratie.[40] Eine dystopische Idylle. In Wirklichkeit aber erzeugt der interventionistische Staat Gruppenhader und Kämpfe um Vorteile zu Lasten der Allgemeinheit.

Diese Wandlung ist ein langsamer Prozess, wobei sich die neuen Ziele über die alten schieben und mit ihnen verbinden. Die Werturteile der akademischen Mittelschichten sind der Maßstab für Gut und Böse, für Richtig und Falsch und zwar nicht nur für die private Lebensführung, sondern für alle Bürger. Zu den Werten gehören weiterhin „soziale" Ziele, gehört ein weicher *Sozialismus der Gleichmacherei*. Doch ein zweiter Ideenkomplex tritt daneben, die *ökologische Umgestaltung der Gesellschaft und der Erde*. Weil Bio-Landwirtschaft anerkannt ist, werden Mittel der Allgemeinheit dafür verwendet und die Produkte mit staatlicher Unterstützung beworben und preislich gestützt. Es ist ein Wandel der öffentlichen Wahrnehmung, aber er vollzieht sich nicht rein spontan in der Gesellschaft, sondern wird über den Staat überformt und verstärkt. Der interventionistische Staat, die große Umverteilungsmaschine, wird zum Adressat ethischer Ansprüche an

---

39 Der Begriff des „Polizeistaates" war im 17. und 18. Jahrhundert positiv besetzt. Gemeint war eine gesellschaftliche Ordnung, in der die Aufgabe eines jeden Bürgers gesetzlich geregelt ist. Wie in einem Französischen Garten hat jedes Gesellschaftsglied seine Stellung und Funktion im harmonischen Ganzen. Die Gesellschaft ist ein Organismus. Die individuelle Freiheit des handelnden Menschen wird durch einen Gesamtplan ersetzt.

40 Vgl. Michael von Prollius: *Die dunkle Bedrohung: Verstaatlichung durch schleichende Bürokratisierung*, online: *Forum Freie Gesellschaft, 2015*.

die Gesellschaft und in den Händen der die Meinungen der Wählermassen bedienenden Parteien zu einem Instrument der gesellschaftlichen Formung nach den Leitbildern der dominanten Mittelschichten. Der Staat des Guten maßt sich an, den Bürger moralisch zu erziehen. Ich konstatiere eine weitgehende Auflösung der Bürgergesellschaft und ihre Wandlung in eine Gesellschaft von abhängigen Bedürftigen. Die Idee des Allgemeinwohls schwindet. Das hat weitreichende Konsequenzen für die Demokratie. Sie wandelt sich von einer auf verantwortungsvollen unabhängigen Persönlichkeiten basierenden repräsentativen zu einer von Massenstimmungen abhängigen identitären Gefälligkeitsdemokratie, deren zentrale Steuerungsknoten die Macht verteilenden Systeme der Parteien bilden. Die Bürgersouveränität wird auf den Kopf gestellt. Ein neuer „Polizeistaat" scheint am Horizont auf.

3. Die Besonderheiten der hochentwickelten Marktwirtschaft

Die Dominanz der Mittelschichten auf dem Verbrauchermarkt

„Gleich unter welchem Regierungssystem, eine Nation kann nicht lange auf der Grundlage von Lehren beherrscht werden, die sich von der öffentlichen Meinung unterscheiden. Am Ende setzt sich die Mehrheit durch."[41] Die Mehrheit in den hochentwickelten Ländern des Kapitalismus, also auch in Deutschland, sind die Mittelschichten.

Die Hebung des Lebensstandards als eine Folge der Kapitalisierung der Produktion führt zur Umformung der sozialen Einkommenspyramide des unterentwickelten Stadiums zu einer Tropfenform des höher entwickelten (siehe nächste Grafik).[42] Der Anteil der Mittelschichten an der Gesamtbevölkerung beträgt 60 %, der der Unterschichten 20 %. Die Superreichen bilden einen sich verjüngenden Zipfel am oberen Ende. Der Sozialstaat schneidet die alleruntererste Schicht, das Proletariat, durch die Sicherung eines

---

41   Ludwig von Mises: Human Action, Kap. XXXVII.2
42   http://www.bpb.de/nachschlagen/zahlen-und-fakten/soziale-situation-in-deutschland/61763/einkommensschichtung (02.10.2015).

Existenzminimums ab. Die Armen werden durch staatliche Alimentierung und dem karitativen Engagement von Bürgern vor der Verelendung bewahrt. Die Tropfenform zeigt sich auf der linken, der Einkommensseite der Grafik.[43]

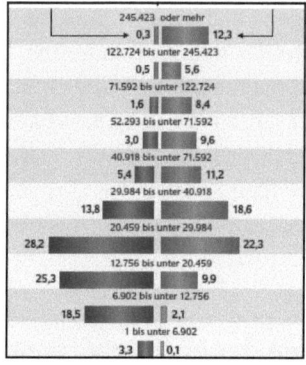

Vor hundertfünfzig Jahren ähnelte diese Verteilung einem Dreieck. Es gab Massen von Armen, die vom Land in die Stadt strömten, weil sie nur dort Arbeit finden und sich so vor dem Verhungern retten konnten.[44] Die Überwindung dieses Elends ist dem Kapitalismus zu verdanken, der mit der industriellen Produktion den Massen und darüber hinaus einer kontinuierlich wachsenden Bevölkerung eine Lebensgrundlage bot, die trotz der Verheerungen mehrerer Kriege zu dem noch nie dagewesenen Lebensstandard

---

43   Links die Anteile der Steuerpflichtigen in 10 Schichten im Jahr 2006. Der rechte Bereich spiegelt die Zahlen der Einnahmen des Staates aus den Schichten wieder. Quelle des Schaubildes:
https://grundgesetz.wordpress.com/politik/die-ministerien/wirtschaft-und-finanzen/einkommensverteilung-in-deutschland/ (02.10.2015).

44   „In den 1830/40er Jahren erreichte die Verelendung breitester Volksschichten ihren Höhepunkt. Die ländlichen Unterschichten, die mindestens zwei Drittel der Agrarbevölkerung ausmachten, gehörten angesichts der anhaltenden ‚strukturellen Übervölkerung' der Dörfer zu den Hauptleidtragenden jener Massenverelendung. In den Städten wuchsen die Unterschichten, die stets an der Armutsgrenze vegetierten, auf mindestens 70%, teilweise sogar 90% der Bevölkerung an. Wiederum die Hälfte davon, also 35% bis 45% der gesamten Stadtbevölkerung, lebte offenbar ... unter der Armutsschwelle, wo nur noch öffentliche Hilfe, Bettel und Almosen das Weiterleben ermöglichten." Online: https://rspree.wordpress.com/2011/03/08/okonomischer-wandel/ (02.10.2015).

von heute führte. Während 1840 70 % der Bevölkerung um das tägliche Brot kämpfen mussten, besitzen heute 97 % aller Haushalte eine Waschmaschine.

Die Armenpolitik ist eine zweischneidige Einrichtung: Sie verbessert einerseits die Menschlichkeit unserer Gesellschaft, andererseits wirkt sie auf die Arbeitsfähigen demotivierend, indem sie den wirtschaftlichen Druck mindert und so den Nutzen der Erwerbstätigkeit im Niedriglohnbereich aufhebt. Hartzen statt arbeiten ist eine rationale Kosten-Nutzen-Abwägung. Die Agenda 2010 legte die Nutzenschwelle tiefer und senkte die Arbeitslosigkeit. Sie ist eine der wenigen nützlichen neoliberalen Reformen der Gegenwart.

Die Mitte der wirtschaftlichen Schichtung ist der birnenförmige Bauch. Die Mittelschichten leisten nicht nur den Hauptbeitrag zur Füllung der Staatskasse, sie verfügen auch über die größte Kaufkraft auf dem Konsumgütermarkt. Die mittleren bis gehobenen Mittelschichten werden daher von den Händlern und Produzenten am stärksten umworben. Ihr Umsatz ist der größte. Sie können in erheblichem Maße teure, neuartige Artikeln kaufen. Das Getriebe des Einzelhandels kreist um die Gunst dieser Schichten. Ihre Bedürfnisse sind die gewichtigsten für die Anbieter. Der *Golf* und seine konkurrierenden Marken sind das heutige Kerngeschäft, nicht der billige *Dacia*.

Noch im 19. Jahrhundert wurden innovative Produkte und Moden von den obersten Schichten eingeführt und von den jeweils darunter liegenden nachgeahmt und nach unten weiter gereicht, bis die oberen sich aus Gründen der Distinktion neue Moden und neue Sitten einfallen ließen. Konnten früher Krawatten und Gamaschen noch von einzelnen Snobs wie Oscar Wilde erfunden und in Mode gebracht werden, so müssen heute Mobiltelefone, Flachbildschirme oder Smartphones von Anfang an in Massenfertigung erzeugt werden, weil die hohen Entwicklungskosten anders nicht aufzubringen sind. Die Kreativindustrie schöpft aus den anarchischen Quellen der Subkulturen, um neue Trends einzuführen. Haute Couture scheint an Bedeutung zu verlieren. Kreuzfahrtschiffe werden für Tausende zahlungsfreudiger Senioren gebaut und die dazugehörige Infrastruktur entwickelt, eben nicht von den Leitfiguren der Aristokratie und des Geldadels und für die obersten Zehntausend.

Die Gewinnspannen sind bei neuartigen Artikeln trotz der Entwicklungskosten oft höher als bei eingeführten. Bei den eingeführten Massenartikeln kämpfen viele Anbieter um Marktanteile und können daher, wenn überhaupt, nur hauchdünne Gewinne erwirtschaften. Ist aber ein Produkt seiner Zeit voraus, nehmen wir das Mobiltelefon von vor einigen Jahren als Beispiel, und trifft es den Massengeschmack, können nach Amortisierung der Entwicklungskosten (man denke an die UMTS-Lizenzen) für eine gewisse Zeit Preise erzielt werden, die weit über den Produktionskosten liegen und somit satte Gewinne erzielt werden.

Doch bald treten gegenläufige Entwicklungen auf. „Auf dem Markt besteht eine fortwährende Tendenz, alle Preisunterschiede für die gleiche Waren oder den gleichen Dienst zu beseitigen."[45] Die Konkurrenten treten, wo hohe Gewinne winken, so rasch wie möglich mit preisgünstigeren Alternativen in Konkurrenz. Die Preise des neuartigen Produkts müssen nachgeben.[46] Unternehmerische Gewinne sind Belohnungen für den Zeitvorsprung im Voraussehen von Konsumentenbedürfnissen.[47] Werden die Trends verpasst oder der Zeitgeschmack verfehlt, droht selbst Marktführern Verluste und das Ausscheiden aus dem Wettbewerb, wie beispielsweise der Firma Nokia. Gewinne tendieren im unbehinderten Markt folglich immer dazu, nach einer gewissen Zeit wieder zu verschwinden.[48] Daher werden die Käuferschichten, die bereit und in der Lage sind, die neuen Artikel zu kaufen,

---

45   Mises: *Human Action*, a.a.O., S. 385.

46   „Jede Firma und jede Branche ist kurzfristig an einer Steigerung der Verkäufe ihrer Produkte interessiert. Langfristig jedoch herrscht eine Tendenz zu einer Angleichung der Erlöse der verschiedenen Produktionszweige vor. Wenn die Nachfrage nach den Produkten einer Branche wächst und die Gewinne steigen, fließt mehr Kapital in sie und der Wettbewerb neuer Unternehmen beschneidet die Gewinne." Mises: *Human Action*, S. 82 f. Und: „Es besteht eine inhärente Tendenz für Gewinne und Verluste zu verschwinden. Der Markt bewegt sich immer zum Auftreten von Endpreisen und dem endlichen Ruhezustand hin." Ebd., Kap. 15.9.

47   „Die unternehmerische Idee, die weiterführt und Gewinn trägt, ist eben die Idee, die nicht der Mehrheit einfällt. Es ist nicht die richtige Weitsicht als solche, die Gewinn abwirft, sondern diejenige, die besser ist als die des Rests. Der Preis geht nur an diejenigen Andersdenkenden, die sich nicht von den Irrtümern leiten lassen, die die Mehrheit akzeptiert. Was Gewinne auftreten lässt ist, die Vorsorge für solche zukünftigen Bedürfnisse, für die andere es versäumt haben, angemessene Vorkehrungen zu treffen." Mises: Human Action, Kap. 38.3, S. 867

48   Die Vorstellung einer Gewinnmaximierung ist ökonomischer Unsinn.

von den Produzenten bevorzugt mit neuartigen und teuren Angeboten umworben. Setzen diese sich am Markt durch, folgen verbilligte Artikel für
breitere Käuferschichten.

Sekundäre ökonomische und außer-ökonomische Kaufmotive

Der Typ des *Homo oeconomicus*, auf den die akademische Ökonomik ihre
Lehrsätze gründet, zeichnet den Menschen als einen von rein materiellen
Motiven geleiteten Seelenkrüppel, der nur ein Ziel hat, möglichst reich zu
werden. Die Österreichische Schule der Nationalökonomie sieht den Menschen wie er ist.[49] Die Handlungsmotive der Menschen lassen sich nicht in
materielle und ideelle trennen. Auch die sogenannten materiellen sind
letztlich Ideen, nämlich darüber, wie das Befinden zufriedenstellender sein
könnte. Und dass der Menschen vom Brot allein nicht lebt, ist eine Binsen-
weisheit, der kein Ökonom der Österreichischen Schule jemals widersprach. Welche Mutter pflegt ihr krankes Kind nicht unter Vernachlässigung
eigener körperlicher Bedürfnisse?

Auch die ökonomischen Entscheidungen im engeren Wortsinn sind vielschichtig. Nicht nur Qualität und Preis des Dinges und seine technische Ver-
wendbarkeit bestimmen die Wahl. Auch in einer „geizigen Nation" ist Geld
nicht alles. Wir nehmen einen höheren Preis bei gleicher Qualität einer
Ware in Kauf, wenn wir damit Wegezeiten einsparen können. Wir nehmen
einen längeren Weg in Kauf, wenn wir uns davon eine größere Auswahl ver-

---

49   „Es war ein grundlegender Irrtum der historischen Schule der *Wirtschaftlichen Staats-
      wissenschaften* in Deutschland und des Institutionalismus in Amerika, die Wirtschaft
      nach dem Verhalten eines Idealtyps, dem *Homo oeconomicus* zu charakterisieren. Nach
      dieser Lehre befasst sich die traditionelle oder orthodoxe Nationalökonomie nicht mit
      dem Verhalten des Menschen, wie er wirklich ist und handelt, sondern mit einem fikti-
      ven oder hypothetischen Bild. Es zeichnet ein Wesen, das ausschließlich durch ‚ökono-
      mische' Motive getrieben ist, d.i. einzig von der Absicht, den größtmöglichen materiel-
      len oder monetären Gewinn zu erzielen. Ein solches Wesen findet und fand keine Ent-
      sprechung in der Wirklichkeit; es ist das Phantom einer fehlerhaften Lehnstuhl-Philoso-
      phie. Kein Mensch ist ausschließlich durch den Wunsch motiviert, so reich wie möglich
      zu werden; viele sind überhaupt nicht durch diese geizigen Gelüste beeinflusst. Es ist
      zwecklos sich auf einen solchen eingebildeten Homunculus zu beziehen, wenn wir uns
      mit dem Leben und der Geschichte befassen." Mises: *Human Action*, a.a.O. S. 62.

sprechen. Darüber hinaus mischen sich nichtökonomischen Motive[50] darunter. Wir kaufen teurere und obendrein schlechtere Ware bei Oma Schmidt, um sie zu unterstützen. Wir nehmen auf dem Gemeindebasar sogar ein Produkt, das wir sicher wegwerfen werden, als Spende für einen guten Zweck gegen gutes Geld.

Die Verbilligung der Grundversorgung bei steigendem Realeinkommen eröffnet Spielräume für die Schaffung von weiteren Kaufanreizen. Kaufmotive waren schon immer vielschichtig. Das Gut als Statussymbol ist eine uralte Sache. Der Lustgewinn des Konsumierens kann sich steigern, wenn er mit einem Rollenspiel verbunden wird (in die Kleider einer Prinzessin oder eines Stars schlüpfen) oder mit einer Selbststilisierung. Man kauft mit dem Produkt zugleich einen Lebensstil und eine soziale Rolle. Nehmen wir als Beispiel die Wanderkleidung bestimmter Marken, die heute zum Stadtbild gehören. Das Einkaufen selbst kann zum Erlebnis gestaltet werden, zum Shopping.

Zu solchen Motiven des hedonistischen, stilisierenden oder in hierarchischen Bezügen denkenden Verbrauchs gesellen sich besonders in heutiger Zeit neuartige Motive. Produkte werden als gesundheitsfördernd bewertet oder es werden ethische Vorstellungen damit verbunden. Es ist Zeit, das Reformgeschäft aufzumachen, den Bioladen und den Eine-Welt-Laden. Ethischer Konsum ist „hip" in Berlin rund um den Kollwitz-Platz.[51]

Die Wahl eines schlecht schmeckenden, viel kostspieligeren, aber angeblich „fair gehandelten" Kaffees und der Kauf eines selbst gebastelten unnützen Schmuckes auf dem Weihnachtsbazar der Kirchengemeinde ist ein und dasselbe. Es hat mit Versorgung und leiblicher Befriedigung nur noch scheinbar etwas zu tun. (Man trinkt im Café gerne einen guten Latte Macchiato.) Wesentlich handelt es sich um einen demonstrativen Gesinnungsakt, einen semiotischen Vorgang. Der Preisaufschlag bei sogenannten „ethischen" Produkten entspricht dem Opfer, das der Kirchgänger in den

---

50   Letztlich ist alles Handeln ökonomisch. Aber wir wollen der leichteren Sprache wegen kleine Ungenauigkeiten tolerieren.

51   Die „Prenzelschwäbin" gibt uns eine Einführung in den angesagten Lebensstil im Berliner Stadtteil Prenzlauer Berg. Die Vermischung von zur Schau gestellter Philanthropie, übertriebener Ängstlichkeit und sozialer Arroganz wird unübertrefflich vorgeführt. https://www.youtube.com/watch?v=iGJaY666Wks (02.10.2015).

Klingelbeutel wirft. Befriedigt werden Bedürfnisse der Selbstdarstellung und Einordnung in die Bezugsgruppe. Doch ein Opfer ist es eher nicht. Nur naive Menschen können annehmen, dass solche ethischen Käufe eine merkliche Wirkung auf die Verhältnisse in der Welt irgendwo haben. Doch hier zählt nicht die reale Wirkung, sondern die Geste. Man nennt es *ethischen Konsum,* doch er ist eher Ich-Produktion als der Verzehr einer Sache. Er dient der Stabilisierung des Egos sowie der Abgrenzung gegen andere Gruppen. Er gehorcht und setzt Maßstäbe der Lebensgewohnheiten. Das Private ist politisch. Ein nagendes schlechtes Gewissen des Reichen wird durch die Gabe an die Armen besänftigt. Charity war einst eine Aufgabe der höheren Dame. Heute ist es Lebensstil der Mittelschichten und in das Verbraucherverhalten der Massen integriert.[52]

Mehr noch als das Kaufen ist das politische Boykottieren relevant. Boykottiert werden muss das Böse. Das Böse sind Pelze, Tropenhölzer,[53] Kleidung aus Ländern mit Kinderarbeit und Waren aus Israel. Gemieden werden Investitionen in Aktien von sog. unethischen Unternehmen aus der Rüstungs-, der Agrar- und der Kernenergie. Dass der Boykott von Waren, die in Fabriken hergestellt werden, die auch Kinder beschäftigen, dazu führen kann, dass diese Kinder arbeitslos werden und damit ihre Familien, deren Ernährer sie sind, verhungern müssen, hat sich noch nicht herumgesprochen.

Wir retten die Welt durch den Verzehr von fair gehandelten Waren[54] und durch Boykott des Bösen. Akteingesellschaften geben sich ein grünes Image und weisen *social* und *ecological compliance* in ihren Geschäftsbe-

---

52 Mittelschichten in Deutschland – gemessen am Weltmaßstab gehören sie zur Oligarchie.

53 Vgl. „Tragt Pelzmäntel, kauft Tropenholz!", in: Maxeiner/Miersch: *Das Mephistoprinzip,* Frankfurt, 2001, S. 103 ff.

54 Die ökonomischen Auswirkungen der Fair-Trade-Bewegung werden in einem Artikel der Zeit vom 18. August 2014 analysiert. Dort heißt es: „Fairtrade-Kaffee hat nach Einschätzung verschiedener Forscher nur wenig bis vernachlässigbare Auswirkungen auf die Produzenten, vor allem die armen. Schuld daran sind grundlegende Fehler und falsche Anreize im System. Entwicklungsökonomen seien sich mittlerweile einig, dass Fairtrade-Kaffee eines der uneffektivsten Mittel der Armutsbekämpfung sei" Online: „*Fairtrade. Wenn Kaffee bitter schmeckt."* Online:
http://www.zeit.de/wirtschaft/2014-08/fairetrade-kaffee/komplettansicht (02.10.2015).

richten aus. Der ideologische „Beipackzettel" ist fast so wichtig wie die ökonomische Seite des Produkts und Teil des Goodwill[55]. In dieser Weise drücken die kaufkräftigen Mittelschichten der Wirtschaft ihren Stempel auf, antwortet die Wirtschaft mit einer *ethischen Produktion* und die akademische Ökonomik mit der neuen Disziplin der *Wirtschaftsethik*.

So lange wie diese Trends sich zwanglos entwickeln, sind sie zu tolerieren. Jeder soll nach seiner eigenen Façon selig werden.[56] Aber dürfen sie staatlich gefördert werden?

4. Das interventionistische Wirtschaftssystem

Die unbehinderte, freie Marktwirtschaft sorgt für eine tendenziell optimale Anpassung der Produktion und damit der Güterangebote an die Bedürfnisse der Verbraucher. In diesem Sinne und aus diesem Grund werden in ihr die knappen Produktionsfaktoren am ökonomischsten, das heißt sparsamsten, verwendet und darum ist in ihr die Arbeitsproduktivität am höchsten. Freie kapitalistische Gesellschaften schaffen Reichtum für die Vielen. Jeder Eingriff in ihr Treiben verschlechtert die Bedingungen für das Ganze. Die Produktion wird unergiebiger und die knappen Güter werden verschwenderischer verbraucht. Eine Politik, die aus ideologischen Gründen in den freien Markt eingreift, nennen wir interventionistisch.

Interventionismus ist ursprünglich als Reformsozialismus konzipiert worden. Er prägt eine Gesellschaft, in der unter Beibehaltung des privaten Unternehmertums der Staat in die Wirtschaft eingreift, um das freie Marktgetriebe nach den ideologischen Maßstäben, die von der öffentlichen Meinung vertreten werden, abzulenken und zu regulieren. Die Bismarcksche Sozialgesetzgebung ist klassischer Interventionismus. Die Verwandlung der freien Marktwirtschaft in einen dirigistisch gelenkten Kriegssozialismus, der berühmte Hindenburgplan, nach 1914 ist ein drastisches Beispiel. Die Ma-

---

55   Unternehmenswert (Ansehen, Kundenstamm, Bekanntheit).

56   „Da niemand in der Lage ist, die Werturteile des handelnden Menschen durch seine eigenen Werturteile zu ersetzen, ist es fruchtlos, über die Ziele und das Wollen anderer Menschen Urteile zu fällen. Kein Mensch ist dazu befähigt zu erklären, was einen anderen Menschen glücklicher oder weniger unzufrieden machen könnte." Mises: *Human Action* (Auburn, 1998), Kapitel 1.4, S. 18 f.

nipulation der Geldmenge über Zentralbanken ist ein Eingriff in den Kernbereich der kapitalistischen Wirtschaft.[57]

Der bis heute wirkungsmächtigste Vertreter dieser Richtung ist die Anfang des 20. Jahrhunderts tätige *Fabian society*, eine der Wurzeln der britischen Labor Party. Die Fabier verfolgten die Strategie, den Sozialismus in kleinen Schritten einzuführen, die eine Dynamik entwickeln sollten, die die sozialistische Tendenz verstärkt und schließlich unabwendbar macht.[58] Die New-Deal-Polik Franklin D. Roosevelts und praktisch alle westlichen Länder schlossen sich dieser Strömung an. Die wichtigsten Ideen für interventionistische Staatspolitik lieferten Lord Beveridge (Sozialstaat) und Lord Keynes (Finanzlenkung, Konjunkturpolitik).[59] 1945 befand sich die freie Welt auf dem Weg in den Sozialismus.

Das Neue an dieser Politik war, dass die Regierung nicht einfach nur ihre Aufgaben erfüllen, sondern die Gesellschaftsform reformieren und so ein geschichtliches Ziel verfolgen will. Triebkraft waren die sozialistischen Ideen. Sozialismus war für die Scharen der Intellektuellen attraktiv, Inbegriff des Guten. Abgesehen von einem versprengten Häuflein Liberaler, die sich ins 20. Jahrhundert gerettet hatten[60], glaubten alle, dass der Sozialismus kommen muss und dass das gut ist. Alle irrten sich. Der Sozialismus ist weitgehend auf dem Müllhaufen der Geschichte gelandet. Aber am interventionistischen Zuschnitt der Politik hat sich nichts geändert. Nach wie vor ist ihr Gegenteil, das Laissez-faire verpönt. Alle sind sich einig, dass der Staat eine aktive gesellschaftspolitische Rolle spielen muss, nur die sozialistische Zielstellung hat sich erledigt.

---

57 Wenn linke Kritiker gegen den „Neoliberalismus" polemisieren und dabei auf Börsencrashs und exorbitante Managergehälter verweisen, übersehen sie, dass diese Fehlentwicklungen hauptsächlich aus der inflationären Vermehrung der Geldmenge entstehen. Die Geldflutung erreicht glücklicherweise nur sehr abgeschwächt die Realwirtschaft, bläht aber den Finanzsektor künstlich auf. Vgl. Krebs: *Über den Charakter unseres heutigen Geldes*, online: Forum Freie Gesellschaft, 2015.

58 Marx und Engels gaben mit ihrem Zehn-Punkte-Programm im Kommunistischen Manifest (Teil II) die Vorlage für den sozialistischen Reformismus. Diese Stelle ist der Ideenkern des Interventionismus bis heute. Mit seiner Revolutionsstrategie kehrte sich vom Marxismus ab. Er und nicht Kautsky oder Bernstein war der Revisionist.

59 Beide britische Politiker waren Führer der liberalen Partei.

60 Sie fanden sich 1938 im Colloque Walter Lipmann in Paris zusammen.

Mit dem Staat tritt ein Akteur auf, der aufgrund seiner gesetzgeberischen Monopolstellung, seines Gewaltmonopols und seiner enormen Kasse (immerhin über 40 %, zeitweilig 50 %, aller erwirtschafteten Einkünfte[61]) gestaltungsmächtig ist und Zwang ausübt. Auf die Staatsbürokratie wirken die Massenmedien und Interessengruppen ein, während den Parteien eine Schlüsselrolle im Staat zukommt. Der Staat wird zur Drehscheibe für die Einflussnahme auf die Gesellschaft und durch die Gesellschaft. Einerseits handelt er zunehmend als eigennütziges komplexes adaptives System: d.h. Bürokratie schafft für sich immer mehr Bürokratie, verschlingt zunehmend Geld und Arbeit, wenn sie nicht von außen kontrolliert wird.

Doch wer sollte die Bürokratie kontrollieren, wenn die Kontrollinstanz, nämlich die Parlamente mit ihrem Instrument der Haushaltshoheit ihrerseits von der Wählermasse kontrolliert wird, deren Dienstleister die Bürokratie ist. Die Bürokratie ist der Knotenpunkt des interventionistischen Systems, doch sie steht nicht losgelöst, nicht über oder neben der Gesellschaft, sondern ist mit ihr als ein untrennbares Organ verwoben. Pointiert formuliert: Der Staat sind wir alle. Fast alle Menschen sind an das „Röhrensystem" der Umverteilungen angeschlossen. Die Wirtschaft wird durch tausend Gesetze reguliert, die ihrerseits in der Regel von wirtschaftlichen Interessenverbänden ausgearbeitet und von den Parteien angenommen wurden, um Wählerklientele zu befriedigen. In öffentlichen Stellen arbeiten Millionen Erwerbstätige, finden Hunderttausende Akademiker Arbeit und die Möglichkeit zur Einflussnahme. Unzählige Unternehmen hängen mit staatlichen Stellen zusammen und von staatlichen Mitteln ab. Interventionistische Eingriffe des Staates (und der Gewerkschaften, die bei Streiks ungestraft Gewalt gegen Arbeitswillige anwenden können) betreffen praktisch alle wirtschaftlichen Bereiche, wenn auch nicht gleichgewichtig, nämlich Einkommen, Produktion, Preise, Zins und Geldmenge.[62]

Interventionistische Eingriffe erfolgen mit dem Ziel, die Lage der Menschen, die sie betreffen, zu verbessern. Doch sie verfehlen notwendigerweise dieses Ziel in der Gesamtschau und langfristig. Sie haben, wie oben

---

61   http://www.bundesfinanzministerium.de/Content/DE/Monatsberichte/2015/06/Inhalt e/Kapitel-5-Statistiken/5-1-12-entwicklung-der-staatsquote.html (02.10.2015).
62   Zur gründlichen Analyse des Interventionismus, siehe Ludwig von Mises: *Human Action*, Teil VI, „The Hampered Market Economy".

gezeigt, immer Ablenkungen der Kapitalströme von den Produktionszweigen zur Folge, die die dringendsten Bedürfnisse der Verbraucher bestmöglich erfüllen. Sie sind vom Standpunkt des Verbrauchers Fehlentwicklungen, die zu einer relativen Verarmung führen, d.h. zu einer schlechteren Befriedigung seiner Bedürfnisse, zu einem geringeren Ausstoß der Waren, die er am dringendsten nachfragt, zu einer Verteuerung von Gütern im Vergleich zu einer optimalen Allokation des Kapitals. Die guten Absichten führen bei optimaler Ausführung zu unerwünschten Resultaten.[63]

Die heutigen Tendenzen des Interventionismus

Heute hat der Begriff des Sozialismus einen schlechten Klang. Bis auf wenige Betonköpfe will niemand mehr etwas davon wissen. Selbst die Linke fügt ihm verschämt ein abschwächendes und verharmlosendes Beiwort „demokratisch" hinzu. Die interventionistische Politik der heutigen Zeit ist aber noch immer am Leitbild der „sozialen Gerechtigkeit" ausgerichtet.

Doch ungeachtet dessen ist es nach wie vor zutreffend, dass ein konsequent zu Ende geführter Interventionismus letztlich zu einem Sozialismus führen muss.[64] Nur fehlt es am Willen zu dieser Konsequenz, im Gegenteil, es besteht ein ausgeprägter Wille, es nicht dazu kommen zu lassen, sondern die Lage in der Schwebe zu halten. Seit Ende des Zweiten Weltkriegs bewegt sich die Wirtschaftsordnung in Nordamerika und in den westlichen europäischen Ländern weg von der sozialistischen hin zur freien Marktwirtschaft und verharrt auf halbem Weg. Das Konzept der sozialen Marktwirtschaft wurde als Alternative zum Sozialismus *und* Kapitalismus verstanden (obwohl es von Ludwig Erhard als freie Marktwirtschaft konzipiert war) und

---

63 „Wir können nicht berechnen, um wie viel besser wir heute ohne größeren Arbeitsaufwand versorgt wären, wenn nicht das Um und Auf der Staatstätigkeit die Verschlechterung der Versorgung zum – freilich in letzter Linie nicht gewollten – Ziel hätte." Mises: *Kritik des Interventionismus. Untersuchungen zur Wirtschaftspolitik und Wirtschaftsideologie der Gegenwart*, München, 2013, S. 46.

64 „Der Interventionismus kann nicht als ein Wirtschaftssystem betrachtet werden, dem Dauerhaftigkeit bestimmt ist. Es ist eine Methode für die Umwandlung des Kapitalismus in den Sozialismus durch eine Serie von aufeinanderfolgenden Schritten." Ludwig von Mises: *Die Politik des mittleren Weges führt zum Sozialismus*, 8. Kapitel, in „Planning for Freedom and twelve other essays and addresses", South Holland, Illinois, Libertarian Press, 1952.

es ist nach wie vor das gültige Leitbild, auch wenn es unter dem Ansturm des Ökologismus schwächelt.

Es ist ein erstaunlicher Tatbestand, dass dieses Schlängeln auf einem Mittelweg im Großen und Ganzen bisher funktioniert. Die egalistischen Ideen drängen die Entwicklung in Richtung Sozialismus. Ein Beispiel ist die Erhöhung der „Mütterrente" durch die große Koalition am 1. Juli 2014. Die Tendenz zur sozialistischen Verknöcherung wird durch liberale Reformen durchkreuzt, beispielsweise in der Ära Margret Thatchers in Großbritannien oder unter Bundeskanzler Helmut Kohl (Privatisierungen von Staatsunternehmen) und Gerhard Schröder (Arbeitsmarktreformen). Dadurch ist insbesondere Deutschland im Vergleich zu Frankreich produktiver geblieben.[65]

Die Wirtschaftspolitik des alten egalistisch geprägten Konservatismus wird zunehmend durch den neuen, ökologistischen Konservatismus der akademischen Mittelschichten verdrängt. Ihr Ziel ist eine Versöhnung von Ökonomie und Ökologie, wie es in ihrem Jargon heißt. Es ist die Idee einer nicht wachsenden, nachhaltigen Wirtschaft.

Mit dem Erstarken des Ökologismus schiebt sich allmählich an Stelle der „sozialen Marktwirtschaft" die „ökologische Wirtschaft" als Leitidee in den Vordergrund. Beide Ideologien wirken ökonomisch hemmend und schwächend. Sie ergänzen und verstärken diese Tendenz.

Die Sicherheitsbedürfnisse der Platzhirsche

Alternde Gesellschaften entwickeln erhöhte Sicherheitsbedürfnisse. Doch der Kapitalismus ist fortwährende schöpferische Zerstörung[66] des Alten durch das Neue.[67]

---

65 Vgl.: http://wko.at/statistik/eu/europa-wirtschaftswachstum.pdf. Die Abkehr der ehemaligen Ostblockländer vom Sozialismus wird in dem informativen Werk von Philipp Ther: *Die neue Ordnung auf dem alten Kontinent. Eine Geschichte des neoliberale Europa, Berlin, 2014,* dargestellt.

66 Ein Wort, das Josef Schumpeter geprägt hat.

67 „Ein Kennzeichen des unbehinderten Marktes ist, dass er kein Anhänger überkommener Interessen. Leistungen der Vergangenheit zählen nicht, wenn sie Hindernisse künftiger Verbesserungen sind. Die Vertreter der Sicherheit haben daher ziemlich recht, wenn sie den Kapitalismus der Unsicherheit beschuldigen. Sie verzerren aber die Tatsachen, wenn sie unterstellen, dass die eigennützigen Interessen der Kapitalisten und Unternehmer dafür verantwortlich sind. Was die überkommenen Interessen verletzt, ist

Je weiter die Spezialisierung voranschreitet, je tiefer die Produktpalette, jede höher kapitalisiert die Produktionsanlagen sind, desto spezifischer auch die Unternehmen, ihre Produktionsanlagen, ihr Know-how und ihr *Human capital*. Je wertvoller der einzelne Mensch, desto größer die Möglichkeiten für eine menschliche Gestaltung der Arbeitsbedingungen. Gute Fachleute sind immer knapp, weil gut heißt, dass sie über genau die spezifischen Kenntnisse verfügen, die der hochspezialisierte Produktionssektor benötigt. Zufriedene Arbeiter sind bessere Arbeiter. Der Typ der Arbeit verändert sich von der kräftezehrenden, stundenlangen, monotonen Routine der zergliederten Manufaktur des 18. Jahrhunderts zur halbautomatischen robotergestützten Produktion heute. Im Trend gilt: Die Fertigungsstätten heutiger Automobilwerke sind saubere, lärmgeschützte und atemluftkontrollierte Räume, in denen intelligente Fachleute nach ergonomischen Gesichtspunkten optimierte Bewegungen ausüben oder die Automaten einrichten und überwachen. Die Produzenten haben gelernt, dass Hektik und Aufregung fehleranfälliger sind als Ruhe und Gelassenheit. Die Kontrolle von Qualität und Quantität der Arbeitsleistung erfolgt auf der Grundlage der Datenverarbeitung in objektiver Weise. Der menschliche Aufpasser und Antreiber ist obsolet.

Die Humanisierung der Arbeitswelt verwandelte einen Menschheitstraum zur Realität, weil sich die Erkenntnis des Liberalismus partiell durchsetzen konnte, dass die Interessen von Arbeitgeber und Arbeitnehmer prinzipiell harmonisierbar sind. Was gut für den Betrieb ist, ist auch gut für den Beschäftigten und umgekehrt. Arbeitgeber und Arbeitnehmer sind keine Klassenfeinde, sondern Partner, die beide vom unternehmerischen Erfolg abhängen. Eine freie Gesellschaft ermöglicht Win-win-Situationen zwischen Unternehmer und Arbeiter, zwischen Produzent und Konsument. Der Interventionismus basiert auf Nullsummenspielen. Er spielt eine Gruppe gegen die andere aus.

Doch der Fortschritt ist keine Autobahn, sondern ein Wagnis. Veränderung ist mit Kosten, Zeitverbrauch, Ungewissheit und Unsicherheit verbun-

---

der Drang der Verbraucher nach bestmöglicher Befriedigung seiner Bedürfnisse. Nicht die Gier der wenigen Reichen, sondern die Neigung aller, aus jeder sich bietenden Gelegenheit im Sinne der Verbesserung ihres Wohlbehagens einen Vorteil zu erheischen, schafft Unsicherheit für die Produzenten." Mises: *Human Action*, Kap. 35.4.

den. Die eingesetzten Kapitalgüter, in denen sich die Hauptmasse des investierten Kapitals verkörpert, sind nur bedingt zu anderen Produktionslinien lenkbar.[68] Je höher die Spezialisierung, also je näher die Produktionsstufe am Endprodukt liegt, desto geringer ist die Lenkbarkeit zu anderen Einsatzorten. Dies eint alle Produzenten, die Unternehmer und Kapitalisten ebenso wie die Arbeiter. Jedes neue unternehmerische Projekt, jeder Stellenwechsel kann Verluste einfahren. Das Alte und Bewährte ist von Natur aus konservativ. Eingesessene Unternehmen fürchten die Konkurrenz der Newcomer, Facharbeiter die sie unterbietenden Einwanderer.[69] Der alte vordergründige Interessengegensatz, der von den Sozialisten künstlich verschärft und ideologisch überhöht wurde, der zwischen Arbeitgeber und Arbeitnehmer, also der zwischen dem Käufer und dem Verkäufer der Arbeit, wird allmählich verdrängt durch die gemeinsamen Interessen der Platzhirsche gegen die Newcomer, also gegen die Neuunternehmer und die aus dem Ausland in den Markt einströmenden Konkurrenten der Arbeiter. Der korporatistische Bund von Arbeitgeberverbänden und Gewerkschaften verteidigen die Besitzstände der Etablierten gegen die noch unorganisierten neuen Konkurrenten.[70]

---

68   Mises: *Human Action*, Kap. 18.5.
69   „Die Reichen, die Besitzer bereits arbeitender Fabrikanlagen, haben kein besonderes Klasseninteresse an der Beibehaltung des freien Wettbewerbs. Sie sind gegen die Konfiszierung und Enteignung ihrer Gewinne, aber ihre überkommenen Interessen sind eher für Maßnahmen, die Neueinsteiger daran hindern, ihre Position herauszufordern. Diejenigen, die für freie Unternehmen und freien Wettbewerb kämpfen, verteidigen nicht die Interessen der heutigen Reichen. Sie wollen freie Hand für den unbekannten Unternehmer von morgen und für den, dessen Einfallsreichtum das Leben kommender Generationen angenehmer machen wird. Sie wollen den Weg für weitere wirtschaftliche Verbesserungen offenhalten. Sie sind Fürsprecher des Fortschritts." Ebd. S. 83.
70   „Die Gewerkschaften sind bestrebt, das Angebot an Arbeit auf ihre Gebiet zu beschränken, ohne sich um das Schicksal der Ausgeschlossenen zu kümmern. Sie haben in allen vergleichsweise untervölkerten Ländern erfolgreich Einwanderungshindernisse errichtet. So erhalten sie ihre vergleichsweise hohen Lohntarife. Die ausgeschlossenen ausländischen Arbeiter sind dazu gezwungen, in ihren Ländern zu bleiben, in denen die Grenzproduktivität der Arbeit und folglich auch die Lohnsätze niedriger sind. Die Tendenz zu einer Angleichung der Lohntarife, die bei einer freien Beweglichkeit der Arbeit von einem Land zum anderen gegeben wäre, wird außer Kraft gesetzt. Auf dem Binnenmarkt dulden die Gewerkschaften nicht die Konkurrenz von nichtorganisierten Arbeitern." Mises: *Human Action*, S. 374.

Als ein Beispiel für die Schwächung der Wettbewerbsfähigkeit eines etablierten Großunternehmens durch die beschriebenen Humanisierungstendenzen ist der VW-Konzern. Die schwache Rentabilität dieses Großunternehmens macht der Leitung seit Jahrzehnten zu schaffen.[71]

Zugangshemmnisse als Protektion des Alten gegen das Neue

Die Mittel sind auf Arbeitnehmerseite hauptsächlich Tarif- und Mindestlöhne, um ein Unterbieten auf dem Arbeitsmarkt zu blockieren. Der Beamtenstatus und die sich daran anlehnenden Regelungen des Angestelltenstatus haben dieselbe Funktion, den Arbeitsmarkt starr zu machen, und hier, im öffentlichen Dienst wird die Besitzstandswahrung sogar explizit rechtlicher Anspruch.[72] Auf Arbeitgeberseite ist es eine ganze Palette. Sie reicht von Zwangsmitgliedschaften in Verbänden, über hohe Kapital- und Einkommenssteuern bis zu hohen Standards der Arbeitsbedingungen, die die Investitionskosten erhöhen und damit die Eintrittsschwelle mit. Natürlich sind Standards des Arbeitsschutzes, der Hygiene und dergleichen in der Regel nützlich auch für die Arbeiter und Verbraucher, aber das Motiv für die Arbeitgeberverbände ist vorrangig noch ein anderes, nämlich die Wahrung des eigenen Besitzes. Standards wirken sowohl auf Neuunternehmer im unteren Sektor, etwa Dienstleister im Gastronomiegewerbe, hemmend wie auch im Hightech-Bereich. So wird die Einführung eines neuartigen Personentransportgewerbes – Uber – durch ständische Ordnungen des Taxigewerbes blockiert, das Hotelgewerbe rebelliert gegen Wohnungs-Tauschbörsen von Privatanbietern usw.[73]

Solche protektionistischen Eingriffe zugunsten der alten Produzenten wirken sich zu Lasten der Verbraucher aus. Sie tendieren zur Erstarrung der Strukturen und des Warenangebotes. Sie erhöhen die Produktionskosten,

---

71 http://www.heise.de/autos/artikel/Volkswagen-Rentabilitaet-soll-schnell-steigen-2573452.html (02.10.2015).

72 Hinter dem Begriff der *amtsangemessenen Alimentation* verbirgt sich ein Anspruch auf Gehalt, das der Stellung in der Beamtenhierarchie entspricht und den Lebensbedingungen angepasst ist. Online: http://www.dbb.de/themen/beamte/besoldung/_besoldung.html (02.10.2015).

73 In diesem Konfliktfeld konkurrieren ökologistische mit herkömmlichen protektionistischen Ideologien.

bzw. senken die Arbeitsproduktivität und lassen Kapazitäten brachliegen. Die Konservierung der vorhandenen Kapitalstruktur und der Güterangebote erschwert die Entwicklung von technischen Verbesserungen, die insbesondere durch aufstrebende Neuunternehmer erfunden und auf den Markt geworfen werden. Zugangshemmnisse kommen den Platzhirschen zupass.

Die Problematik des Interventionismus zeigt sich an der hemmenden Funktion der progressiven Einkommenssteuerhebesätze. Eine progressive Einkommenssteuer schwächt die Gewinne. Gewinne aber sind der Motor der Innovation. Was Gewinn verspricht, wird gewagt und dorthin werden die Investitionen gelenkt. Da gerade die Newcomer aber meist mit Fremdkapital anfangen, ist bei ihnen die Gewinnspanne kleiner und eine gewinnsensible Besteuerung kontraproduktiv. Sie schadet allen Verbrauchern. Erbschaftsbesteuerung zehrt die Familienvermögen aus und muss im schlimmsten Fall durch Liquidierung von Anlagevermögen finanziert werden.[74] Der Staat wird fetter, die Neulinge haben es schwer und die Alten halten ihre Stellung.

Umverteilung

Der Politik der Umverteilung zugrunde liegt die Idee der *distributiven Gerechtigkeit*, die von Aristoteles formuliert wurde. Der Naturrechtsphilosoph *Grotius* (geb. 1583) verwarf die Möglichkeit, auf dem Prinzip der distributiven Gerechtigkeit Recht zu finden. Er wies nach, dass dieses Konzept kein Recht schafft, sondern Recht bricht.[75] Die nivellierenden Tendenzen von

---

74 Dagmar Schulze Heuling: *Wohlstand von morgen: Warum (auch eine reformierte) Erbschaftsteuer keine gute Idee ist*, online: http://www.insm-oekonomenblog.de/12839-wohlstand-von-morgen-warum-auch-eine-reformierte-erbschaftsteuer-keine-gute-idee-ist/.

75 „Die distributive Gerechtigkeit beinhaltet z.B., dass jemand, der eher einer Auszeichnung würdig ist oder für eine Stellung geeignet ist, einen höheren Anspruch auf eine solche Ernennung hat, als jemand, der weniger würdig oder geeignet ist." (*De jure belli ac pacis, 1625*) „Grotius unterscheidet zwischen dem Anspruch, den der *beste Flötenspieler* an die beste Flöte hat in Bezug auf die attributive Gerechtigkeit (justitia attributrix) und den Anspruch, den der Flötenbesitzer in Bezug auf die vollkommene Gerechtigkeit (justitia expletrix) hat. Selbst wenn der beste Flötenspieler eine Art Recht hat – so z.B. dass es das beste oder passendste wäre, wenn der beste Flötenspieler das beste Instrument besitzt – ist es schwierig nachzuweisen, dass eine andere Person eine kon-

staatlichen Umverteilungen, das heißt der Enteignung von Bürgern mittels Steuern zur Besserstellung anderer Bürger, die unter dem Losungswort von der „sozialen Gerechtigkeit" Zustimmung der breiten Massen erfährt, nährt die Illusion, dass jeder auf Kosten von jedem reich werden kann.[76] Der Staat soll den Bürgern viel geben und wenig nehmen.[77]

Doch der Staat, d. h. die Regierung, kann nur geben, was er den Bürgern zuvor genommen hat, und zwar nach Abzug seiner eigenen Kosten. Für die Gesamtheit der Bürger ist Umverteilung ein Verlustgeschäft. Sie kann, wenn überhaupt, nur für Minderheiten *auf Kosten anderer* zu einem Gewinn werden. Sie verstößt obendrein gegen das zentrale Prinzip des Rechtsstaates der *Neutralität gegenüber allen Bürgern*. Es ist eine sublime Form der Herrschaft von Menschen über Menschen.

Mit der Politik der Umverteilung nach „sozialen" Gesichtspunkten wird vielfach die Vorstellung verbunden, dass sich damit das Glück aller, quasi die Gesamtmenge des Glücks erhöht. Das ist eine ganz falsche Annahme. Glück kann nicht wie extensive Größen gemessen und addiert werden.[78] Viele Menschen werden aller Erfahrung nach nicht glücklicher, wenn sie chronisch ausgehalten werden, sei es von Einzelnen oder der staatlichen Gemeinschaft.

Das Wort „sozial" bedeutet nach allgemeinem Verständnis eine wirtschaftliche und gesellschaftliche Nivellierung: die Armen sollen besser, die

---

krete Verpflichtung hat dafür zu sorgen, dass der beste Spieler die beste Flöte erhält. Doch das Wesentliche ist, dass diese Gerechtigkeit mit dem *suum* oder den Rechten einer anderen Person in Konflikt gerät. Das würde dazu führen, dass das Recht im eigentlichen Sinne seinen absoluten Charakter verliert, was wiederum den sozialen Frieden gefährden würde. Eine rechtliche Handhabung der attributiven Gerechtigkeit den Menschen untereinander würde auch der Voraussetzung für die Staatsbildung widersprechen, die ja gerade der Schutz des *suum* ist." Andreas H. Aure (Humboldt-Universität zu Berlin): *Der säkularisierte und subjektivierte Naturrechtsbegriff bei Hugo Grotius*, online: http://www.forhistiur.de/zitat/0802aure.htm.

76 Fréderic Bastiat: *Der Staat*, in Marianne und Claus Diem (Hrsg.): *Der Staat – die große Fiktion*, Thun 2001, S. 64.

77 Ebd., S. 69.

78 „Die Vorstellung einer Gesamtzufriedenheit oder eines totalen Glücks ist leer. Es ist unmöglich, einen Vergleichsmaßstab für verschiedene Grade von Zufriedenheit oder Glück, das die verschiedenen Individuen erzielen, zu entdecken." Mises: *Human Action*, Kap. 17.6.

Reichen schlechter gestellt werden. Das Wort bedeutet also nichts anderes als eine Willkürhandlung zugunsten einer Gruppe auf Kosten einer anderen. Ihr Grund ist eine subjektive, parteiische Wertvorstellung bezüglich gerechter Einkommensverhältnisse. Diese gehen auf die unhaltbare marxistische Ausbeutungstheorie[79] zurück, die von den Anhängern des „sozialen" Gedankens niemals kritisch überdacht wurde.[80] In diesem Zusammenhang bedeutet der Wertbegriff „sozial" aber das Gegenteil von „gerecht".[81] Die schädigenden Folgen gerade auch für die unteren Einkommensschichten werden im Fortgang der Abhandlung benannt.

Die materiellen Zuwendungen gehen einher mit einer Degradierung zur Unselbständigkeit. Das Maß für die Kosten einer Leistung (der Arbeitsaufwand) geht verloren. Eine infantile Anspruchshaltung wird gefördert. Das bedingungslose Grundeinkommen verfehlt aufgrund dieser Zusammenhänge sein Ziel. Es macht alle Menschen zu staatlichen Mündeln.

Bedingungsloses Grundeinkommen und Altersrente

Die Idee eines bedingungslosen Grundeinkommens widerspricht dem Ideal des mündigen, autonomen Bürgers, auf dem doch unsere Idee der Demokratie fußt, der Idee der Bürgersouveränität. Ein unbefangener Beobachter könnte sich fragen, warum sollten Menschen, die sich nicht selbst ernähren können, wählen dürfen?[82] Sie sind „Kinder des Staates", von ihm abhängig

---

79 Marx und Engels übernahmen von Lassalle den Unsinn, dass im Kapitalismus Arbeiter auf das nackte Existenzminimum gedrückt werden. Gewinne seien Enteignungen der Arbeiter durch die Kapitalisten. „Was also der Lohnarbeiter durch seine Tätigkeit sich aneignet, reicht bloß dazu hin, um sein nacktes Leben wieder zu erzeugen." *Kommunistisches Manifest*, II. Kapitel. Die Maßlosigkeit der Gewerkschaften haben viele Automobilunternehmen in den USA und in Europa an den Rand der Rentabilität und darüber hinaus gedrängt. Vgl. http://www.zeit.de/2008/48/Kolumne-Opel (02.10.2015).

80 Der Idee der Umkehrung gesellschaftlicher Hierarchien ist uralt. Vgl. Lukas 14,11: „Denn wer sich selbst erhöht, der soll erniedrigt werden; und wer sich selbst erniedrigt, der soll erhöht werden."

81 Die Achtung des Eigentums wird von den Philosophen der Aufklärung als Voraussetzung für die innere Befriedung einer Gesellschaft verstanden. David Hume: *Eine Untersuchung über die Prinzipien der menschlichen Moral*. Meiner, Hamburg 2003. Gerechtigkeit ist ein Ordnungsprinzip, das die friedliche Kooperation der Bürger gewährleistet.

82 Die Einführung des allgemeinen und gleichen Wahlrechts in Deutschland im 19. Jahrhundert fügte der Wählerschaft eine Vielzahl von ländlichen Arbeitern der west- und

und können schwerlich einen objektiven Standpunkt in der Beurteilung des Allgemeininteresses einnehmen. Sie werden als Wähler diejenige Partei bevorzugen, die das Grundeinkommen erhöhen will und damit dazu beitragen, die Wirtschaft zu zerrütten. Bürgerlichkeit beruht auf charakterlicher und wirtschaftlicher Reife, auf Selbstständigkeit und Eigenverantwortlichkeit, und Demokratie fußt auf dem Bürgertum. Wer alle Bürger (auf Kosten aller) aushält, macht in einer Demokratie das Mündel zum Vormund. Er korrumpiert den Bürgersinn.

Der Idee des bedingungslosen Grundeinkommens liegt die allgemeinere Wunschvorstellung eines regelmäßigen Einkommens zugrunde. Unser Begriff „Rente" leitet sich von dem Begriff „Grundrente" ab. Damit sind Pachterträge aus Grundbesitz gemeint, die regelmäßig anfallen. Die frühesten Altersrenten waren kirchliche Pfründe oder eben Grundrenten des Adels. Das Bürgertum schuf die Einrichtung des stillen Teilhabers analog zur Rente. Erst 1891 wird im Deutschen Reich ein staatliches Rentensystem eingerichtet, das sich aus Beiträgen von Arbeitnehmer, Arbeitgeber und staatlichen Zuschüssen speist. Doch ist der Umfang der Leistungen nur ein Zubrot zur familiären Versorgung. 1957 wird die Altersversorgung nach dem Prinzip des Generationenvertrages eingerichtet. Es soll ein Mindesteinkommen sichern. Seither sind Einzahler und Bezieher nicht mehr dieselben. Es handelt sich um Umverteilung in zeitlicher Dimension.[83]

---

ostpreußischen Gebiete zu, die von Grundherren abhängig waren und deren Söhne im preußischen Militär staatstreu geschult wurde. Sie erwarteten vom Staat eine ähnliche Fürsorge wie sie es von ihren Grundherren gewohnt waren und waren daher für sozialistische Vorstellungen empfänglich. Diese Idee übertrug sich auf die Fabrikarbeiter, die sich vom Staat Schutz gegen die Unternehmer erwarteten. Diese Massen waren für den Aufstieg der Sozialdemokratie entscheidend. Sie sind bis heute der Bezugspunkt der herrschenden Gruppen. Vgl. Ludwig von Mises: *Im Namen des Staates oder Die Gefahren des Kollektivismus*, Stuttgart, 1978, insbesondere S. 63. Die Einführung einer parlamentarischen Demokratie mit allgemeinen und gleichen Wahlen begünstigte in allen Ländern den Sozialismus und Interventionismus. Der Liberalismus gedieh am besten im Rahmen einer konstitutionellen Monarchie in Zeiten der Schwächung der alten Mächte (Frankreich nach Napoleon, England nach der Glorious Revolution, Deutschland nach 1848).

83 Die Rentenreform von 1957 ist auch auf dem Hintergrund der großen Zahl von Kriegsflüchtlingen und Vertriebenen zu sehen.

Es ist jedoch eine Illusion, dass die Wirtschaft regelmäßige Einkommen abwirft. In Agrargesellschaften schwanken die Erträge unter dem Einfluss der Witterung. In einer Marktwirtschaft hängen sie von Gewinnen ab, also von Überschüssen aus unternehmerischen Wagnissen gegenüber den Produktionskosten. Sie stehen den Verlusten gegenüber. Auch die Erträge aus der Nutzung des Bodens unterliegen Marktschwankungen. Staatliche Leistungen müssen durch die Steuerzahler aufgebracht werden, deren Einkünfte vom Marktgeschehen abhängt. Gehen die Steuereinkünfte zurück, müssten die Ausgaben gesenkt werden. Stattdessen greift der Staat zur Schuldenfinanzierung und wälzt die Gegenleistungen auf die Steuerzahler der Zukunft ab, um die Illusion des regelmäßigen Einkommens aufrecht zu erhalten.[84]

Subventionen allgemein

Was am Beispiel des bedingungslosen Grundeinkommens gezeigt wurde, gilt in abgestufter Weise auch für einzelne Subventionen. Subventionen, die nur Gruppen zugute kommen, erzeugen einen künstlichen Interessengegensatz unter den Menschen. Sie müssen um ihren Beuteanteil miteinander kämpfen. Die Rivalität zwischen den Anhängern des Betreuungsgeldes und denen der staatlichen Kinderaufbewahrungseinrichtungen in den vergangenen Jahren mag als Beispiel dienen. (Der Interessengegensatz der Frauen die arbeiten und derjenigen, die zu Hause bei ihren Kindern bleiben, ist ein künstlicher, der erst durch Subventionen geschaffen wird.) Die heutige Form der Politik kann verstanden werden als eine Herrschaftsmethode, bei der die Menschen gegeneinander ausgespielt werden. Die Parteien treten stellvertretend für ihre Klientele als Beutegreifer zur Wahl an. Teile und herrsche! Tatsächlich aber sichern sie dadurch ihren Mitgliedern einen Platz an den Futterkrippen des Staates. Umverteilung ist das Treibmittel der Bürokratie und des Parteienstaates.

---

84   „Im Getriebe der Marktwirtschaft in der kapitalistischen Gesellschaftsordnung ist für Einkommen, die nicht durch Dienst am Verbraucher täglich neu verdient werden müssen, kein Raum. Der Staat vermag aus dem Einkommen der Wirte Teile für die Bestreitung seiner Ausgaben herauszuziehen, er vermag für solche Verwendung auch Kapitalsteile zu enteignen oder zu leihen. Doch es ist unmöglich, dass er auf die Dauer für die Verzinsung der Schulden aufkommt." Mises: *Nationalökonomie*, S. 216.

Es wird völlig ignoriert, dass der Staatshaushalt das Eigentum aller Steuerzahler ist und nur für Zwecke verwendet werden darf, die im Allgemeininteresse sind. Die Verwendung von Gemeineigentum für reine Sonderinteressen ist eine entschädigungslose Enteignung und damit Diebstahl.[85]

Verbrauchersubventionen

Die psychologische Seite von Subventionen lässt sich gut an einem Beispiel erörtern. Eine der am wenigsten umstrittenen Subventionen einer bestimmten Verbrauchergruppe ist das Kindergeld. Es wirkt sich in der Haushaltskasse von Familien spürbar aus und erfreut sich (zusammen mit dem Ehegattensplitting und dem Elterngeld) großer Beliebtheit. Würde es abgeschafft, wären die Folgen für die Empfänger unter den heutigen Bedingungen zweifellos schmerzhafte Einkommenseinbußen. Daher klammern sie sich heftig daran. Die Förderung von Familien, also der Kinder, ist breiter Konsens. Kinder sind zu einem knappen Gut geworden. Jeder war selbst ein Kind und kann sich in dessen Hilfsbedürftigkeit hineinversetzen.

Nehmen wir an, 10 Steuerzahler, von denen einer ein Kind hat, zahlen 10 Euro in die Kasse und das Kind bekommt 100 Euro. Der Verlust dieser 100 Euro wäre für das Kind schmerzhaft. Die 10 Euro, die die Besteuerten verlieren, sind für diese deutlich weniger spürbar. Sie würden je 10 Euro gewinnen und das Kind 90 Euro verlieren. Die Empfänger klammern sich daher in der Regel stärker an die Umverteilung als die Verlierer sie bekämpfen.[86] Die Identifikation mit dem Hilfsbedürftigen durch den Appell an die

---

85 Die populäre Losung der Anarchisten, dass Steuern Diebstahl seien, ist Unsinn. Ein Staat muss zur Wahrnehmung seiner Aufgaben Steuern erheben. Er darf sie aber nicht willkürlich ausgeben. Erst bei einer Umverteilung aus dem Gemeineigentum in ein Sondereigentum ist der Tatbestand des Diebstahls gegeben.

86 „Jede Störung der Marktdata wirkt sich auf die verschiedenen Individuen und Gruppen von Individuen anders aus. Für einige Leute ist sie ein Segen, für andere ein Fluch. Nach einer Weile, wenn die Produktion sich an das Auftauchen eines neuen Datums angepasst hat, sind diese Effekte erschöpft. Daher kann eine restriktive Maßnahme, während sie für die überwältigende Mehrheit einen Nachteil bringt, zeitweilig die Lage einiger Leute verbessern. Für die Begünstigten ist die Maßnahme gleichbedeutend mit dem Erwerb eines Privilegs. Sie fordern nach solchen Maßnahmen, weil sie privilegiert sein wollen." Zeitweilig wirkt sich das Kindergeld nur deshalb segensreich für die Empfänger aus, weil die erhöhte Nachfrage aufgrund dieses Einkommensteils die Preise der da-

Gefühle reicht aus. Das System ist stabil. Zugunsten jeder Subvention lassen sich Gründe vortragen und die Begehrlichkeiten kennt keine Grenzen. Doch keine ist legitim, weil sie aus entwendetem Eigentum finanziert und zwangsweise zu bestimmten Gruppen gelenkt werden. In der Denkweise der Sozialisten sind Zuwendungen nicht erarbeitete Einkommen. Steuern dürfen legitim nur für Ausgaben verwendet werden, die allen Steuerzahlern zugute kommen.

Umverteilung ist aber nicht kostenneutral, denn sie kostet Verwaltung. Tatsächlich muss von den 100 Euro die Bürokratie unterhalten werden. Alle verlieren als Gesamtheit. Die Massen erkennen diesen Zusammenhang nicht. Sie denken so: Steuern müssen ohnehin abgeführt werden. Sind sie verloren und da ist es doch das beste, wenn sie für gute Zwecke ausgegeben werden.

Preisregulierung

Die Kühlregale sind in unserem Kaufhaus üppig mit Milchprodukten gefüllt. Sie sind erstaunlich billig, denn Milch wird subventioniert. Die Milchbauern werden durch staatliche Zuwendungen teilweise unterhalten.[87] Der verringerte Mehrwertsteuersatz senkt zusätzlich den Verbraucherpreis. Die Festsetzung eines Höchstpreises für den Erzeuger, der unterhalb der Herstellungskosten liegt, zwingt zu direkten Geldzuwendungen an den Milchbauern. Sonst würde er die Produktion einstellen. Die Steuerzahler begleichen die Subvention des Bauern, aber auch der Milchverbraucher, die durch diese Intervention in den Vorteil billiger Milchprodukte gelangen. Die Nichtmilchtrinker zahlen den Milchtrinkern einen Teil ihrer Einkäufe. Wiederum ist der Anteil dieser Subvention an der Steuerlast des Einzelnen gering, aber der Strom der Zuwendungen für den Empfänger spürbar. Selbstverständlich ist er niemals ausreichend in den Augen der subventionierten Erzeuger. Die Bauernlobby ist ein uralter, gut geschmierter Apparat.

---

durch zusätzlich nachgefragte Produkte erhöht und damit der Einkommenseffekt wieder kompensiert wird. Mises: *Human Action*, Kap. 29.3. Umgekehrt müssen die Preise aber auch sinken, wenn die Nachfrage aufgrund verringerter Geldmittel nachlässt

87 http://www.agrarheute.com/agrarministerkonferenz-bayern-fordert-verdopplung-der-hilfsgelder (02.10.2015)

In Mises' Interventionismuskritik wird das Milchpreisbeispiel exemplarisch vorgeführt.[88] Um die Milchpreise niedrig zu halten, verlangt der Staat von den Bauern, zu künstlich gesenkten gesetzlichen Höchstpreisen zu verkaufen. Da dies zu einem Rückgang des Ausstoßes führt, müssen die Produktionskosten durch Preisbindungen bei den Produktionsmitteln der Milchproduktion gesenkt werden. Dies führt zu einer Ausweitung des Produktionsrückganges und in der logischen Folge zur Ausweitung des Interventionismus. So sind aber die Dinge heute nicht. Der Staat bezahlt einfach die Produktionskostendifferenz und setzt Höchstpreise der Erzeuger fest, die auf dem Markt durchschlagen, d.h. unter dem potenziellen Marktpreis liegen. Es ist eine Verbrauchersubvention und eine Produzentenkompensation. Man lässt es sich also etwas kosten.[89] Das konzentrische Ausweiten der Preiskontrollen bis zum bitteren sozialistischen Ende wird dadurch vermieden. Mises' Analyse ist völlig zutreffend und die herausgearbeiteten ökonomischen Gesetze zeitlos. Doch die Marktdaten sind andere, weil sich die Wirtschaftsideologie geändert hat und die weil die steuerlichen Mittel dazu vorhanden sind.

Exkurs: Preise und ihre Funktion

Preise sind eine höchst nützliche Einrichtung der Marktwirtschaft. Sie informieren über die aktuelle, sich verändernde Bedürfnishierarchie der Verbraucher und gleichzeitig über die Knappheit der Rohstoffe und Produktionsfaktoren. Was knapp ist teuer, weshalb es weniger nachgefragt wird. Es sind die Inputs des sich selbst regulierenden Informationssystems. Die Preisverzerrung verändert diese Hierarchie und damit das ursprüngliche Verbraucherverhalten. Sie entkoppelt das Angebot von der Nachfrage. Sie ersetzen die Inputs der Verbraucher durch diejenigen des Staates. In der Folge verändern sich Prioritäten. Billigere Produkte werden zu Lasten anderer stärker nachgefragt, weil sie billiger wurden und

---

88   Mises: *Kritik des Interventionismus*, a.a.O., S. 32 ff.
89   2013 betrugen die Agrarausgaben 38 % des EU-Haushalts. Für 2014 sind 54 Mrd. Euro eingeplant.
      http://www.bundesfinanzministerium.de/Web/DE/Themen/Europa/EU_auf_einen_Blick/
      Politikbereiche_der_EU/EU_Agrarpolitik/eu_agrarpolitik.html (02.10.2015).

obwohl sie nicht weniger knapp geworden sind. Aus der Sicht der Verbraucher werden durch die Preissenkung aus nachrangigen vorrangige Produkte. Das Verbraucherverhalten wird dadurch einerseits verschwenderisch, andererseits ist es durch Mangel geprägt. Im sozialistischen Russland spielten Kinder mit Brotlaiben Fußball, weil es keine Bälle zu kaufen gab.

Andere Produkte bleiben wegen ihres relativ höheren Preises im Regal liegen. Was dem Milchbauern nützt, schadet dem Hersteller der Güter, die deshalb weniger eingekauft werden. Marktgerechte Preise beseitigen die Verschwendung knapper Güter. Sie lenken die Verwendung der knappen Produktionsfaktoren (das Angebot) entsprechend der jeweiligen Bedürfnislage der Verbraucher (der Nachfrage) zur optimalen, effizientesten Verwendung.[90] Die Wirtschaft wird ergiebiger, d.h. die am stärksten nachgefragten Produkte werden in der entsprechenden Stückzahl hergestellt und durch die Skaleneffekte billiger. Preisstruktur und Bedürfnisstruktur spiegeln sich. Die Verbraucher können ihre Bedürfnisse besser befriedigen.

Verzerrte Preise hintergehen sowohl Verbraucher als auch Produzenten. Beide verlieren den Anhaltspunkt für ihre Entscheidungen über Kauf oder Kaufverzicht und über die Produktionsmenge. Die Verschwendung ist genau so groß wie die Umverteilungsbeträge – hinzu kommen die Bürokratiekosten. Die Verbrauchersubventionen werden indirekt durch niedrigere Mehrwertsteuersätze für bestimmte Produkte und durch höhere für andere sowie zusätzliche wie die Ökosteuer bei Benzin und Diesel realisiert. Das Verbraucherverhalten wird durch den Staat nach den Wertmaßstäben bestimmter Gruppen geformt. Es entspricht nicht mehr den eigentlichen Verbraucherwünschen. Gescholten werden indes die Unternehmen, die durch Werbung Verbraucherbedürfnisse wecken würden, die es eigentlich nicht geben soll.

---

90 „Die Preisgestaltung lenkt die Produktion in die Bahnen, in denen sie den Wünschen der Verbraucher so gut entspricht, als es die Verhältnisse zulassen." Mises: *Human Action*, Kap. 16.14.

Produzentensubvention

Die Agrarsubventionen verstärken den Aussperrungseffekt ausländischer Anbieter auf unseren Märkten. Die unterentwickelten Länder sind die großen Verlierer. Wieder haben wir einen Befund, dass die Platzhirsche, hier die alten reichen Länder, die Newcomer, die jungen armen Länder, nicht hochkommen lassen. Was für unsere Kinder „sozial" erscheint, ist in der Gesamtsicht ein höchst unsoziales protektionistisches System. Zudem werden Wertvorstellungen bestimmter Gruppen zu allgemeingültigen gemacht. Höfe, die nach den Vorstellungen der Ökologisten betrieben werden, bekommen von der EU Subventionen.[91] Warum überlässt man es nicht der Entscheidung der Verbraucher, was einem das Bio-Etikett wert ist, indem man die Produkte mit ehrlichen Preisen in den Wettbewerb treten lässt? Analog verhält es sich bei der Energiewirtschaft.

Die Bilanz der Umverteilungen

Die Umverteilung besteht aus einer unüberschaubar großen Zahl an Zuwendungen oder Steuerabschlägen. In Deutschland wird im EU-Vergleich überdurchschnittlich stark umverteilt.[92] Für den Durchschnittsbürger betragen die zufließenden Transferzahlungen etwa 29 % und der Abfluss an Steuern und Sozialbeiträgen etwa 30 %, die Bilanz ist (nach Abzug von Transferkosten) ausgeglichen. Das sind Durchschnittswerte. Die einkommensschwächsten 20 Prozent der Bevölkerung beziehen 46 % ihres Einkommens aus Transferzahlungen.[93] *Die Ober- und Mittelschichten ernähren im umverteilenden System die Unterschichten.* Umverteilung in Deutschland ist Transfer von Reich zu Arm, also das Gegenteil der angeblichen Ausbeutung der Armen durch die Reichen.[94] Dadurch gehen Leistungsanreize verloren. Die Alimentierung der Armen hemmt ihre Bereitschaft, für niedrige Löhne

---

91   http://www.welt.de/politik/ausland/article114600832/Europaeische-Agrarpolitik-wird-oekologischer.html (02.10.2015).

92   http://www.iwkoeln.de/presse/pressemitteilungen/beitrag/staatliche-umverteilung-deutschland-in-der-spitzengruppe-107398 .

93   http://www.iwkoeln.de/infodienste/iwd/archiv/beitrag/umverteilung-von-reich-zu-arm-106615 (02.10.2015).

94   http://www.arm-und-reich.de/ (02.10.2015).

zu arbeiten. Ihr Ausscheiden aus der Produktion mindert das Gesamtprodukt und damit den Lebensstandard aller. Es ist ein sich selbst verstärkendes System der Hemmung der Wirtschaftskräfte.

Ein wichtiger Trend des umverteilenden Staates ist die Erhöhung der Mittel[95] und der Zahl der Empfänger[96]. Immer mehr Menschen werden auf diese Art scheinbar vom Staat ernährt, in Wirklichkeit natürlich von anderen Bürgern, bei denen der Staat Steuern und Beiträge für die Sozialkassen erhoben hat. Dadurch erhöht sich das Abhängigkeitsgefühl und gleichzeitig auch ein Anspruchsdenken bei den Empfängern.

Für den einzelnen Angehörigen am Übergang von den Unterschichten zu den Mittelschichten ist es oft nicht durchschaubar, ob er in diesem Prozess mehr einzahlt, als er herausbekommt. Er sieht nur die Verluste, die er beim Abbau des umverteilenden Systems erleiden würde, nicht den Gewinn, der durch Steuersenkung dadurch ermöglicht wird. Er sieht nicht den Gewinn der optimalen Anpassung der Produktion an die tatsächlichen Bedürfnisse. Er sieht nicht, dass die Dynamik der Wirtschaft erschlafft.

Die politische Funktion der Umverteilung

In wirtschaftlicher Hinsicht ist ein Umverteilungsprogramm mit dem Ziel einer tatsächlichen Nivellierung im Sinn der „sozialen Gerechtigkeit" illusorisch. Die Umverteilungsreserven der Oberschicht sind weitaus geringer als diesen Betrachtungen zugrunde gelegt wird. Um die Unterschicht auch nur um wenige Prozentpunkte weiter als bisher zu heben, müssten erhebliche Teile der Mittelschichten in schmerzlicher Weise Einkommen einbüßen. Weiterhin wird angenommen, dass Arbeit, Einkommen und Verbrauch drei trennbare Bereiche seien, so dass das Einkommen eine Verfügungsmasse

---

95   2010 kamen etwa 184 Milliarden Euro durch Beiträge in die Rentenkasse. Ausgezahlt wurden aber rund 224 Milliarden Euro. 81 Milliarden an Zuschuss kamen aus dem Bundeshaushalt. Online: http://www.bundesregierung.de/Content/DE/Magazine/01MagazinSozialesFamilie/2011/11/11.html?context=Inhalt%2C3 (02.10.2015).

96   Die Zahl der Rentner stieg von 19,2 Millionen im Jahr 1992 auf 25,16 Millionen im Jahr 2013. Online: http://de.statista.com/statistik/daten/studie/6968/umfrage/anzahl-der-renten-in-deutschland-seit-1992/ (02.10.2015).

für Verteilung bilde. Das Einkommen entsteht aus Erlösen von Tauschgeschäften und bildet die Grundlage der wirtschaftlichen Tätigkeit. Der weitaus größte Teil der Einkommen von Unternehmen wird reinvestiert, und der weitaus größere Teil der Vermögen sind Produktionsanlagen und andere fixe Kapitalien. Solche nivellierenden Eingriffe würden die wirtschaftliche Tätigkeit erheblich beeinträchtigen, wenn nicht in eine Stagnation führen.

Die Verlagerung von Geldmitteln aus einer Schicht des gehobenen Verbrauchs zu den Armen zieht eine Veränderung der Nachfrage nach Verbrauchsgütern nach sich. Die Preise der Bedarfsmittel der Armen würden steigen und die Produktion müsste sich auf andere Erzeugnisse umstellen. Dies hat Kapitalvernichtung zur Folge und Arbeitslosigkeit und erforderte weitere Geldmittel, während doch die Enteignung die Investitionskraft schwächt. Es gibt nichts zu verteilen. Am Familientisch wird geteilt. In einer Marktwirtschaft wird getauscht.

Die Umverteilungen sind die Wahlgeschenke der Parteien. Die Politik bindet Wählergruppen an sich, um politische Macht zu erhalten. Die begünstigten Wähler möchten nicht gerne Geschenke zurückgeben. Die Erfahrung lehrt uns, dass einmal eingeführte Subventionen nicht mehr abgeschafft werden, um Wählereinbußen zu vermeiden. Das interventionistische Umverteilungssystem tendiert zur fortwährenden Expansion.

Der Umverteilungsmechanismus stützt die Klienteldemokratie und die Macht der Parteien. Er hat aber noch einen Nebeneffekt. Er beseitigt dem Anschein nach die Armut und entschärft damit sozialen Sprengstoff. In Wahrheit würden sich die Unterschichten in einer freien Marktwirtschaft besser stellen, weil sie durch die höhere Ergiebigkeit der Produktion billigere Waren angeboten bekämen und jeder Arbeitswillige auch eine Arbeit fände. Solange die Steuerlast nicht schmerzt, kann dieses System aufrecht erhalten werden. Alternde Gesellschaften in hochentwickelten kapitalistischen Ländern verfügen über vergleichsweise große Beträge, die umverteilt werden können. Es kann lange dauern, bis die Nettoverlierer rebellieren. Doch man will die Kuh, die man melkt, nicht schlachten. Daher ist der politische Druck zu einer Einkommensangleichung in historischer Sicht tendenziell schwächer geworden. Die Höchstsätze und die Steilheit der progressiven Einkommenssteuer schwanken mit den politischen Trends, doch erreichen sie seit langem keine Höhen wie in der Zeit des New Deals in den Vereinigten Staaten, wo der Höchstsatz 79 % betrug.[97] Er beträgt derzeit 45 %. 1950, zur Zeit Erhards, betrug er noch 53 %, in den Jahren 1975 bis 1989 56 %. Er fiel 2001 unter die 50 % und lag 2005 bei 43 %.[98] Im Vergleich zur konfiskatorischen Besteuerung des New Deal ist die Einkommenssteuer in Deutschland heute gemäßigt interventionistisch.

97   https://de.wikipedia.org/wiki/New_Deal (02.10.2015).
98   https://de.wikipedia.org/wiki/Einkommensteuer_%28Deutschland%29 (02.10.2015).

B: Der soziologische Wandel und die führende Rolle der akademischen Mittelschichten

Der soziale Wandel, der das Gesicht der westlichen hochentwickelten Staaten bestimmt, lässt sich mit folgenden Schlagworten ausdrücken: Alterung, Feminisierung, Akademisierung und Strukturwandel der Öffentlichkeit im Rahmen der Entwicklung einer globalen Informationsgesellschaft.

5. Die Tendenzen der alternden Gesellschaft

Drei Tendenzen sind für unsere Fragestellung von besonderem Interesse: Alterung, Feminisierung und Akademisierung.

Im engeren Sinne verstehe ich unter Alterung zwei Merkmale:

1. Deutschlands *Bevölkerung* altert, weil die Lebenserwartung steigt. Der Teil der Alten, d. h. die aus dem Erwerbsleben ausgeschiedenen Rentner und Pensionäre, an der Gesamtbevölkerung wächst und ist heute zu einer gewichtigen Verbraucher- und Wählergruppe geworden. Dies verändert auch die politischen Konfliktfelder. Während der Kampf gegen die Startbahn West, der sich 1980 zuspitzte, noch eine Rebellion der Jugend war, sprach man bei den Protesten gegen Stuttgart 21 im Jahr 2010 von den alten Wutbürgern. Die Anhänger der AfD und der Pegida sind überdurchschnittlich alt. Aus Jugend- werden Seniorenproteste.

2. Im metaphorischen Sinne spreche ich von einer hochentwickelten kapitalistischen *Gesellschaft* als alternder, weil sich, wie im vorigen Kapitel beschrieben, der Drang zur Hebung des materiellen Lebensstandards unter

der Bedingung einer Sättigung der basalen Bedürfnisse abschwächt[99] und der unternehmerische Elan erschlafft.

Neben dieser Alterung geht ein zweiter sozialer Umschichtungsprozess mit der Veränderung der Stellung der Frau einher, der sich mit der Alterung verschränkt. Der weibliche Teil der Gesellschaft tritt seit einem halben Jahrhundert massenhaft in die Ausbildungsgänge und wird erwerbstätig.[100] Er erweitert die Konkurrenz, in der die Männer vorher allein zueinander standen. Wo zusätzliche Arbeiter auf den Markt treten, steigt die Nachfrage nach Arbeit, ohne dass das Angebot gleichzeitig entsprechend wächst, und wirkt daher auf die Löhne tendenziell preissenkend. Es ist eine Folge dieses Prozesses, dass gerade Frauen im Durchschnitt weniger verdienen. Denn sie strömen nicht gleichmäßig in alle Berufsfelder, sondern überwiegend in bestimmte. Sie konkurrieren also vor allem mit anderen Frauen und weniger mit den verbliebenen männlichen Bewerbern in den sie interessierenden Berufsfeldern. Wo sie nicht hineindrängen, ist die Arbeitsnachfrage relativ schwächer und damit sind die Löhne relativ höher.

Die Zahl der Hochschulabsolventen stieg deutlich an.[101] Unter den Angehörigen der Mittelschichten, verstanden als Einkommensgruppen, spielen die Akademiker die dominante Rolle bei der Formung der öffentlichen Meinung. Sie sind die treibende Kraft für den wirtschaftspolitischen Konservatismus. Sie sind die hauptsächlichen Anhänger des *Ökologismus*.

Träger dieser Strömung sind die zahlreichen überwiegend geistes- und lebenswissenschaftlich ausgebildeten akademischen Mittelschichten: die

---

99 Alt wird hier als Metapher für zeitlich nachfolgend verwendet. Es ist keine Vorstellung von Lebensaltern von Kulturen damit verbunden, wie sie etwa Oswald Spengler vorträgt, oder von geschichtsphilosophischen Prophetien in der Art von Marx.

100 „Der Frauenanteil in geisteswissenschaftlichen Studienrichtungen war mit 77 % der Immatrikulationen überdurchschnittlich hoch, im sozial- und wirtschaftswissenschaftlichen Bereich kamen die Frauen auf einen Anteil von 53 %. Die Studierenden in technischen Studienrichtungen waren zu weniger als 25 % weiblich. Der Frauenanteil bei den Abschlüssen in diesem Studienbereich lag bei 18 %. Nur 9 % der Promovierenden waren Frauen." https://de.wikipedia.org/wiki/Student (02.10.2015).

101 1975 betrug die Akademikerquote 7 %, 2000 betrug sie 17 %. Das Wachstum geht lässt zu einem erheblichen Teil auf den weiblichen Zustrom zurückführen. https://de.wikipedia.org/wiki/Akademikerquote. Einen guten Überblick zur Bildungspolitik vermittelt folgende Quelle: http://www.bildungsbericht.de/daten/b_web.pdf (02.10.2015).

Lehrer, Journalisten, Philosophen, Soziologen, Politologen, Historiker usw. Sie leben zum größten Teil vom Staat und von Einrichtungen, die eng mit dem Staatsapparat verflochten sind (öffentlicher Dienst, staatlich subventionierten Institute, den Kirchen und Informationsmedien). Sie kriechen in schlecht zahlende NGOs unter oder arbeiten in der freien Wirtschaft in den Abteilungen, die die grüne Imagepflege betreiben. Sie sind vorwiegend mit dem Transfer, nicht mit der Produktion von Wissen beschäftigt, haben in der Regel höchstens rudimentäre Kenntnisse in ökonomischen Fragen und in unternehmerischer Praxis. Auch ihr Wissen im Bereich Naturwissenschaft und Technik ist eher schwach. Sie wählen linker als der Durchschnitt.[102] Es sind vom Zeitgeist fehlgeleitete Absolventen der Massenuniversität, mit geringen Beschäftigungsaussichten.[103]

Fehlgeleitet in ihrer wissenschaftlichen und beruflichen Orientierung kriechen sie in der Staatsbürokratie unter, senken die Bildungsstandards und produzieren weitere Mitglieder ihrer Klasse, die wiederum nach Arbeitsplätzen im staatlichen Sektor rufen. „Erhöht die Bildungsausgaben!" ist die Dauerforderung seit fünfzig Jahren.[104] Die Bildungsausgaben stiegen seit Mitte der 1960er-Jahre rascher als vorher. Insbesondere der höhere Bildungsweg wurde ausgebaut. Die folgende Grafik zeigt die Entwicklung der staatlichen Bildungsausgaben für Gymnasien.[105]

---

102   „Deutschlands Lehrer wählen deutlich linker als der Bundesdurchschnitt. Das hat das Meinungsforschungsinstitut Emnid im Auftrag von ‚Cicero' (Juni 2009) analysiert. Demnach hätten SPD, Grüne und die Linkspartei unter den Pädagogen hierzulande bei der kommenden Bundestagswahl eine Mehrheit von 65 Prozent der Stimmen. Laut Emnid wählen Lehrer zu 26 Prozent SPD (gegenüber 27 Prozent im Bundesschnitt), zu 23 Prozent Bündnis 90 / Die Grünen (bundesweit 11 Prozent) und zu 16 Prozent die Linkspartei (bundesweit 11 Prozent). Eine bürgerliche Koalition aus CDU und FDP erhielte an deutschen Schulen lediglich 32 Prozent, die zu 24 Prozent auf die Union (gegenüber 34 Prozent bundesweit) entfielen und zu lediglich 8 Prozent auf die FDP (bundesweit 13 Prozent)." Online: http://www.cicero.de/presse/lehrer-w%C3%A4hlen-links (02.10.2015).

103   Jan Fleischhauer: *Unter Linken. Von einem, der aus Versehen konservativ wurde*, Reinbek, 2009, dort: „Die Eroberung des Sozialstaates. Die Linke macht Karriere", insbesondere S. 135—139.

104   Seit Picht 1964 das Schlagwort von der „Bildungskatastrophe" prägte, steht diese Forderung im Raum.

105   http://www.gesis.org/histat/table/details/D38E524C1DD7681E94C4C057EF0BB22C. Die demografischen Schwankungen müssten herausgefiltert werden.

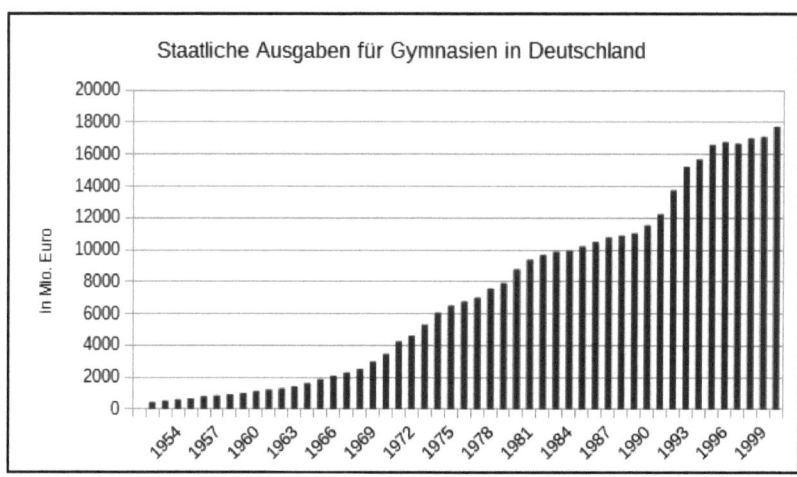

Die Aufblähung der Bürokratie durch die ständige Erweiterung der staatlichen Tätigkeitsfelder ist das hervorstechende Ergebnis ihres Wirkens. Diese Effekte waren vor allem in den Jahren nach 1970 bis 1997 statistisch gut zu beobachten, wo die Zahl der im früheren Bundesgebiet öffentlich Beschäftigten von 3 Millionen auf 4 Millionen insbesondere infolge der Bildungsreformen anstieg.[106] Dies geschah auf der Grundlage der geburtenstarken Jahrgänge. Als Beispiel für die Bedarfsweckung für Arbeitsplätze im öffentlichen Dienst sei eine Studie zum Erfolg von Fördermaßnahmen für Einwandererkinder in Frankfurt/Main aus dem Jahr 2009 angeführt, die mit hochkarätigen Experten um Glaubwürdigkeit wirbt. Es werden Erfolge festgestellt und die Schlussfolgerung abgeleitet, die empfohlenen Maßnahmen breit einzuführen.[107] Wünsche gibt es viele, aber eine Finanzierung bedeutet immer, dass Gelder anderen Verwendungen vorenthalten werden. Entweder werden sie vom Bürger durch Steuern zum Staat geleitet oder von einem staatlichen Haushaltsbereich zum anderen gelenkt.

Unter diesen geisteswissenschaftlich ausgebildeten und fehlgeleiteten Neuakademikern sind die Frauen der größere Teil. Der öffentliche Sektor

---

106 http://www.bmi.bund.de/DE/Themen/Moderne-Verwaltung/Dienstrecht/Zahlen-Daten-Fakten/zahlen-daten-fakten_node.html (02.10.2015).
107 http://www.frankfurterhauptschulprojekt.de/index.php?Erste-Erfolge-des-Forderunterrichts (02.10.2015).

bläht sich auf und wird weiblicher. Die Frauen erobern sich naturgemäß die Sektoren, die sie aufgrund ihrer natürlichen Neigungen am meisten interessieren: den Bildungs-, den medizinischen, den Medien- und den Verwaltungssektor. In Produktionsbetrieben interessieren sie sich stark für die Personalabteilung. Die Bedingungen der öffentlichen Beschäftigungsverhältnisse sind vergleichsweise familienfreundlich. Die Grundschule ist inzwischen fest in weiblicher Hand. Jede Grundschule Baden-Württembergs hat tatsächlich eine Frauen- bzw. Gleichstellungsbeauftragte.

Einige Folgen der Feminisierung

Während ökonomische und politische Themen in der Vergangenheit aus männlichem Blickwinkel von der Wirtschaft, das heißt von der Produktionsseite aus betrachtet wurden, nehmen Frauen die Welt tendenziell eher von der Verbraucherseite wahr, jedenfalls dann, wenn sie die Sorge um das Wohl der Familie als ihre besondere Pflicht ansehen, und das ist typisch.[108] Wenn Mütter arbeiten, verlieren sie keinesfalls das Interesse an der Familie. Im Gegenteil. Viele empfinden eine Doppelbelastung, weil sie den alten Lebensmittelpunkt nicht aufgeben, aber auch erwerbstätig sein wollen. Frauen sind überproportional stark in Teilzeitarbeitsstellen beschäftigt. In Entscheidungssituationen verzichten sie häufiger als Männer auf den Karriereaufstieg zugunsten der Familie. Beide Geschlechter müssen bereit sein, wenn sie in Führungspositionen arbeiten, den Unternehmensbelangen Vorrang einzuräumen. Interessanterweise arbeiten Männer mehr, wenn sie Kinder haben. Darin drückt sich ihr Pflichtbewusstsein gegenüber ihrer Familie aus, andererseits aber rückt es den Wahrnehmungsfokus gleichzeitig stärker in Richtung Arbeitswelt.[109] Das im öffentlichen Diskurs allenthalben propagierte Ideal einer gleichmäßigen Übernahme von Familienarbeit durch beide Geschlechter, bleibt Wunschdenken und scheitert an den praktischen Schwierigkeiten eher denn an der Unwilligkeit der Männer.

---

108 Die Präferenzen der Frauen sind nach Catherine Hakim (im Jahr 2000 in Großbritannien) zu 20 % rein familiär, zu 20 % rein beruflich und zu 60 % beiden Bereichen zugeordnet. Daraus ergibt sich ein starkes familiäres Interesse bei 80 % aller Frauen. Online: https://de.wikipedia.org/wiki/Pr%C3%A4ferenztheorie_%28Hakim%29 .

109 http://www.faz.net/aktuell/beruf-chance/recht-und-gehalt/kind-und-karriere-maenner-arbeiten-laenger-wenn-sie-kinder-haben-13589304.html.

Die Diskussion um die Anpassung der Arbeitsbedingungen an die Be-
dürfnisse der Familie hat aber auch schon viele Verbesserungen erbracht.
Es ist im Interesse von Frauen *und* Männern, dass unter der irreversiblen
Tatsache weiblicher Berufstätigkeit die Bedürfnisse der Familien von den
Unternehmen wertgeschätzt werden.

6. Der Verbraucherschutz

„Ethische Lehren versuchen Wertskalen aufzustellen, nach denen
Menschen handeln sollten, nach denen sie aber nicht notwendig immer handeln. Sie beanspruchen für sich die Berufung, Gut und Böse
zu unterschieden und dem Menschen dazu zu raten, dass er nach
dem höchsten Gut streben sollte. Sie sind normative Disziplinen, die
nach der Erkenntnis streben, was sein sollte. Sie sind nicht neutral
im Hinblick auf die Tatsachen; sie beurteilen sie vom Standpunkt frei
übernommener Maßstäbe."[110]

Die Interessengruppen der Vergangenheit waren *Produzenten*: Die Gewerkschaften und die Arbeitgeber, die Bauern, die Kohleindustrie u.a. Die interventionistischen Eingriffe in den freien Markt hatten zu einem großen Teil
das Ziel, Produzenteninteressen zu bedienen (Agrarzölle, Kohlepfennig,
Lohntarife). Sie setzten auf der *Angebotsseite* der Wirtschaft an.
   Neuerdings werden die *Verbraucher* als Interessengruppe angesprochen.[111] Die *Nachfrageseite* der Wirtschaft steht nun auch im Blickpunkt
des Interventionismus. In den letzten Jahrzehnten sprossen NGOs und
Medien für diese Zielgruppe aus dem Boden. Ein Beispiel ist der Verein *Die
Verbraucherinitiative e.V.*[112] Er erreicht nach eigenen Angaben Millionen

---

110 Mises: *Human Action*, a.a.O. S. 96.
111 Das ist erstaunlich, handelt es sich doch um alle Menschen, also logisch gesehen gar
     nicht um eine Gruppe. Das Ganze ist nicht das Teil.
112 Aus der Selbstdarstellung des Vereins: „Seit dem Jahr 1985 engagieren wir uns in der
     ökologischen, gesundheitlichen und sozialen Verbraucherarbeit. Aus der damaligen
     Gründung im Wohnzimmer von einigen wenigen ist heute ein Bundesverband gewor-
     den, der von Tausenden unterstützt wird und der mit seinen Themen Millionen er-
     reicht. Seit 30 Jahren informieren wir beispielsweise über die ökologische und soziale

Menschen. Die Mitteilungen dieser Gruppe gehen weit über die Information über Qualität der Produkte und die Rechte der Käufer hinaus. Die Verbraucher werden in der Wahl des richtigen Lebensstils erzogen. Die aktuell (2015) vorsitzende Dame arbeitet bei „genderWerk", ist Dipl. Biologin und Yogalehrerin, macht Paartherapien und ähnliches – der typische Vertreter für die akademischen Mittelschichten.

Es war traditionell das Geschäft der Kirchen, die Menschen moralisch zu lenken. Der gewachsene Einfluss von moralisch motivierten Aktivistengruppen entspricht dem schwindenden kirchlichen Einfluss. Häufig lässt sich auch beobachten, dass die Aktivisten einen kirchlichen Hintergrund haben. Während in einer Face-to-face-Gesellschaft die Kirchengemeinde der Rahmen für Verhaltenskontrolle war, weitet sich in der Informationsgesellschaft das Aktionsfeld global. Kirchentage versammeln viele dieser zivilgesellschaftlichen Moralpolitiker. Die Gesichter tauchen wieder bei Aktionen von Attac, Occupy usw. neben den Aktivisten der Linken auf.

Nun sind Privatinitiativen frei, zu tun, was ihnen beliebt. Doch sollte vom Staat erwartet werden, dass er sich in Fragen der persönlichen Lebensweise nicht einmischt. Die klassisch Liberalen setzten die Trennung von Staat und Kirche durch. Dies war eine der bedeutendsten Lehren aus den Glaubenskriegen. Wenn Staat und Konfession zusammenfallen, wird der Staat zum Instrument von Glaubenskämpfen. Staatliches Handeln muss rechtlich begründet sein, nicht moralisch. Schleichend reideologisiert sich der Staat. Er bleibt nicht neutral im Hinblick auf die moralischen Implikationen des persönlichen Verbrauchs. Er wandelt sich zunehmend zu einem Erzieher des Verbrauchers. Vom Verbraucherschutz zur Verbraucherlenkung ist es nur ein kleiner Schritt, aber philosophisch ein Gegensatz. Ist der Mensch frei, zu tun, was er für richtig hält, und der Staat hat die Aufgabe, seine Freiheit zu schützen, oder ist der Mensch gehalten, sich den Vorgaben der Obrigkeit zu beugen und der Staat hat die Aufgabe, diese Anpassung mit Macht durchzusetzen? Leben wir in einem freien oder in einem „Polizeistaat" im Sinne des Absolutismus? Die Einmischungen gehen weit

---

Produktion von Waren, motivieren Verbraucherinnen und Verbraucher ihre ‚Macht' einzusetzen."
Quelle: http://verbraucher.org/ueber-uns/leitbild-und-profil/leitbild-profil .

über Alkohol- und Tabaksteuern, das Biokraftstoffquotengesetz sowie das Verbot einiger Drogen hinaus. Die Schwelle von der Information über relevante Sachverhalte (z.b. im Bereich gesundheitlicher Risiken) zur Erziehung der Bürger ist überschritten. Alle zu Gebote stehenden Instrumente werden zur Verbraucherlenkung instrumentalisiert: Unterrichtswerke, amtliche Informationsblätter, öffentlich-rechtliche Massenmedien. Bundesernährungsminister Schmidt (CSU) möchte unseren Kindern drei Veg-gie-Days pro Woche verpassen.[113] Viertklässler werden zum Wassersparen erzogen[114], Glühbirnen verboten, Oberstufenschüler finden in Erdkundebüchern die gefälschte Hockey-Stick-Kurve[115]. Die Hauptsendung der zuständigen Redaktion des staatlichen Deutschlandfunks heißt „Umwelt und Verbraucher". Die Themen der täglichen Sendungen sind genau auf die ökologistischen Lebensstile der akademischen Mittelschichten ausgerichtet, die Inhalte gegenüber der ideologischen Ausrichtung distanzlos und die Beträge tendenziös-erziehend.[116] Die Redaktion des Staatssenders macht sich stark gegen die Kohleverstromung und für die Windenergie.

Umweltschutz wird mit Verbraucherschutz in der medialen Verarbeitung thematisch gekoppelt und beide zusammen mit den Interessen der Öko-Industrie. Die Verhältnisse stehen auf dem Kopf. Während bisher Interessengruppen von Bürgern versuchten, auf den Staat Einfluss zu nehmen, macht sich der Staat zum Sprachrohr einer Interessengruppe von hochsubventionierten Öko-Industriellen und versucht die Bürger zu beeinflussen.

---

113 http://www.novo-argumente.com/magazin.php/novo_notizen/artikel/ernaehrung_politik_in_aller_mund e

114 Obwohl die Wasserwerke die Abwasserrohre regelmäßig fluten müssen, damit sie nicht verstopfen, wird Wassersparen im wasserreichen Deutschland als moralische Pflicht angesehen.

115 http://www.kaltesonne.de/um-antwort-wird-gebeten-schroedel-schulbuchverlag-verbreitet-immer-noch-die-hockeystickkurve/.

116 Am zufällig ausgewählten 3. Juli 2015 wurden behandelt: 1. Klimapaket: Es ist ein Sieg für die Kohlelobby, 2. Elektrogeräte: Neue Rücknahmepflicht mit Einschränkungen, 3. Blue Economy, Wirtschaftsmodell inspiriert von der Natur. Quelle: http://www.deutschlandfunk.de/umwelt-und-verbraucher.696.de.html .

Die Ambivalenz des Verbraucherschutzes

Verbraucherschutz ist ein Bedürfnis. In kleingesellschaftlichen Zusammenhängen innerhalb eines Dorfes reichen Konventionen aus, um den Käufer vor Betrug zu schützen. Gegen Verstöße können Sanktionen verhängt werden, die unmittelbar wirken und alle Handelnden moralisch erziehen. In Agrargesellschaften sind die Produkte und die Materialien überschaubar. In unserer globalen Industriegesellschaft überfordert es den einzelnen Verbraucher, sich über die Produkte zu informieren, wenn er nicht auf eine unabhängige Dienstleistung der Produktinformation zurückgreifen kann. Gesetzliche Regelungen, die die Willkür der Anbieter gegenüber dem Nachfragenden einschränken, sind im Allgemeininteresse und aus liberaler Sicht prinzipiell legitim.

Doch der Verbraucherschutz hat wie alles seinen Preis und kann im Übermaß problematisch werden. Die Kosten des Verbraucherschutzes fallen auf die Käufer. Auch hier werden Markthindernisse eingebaut, die wettbewerbsfeindlich sind. Gesetzliche Verbraucherstandards unterliegen dem politischen Willensbildungsprozess, sind also außerökonomische Marktdaten, an die sich die Wirtschaftsakteure anpassen müssen. Als *res publica*[117] liegen sie auf der Grenzfläche zwischen Ökonomie und Politik. Ihre Entwicklung und Ausformung geht von den einflussreichsten Käufer- und Wählerschichten aus, ist Ausdruck ihrer Ideologien. Sie blühen auf aufgrund der Verbilligung der basalen Güter und sind damit Ausdruck und zugleich Inhalt eines gehobenen Lebensstils.

Solche Bewertungen sind immer subjektiv. Wer soll denn das letzte Wort haben, wer soll entscheiden? Unter den heutigen Bedingungen entscheidet der Machtapparat der Parteien und Interessengruppen im Zusammenspiel mit staatlichen und staatsnahen Massenmedien nach den ideologisch geprägten Maßstäben der gehobenen akademischen Mittelschichten, weil diese die öffentliche Meinung dominieren. Nicht alles ist falsch, was geregelt wird, aber die Maßstäbe sind keineswegs objektiv und allgemeingültig, vielmehr strittig. Auf diesem Weg drücken die Mittelschichten der

---

117 Vgl. Michael von Prollius: *Die öffentlichen Angelegenheiten und der Liberalismus*, online: https://www.forum-freie-gesellschaft.de/die-oeffentlichen-angelegenheiten-und-der-klassische-liberalismus/ .

ganzen Gesellschaft ihren Stempel auf. Es bleibt nicht dabei, dass Produkte nach ihren Inhaltsstoffen ausgezeichnet werden, was für alle Verbraucher nützlich ist. Im Kontext des ethischen Konsums werden wir durch die Medien mit einer Flut von Informationen über die trophologischen und medizinischen Aspekte der Nahrungsmittel überschwemmt. Doch auch dies ist zwar lästig, aber noch nicht unstatthaft. Das Nudging stellt dann den Übergang zur Manipulation dar.[118] Die Subventionierung der Ökolandwirtschaft und die Festlegung von Grenzwerten und Verbote von Inhaltsstoffen sind schließlich Machteingriffe. Es dürfte kaum ein Gebiet des Alltagslebens geben, zu dem mehr ungesichertes Wissen und mehr Fehlinformationen verbreitet werden als zur Gesundheit und Ernährung. Erinnert sei hier an eine Mode, die wieder abgeklungen ist. „Trinkt 2 Liter Wasser täglich!" hieß es, und kein Meeting konnte stattfinden, auf der nicht vor jeder gesundheitsbewussten Kollegin eine Wasserflasche stand, an der ständig genippt wurde.[119] Die Bundesregierung macht es sich zur Aufgabe, die Bürger zu Gesundheitsbewusstsein zu erziehen. Sie rät zum Verzehr von Obst und Gemüse fünfmal am Tag.[120] Dieser Rat, der auch von der Deutschen Gesellschaft für Ernährung (DEG) verbreitet wird, geht auf eine Werbekampagne der Agrarwirtschaft zurück. Es wurde suggeriert, dass dieser Verzehr eine krebsvorbeugende Wirkung habe. Der Rat ist durch keinerlei wissenschaftliche Studien gestützt.[121] Bürokratie kann nur im Groben regulieren. Gesundheit und Ernährung sind aber in besonderem Maße individuell und müssen individuell feinreguliert werden.[122]

Die Politik des Verbraucherschutz ist ambivalent: Sie setzt an den tatsächlichen Bedürfnissen an, verstärkt die Sicherheitsbedürfnisse durch einen massiven Alarmismus mit fragwürdigen Begründungen und wirkt

---

118 Vgl. Johannes Richardt: *Nudging: Bastelanleitung für den braven Bürger*, in Novo Argumente Nr. 119, 2015, online: http://www.novo-argumente.com/magazin.php/novo_notizen/artikel/0001928 .
119 http://www.welt.de/gesundheit/article2331469/Zuviel-Trinken-kann-auch-schaden.html
120 https://www.bundesgesundheitsministerium.de/fileadmin/dateien/Publikationen/Praevention/Broschueren/150724_BMG_Praevention.pdf S. 44.
121 http://www.deutschlandradiokultur.de/das-europaeische-schweige-epos-die-epic-studie.993.de.html?dram:article_id=154514
122 http://www.zeit.de/lebensart/essen-trinken/2013-06/ernaehrung-diaeten/seite-3.

ökonomisch hemmend. Sie ist an den ideologischen Wertvorstellungen einer bestimmten Bevölkerungsgruppe orientiert und führt zu einer politischen Verbrauchslenkung. Der Staat tritt im Verein mit halbstaatlichen Einrichtungen des Gesundheitswesens, den Krankenkassen, der Apothekerzeitschrift, einer Heerschar privater Journalisten und NGOs als Oberglucke des Bürgers auf und wird zu dessen Vormund. Der Verbraucher nimmt sich, stets besorgt und trotz wachsenden Zeitaufwands schlecht informiert, die Ratschläge zu Herzen, die in vielen Fällen bestenfalls wirkungslos sind. Gewinner ist die Gesundheitsindustrie, weil Menschen, die geängstigt werden, häufiger medizinische Dienste in Anspruch nehmen.

Der Liberalismus ist keineswegs gegen einen wirksamen Verbraucherschutz. Es ist ein legitimes Interesse des Bürgers über die Qualität der Produkte informiert zu sein. Gegen gesetzliche Reglungen wie z.B. der Auszeichnungspflicht ist nichts einzuwenden. Bei einer beweisbaren Gesundheitsschädigung ist das Verbot eines Inhaltsstoffes bei entsprechender Dosierung ebenfalls legitim. Doch mehr darf sich der Staat nicht anmaßen. Die Meinungsbildung muss frei sein und privat organisiert werden. Wo ein hinreichendes Interesse herrscht, bildet sich im freien Markt auch ein Angebot. Wer will, kauft die Informationen, wer nicht, muss nicht. Es ist bei der heutigen hohen Allgemeinbildung der Bürger und Angesichts der Wissensexplosion in den Wissenschaften ein Anachronismus, wenn der Staat glaubt, seine Untertanen beim Kauf von Artikeln beraten zu müssen.[123]

Die neue Klasse der Ökologisten

Der Naturschutz war historisch ein Thema des Landadels und diente in erster Linie der Jagd. Daraus entwickelte sich ein besonderes Interesse an der Thematik überhaupt. Die Beispiele sind zahllos. Der österreichische Erzherzog Ludwig Salvator (1847–1915) befasste sich schon mit dem Umweltschutz. Victoria von Schweden, Frederik von Dänemark und Haakon von

---

123 Vgl. Michael von Prollius: *Das wohlfahrtsstaatliche Menschenbild – vom eigenständigen Bürger zum schutzwürdigen Verbraucher,* in: http://www.forum-ordnungspolitik.de/zur-ordnungspolitik/populaere-irrtuemer/1146-das-wohlfahrtsstaatliche-menschenbild—vom-eigenstaendigen-buerger-zum-schutzwuerdigen-verbraucher.

Norwegen machen sich stark für die „Rettung der Arktis", Prinz Charles bekennt sich zum Ökologismus, Graf Lennart Bernadotte wird als einer der Initiatoren des Umweltbewusstseins gehandelt[124]. Die adligen Kreise betrieben bis 1945 auch die Beschäftigung mit Eugenik (Rassenhygiene) als Hobby und machten Vorschläge zur Menschenzucht.[125] Doch sahen sie sich allmählich gezwungen, diese Beschäftigung aufzugeben.

Zur Ideologie wurde der Umweltschutz im Zuge der rückwärtsgewandten, das Mittelalter verklärenden Romantik. Die Romantik erfand den deutschen Wald[126], die klappernde Mühle[127] und das Wandern als Genuss.[128] Die Wandervögel und alle anderen Naturapostel wurden zu einer einflussreichen Lebensreform-Bewegung, die auch nach dem Ersten Weltkrieg fort-

---

124 http://www.swp.de/ulm/nachrichten/suedwestumschau/Fruehes-Umweltbewusstsein;art4319,1178034.

125 In England Winston Churchil und Lord Keynes, der Direktor der British Eugenics Society von 1937 bis 1944 war. 1946 erklärte Keynes die Eugenik zum wichtigsten und ehrlichsten Zweig der Soziologie. Auch die bedeutenden Sozialisten, ebenfalls zur Oberschicht gehörend, hingen ihr an: George Bernard Shaw, Harold Laski und Beatrice Webb. Der Biologe Julian Huxley war von 1937 bis 1944 und 1959 bis 1962 an führender Stelle im Vorstand der *British Eugenics Society*. Er engagierte sich für die Gründung der UNESCO und war deren erster Generaldirektor. Die UNESCO ist die einflussreichste supranationale Einrichtung im Umweltschutz. Eugenik ist Ökologismus auf den Menschen angewandt. Beide Ideologien haben eine gemeinsame Wurzel in den Theorien von Malthus' bezüglich einer Tendenz zur Überbevölkerung.
Vgl.: https://www.unesco.de/bildung/bis-2009/geschichte-der-nachhaltigkeit.html.

126 Der romantische deutsche Wald ist der Industrialisierung zu verdanken. Siehe „Der Kapitalismus als ökologisches Erfolgsmodell".

127 Für die großen oberschlächtigen Mühlräder sind Stahllager notwendig. Sie wurden im 19. Jahrhundert bis zur Erfindung der Turbine massenhaft gebaut. Die „romantische Mühle" ist somit eine Errungenschaft der sog. Industriellen Revolution. Die unterschlächtigen Vorgänger waren kleiner und weniger leistungsfähig. Die Ökologisten schwärmen von dezentraler Energiegewinnung. Sie wurde im Frühkapitalismus durch Wasser- und Windmühlen gewährleistet. Wo Wind wehte und Wasser floss, standen die Mühlen und aus ihnen entstanden die Fabriken (engl. *mills*). Im Zuge der Industrialisierung wurden sie durch wirtschaftlichere und leistungsfähigere Großanlagen abgelöst, die in den Industriezentren gebaut wurden. Die heutigen Bestrebungen von Offshore-Windparks zentralisieren die Energiegewinnung dort, wo Wind weht und schaffen das Problem verlustreicher Stromleitung zu den Verbrauchern – ein ebenso ökonomischer wie ökologischer Irrsinn.

128 Napoleon bekämpfte die Plage der Räuber in den deutschen Wäldern. Durch die Fabriken fand das pauperisierte Landproletariat Existenzmöglichkeiten. In der Folge waren die Wälder sicher und die Forstwege konnten als Wanderwege genutzt werden.

dauerte. Sie ließ sich 1933 widerstandslos und teilweise begeistert gleich-schalten. Hermann Göring selbst wurde zu ihrem Führer. Romantik und Na-turverklärung sind Reaktionen auf die Industrialisierung und Verstädterung. Die neue Öko-Bewegung entstand in den Vereinigten Staaten aus der Hippie-Bewegung. Sie verband sich in Deutschland mit der alten Naturbe-wegung. Ende der 1970er-Jahre bildeten sich Bürgerinitiativen gegen die Technologie der Kernenergie und Bewegung gegen den Nato-Doppelbe-schluss. Die beiden Proteste waren antikapitalistisch inspiriert und arbeite-ten den Interessen des sozialistischen Lagers in die Hände. Die Kommunis-ten waren von Anfang an führend aktiv.[129] Sie blühte auf im Niedergang der elitaristischen linken Studentenbewegung, deren Reste sie zu großen Teilen aufsaugte und mit den alten grünen Verbänden zusammenführte.[130]

Die Ökologisten haben sich tief in das gesellschaftliche Leben und in die Staatsapparate eingegraben. Dabei haben sie Erfolg, weil sie sich als Inter-essenvertreter der Verbraucher einerseits und der „Natur" andererseits profilieren und antikapitalistische Ressentiments bedienen. Der ökologisti-schen Aktivisten finden oder erfinden einen Missstand, fordern seine sofor-tige Abstellung und wenden sich an den Staat mit dem Ruf nach einem ge-setzlichem Eingriff. Dass sich mit der Zeit die meisten Probleme von selbst regeln, liegt außerhalb ihres geistigen Horizonts. Sie dienen auf diese Weise als Triebkraft des Interventionismus und Bürokratismus.

Wir können diesen Vorgang, bei dem sich die Wertungen der akademi-schen Mittelschichten gesamtgesellschaftlich durchsetzen, am Beispiel der „Chlorhühnchen" erkennen. Weil eine bestimmte Klientel die Vorstellung abstößt, mit Chlor sterilisierter Hühnchen zu essen, soll deren Einfuhr gene-rell verboten werden. Man will es nicht der Entscheidung des Einzelnen überlassen, dieses oder ein mit Antibiotika gemästetes Tier heimischer Pro-duktion zu wählen. Die Chlorhühnchendebatte wird exemplarisch in Stoß-richtung gegen das Freihandelsabkommen mit den USA TTIP geführt. Sie zielt darauf, den europäischen Markt gegen den Markt der USA zu ver-schließen. Sie schürt antiamerikanische Ressentiments und nährt ein de-

---

129   Etwa in Gestalt des Sprechers der Bürgerinitiative gegen das KKW Wyhl, Balthasar Ehret (persönliche Kenntnis d. A.).
130   Ökologismus ist eine Ideologie, Ökologie eine ehrbare Wissenschaft.

fensives Sicherheitsdenken nach außen. Die Großdemonstration gegen das TTIP am 10. Oktober 2015 in Berlin vereinte alle antiamerikanischen und nationalistischen Kräfte von der DKP und Attac, über Sozialdemokraten und Grüne bis zur AfD und NPD.[131] Ökologismus, Antiamerikanismus und Nationalismus berühren sich und verschmelzen sich punktuell.

Hier kommt ein Faktor ins Spiel, der für die Lebenswelt des akademischen Mittelstandes typisch ist. Die höhere Bildung weckt das Interesse an Wissen aller Art. Doch sind die Wissensbestände uferlos und selbst für Fachleute nur in engen Ausschnitten überschaubar und verständlich. Die selbsternannten ökologistischen Verbraucherschützer gerieren sich als Fachleute. Sie maßen sich das Wissen an, das zur Entscheidung über den Genuss von Verbrauchsgütern scheinbar relevant ist. Es werden Unmengen an, teilweise absichtlich verfälschten, Informationen verbreitet[132], die die Kaufentscheidungen zu einer unlösbaren Aufgabe machen. Das treibt sie als Gläubige in die Arme dieser modernen Spielart einer religiösen Sekte.

Die Liste der Produkte und Inhaltsstoffe, die angeblich gefährlich sein sollen, ist unüberschaubar. Da Menschen nur schlecht in der Lage sind, Gefahren realistisch zu zu bewerten, reagierten sie auf den permanenten Alarmismus mit einer erhöhten Vorsicht.[133] Lieber einmal mehr als einmal weniger verbieten. Insbesondere werden die industriellen Produktionsmethoden der Landwirtschaft angefeindet, die Gentechnik, der Einsatz von Pflanzenschutz- und Düngemitteln, die Massentierhaltung. Im Namen der Gesundheit werden Gefahren dramatisiert, im Zeichen der Tierliebe soll die Fleischproduktion verteuert und außer Landes getrieben werden. Das Treiben der Ökologisten ist in vielen Fällen unverantwortlich und inhuman. Aufgrund des Verbots des Pflanzenschutzmittels DDT sterben jährlich eine Mil-

---

131 http://www.welt.de/debatte/kommentare/article147473285/Wie-sich-Linke-und-Rechte-gegen-TTIP-verbuenden.html.

132 Erinnert sei hier an die Brent-Spar-Bergung, einer havarierten Bohrinsel der Shell AG. Durch Tankstellen-Boykott gelang es Greenpeace Shell dazu zu zwingen, die Bohrinsel nicht zu versenken, sondern an Land zu zerlegen. Die Ökobilanz dieser Methode war nachteilig, was bekannt war, aber Greenpeace nicht interessierte. Das eigennützige Interesse an der Propaganda-Wirkung hatte für die Ökologistenlobby-Organisation Vorrang. (Wikipedia-Artikel über Brent-Spar vom 02.10.2015).

133 Vgl. der Glyphosat-Skandal, online: http://www.novo-argumente.com/magazin.php/novo_notizen/artikel/oekologie_lasst_glyphosat_in_ruhe .

lionen Menschen an Malaria.[134] Es erfolgt keine Güterabwägung zwischen Malaria-Toten und den beherrschbaren Nebeneffekten des eingesetzten Pflanzenschutzmittels. Das sollte nicht verwundern: Die Toten sterben auch nicht im Lebenskreis der Ökologisten. Ein weiteres Verbrechen gegen die Armen der Welt ist die Kampagne gegen den Golden Rice. Diese gentechnisch veränderte Pflanze könnte das Leben vieler an Pro-Vitamin-A-Mangel sterbender Kinder retten. Ihre Einführung wird von der mächtigen Lobby der Ökologisten weltweit verhindert.[135]

Die Interessen der Ökologisten

Die Ökologisten führen ihren Kampf nicht gegen einzelne problematische Produkte, sondern gegen das kapitalistische Wirtschaftssystem, das sie als Krankheitsursache einer vermeintlich aus dem Gleichgewicht geratenen Natur deuten. Ihr Angriff gilt der technischen Innovation schlechthin. Erklärtes Ziel ist das „Nullwachstum". Da „Wachstum", d. h. die Erhöhung der Ergiebigkeit der Arbeitsproduktivität, mit der Verbesserung der Technologien einhergeht, bekämpfen sie alle neuen Technologien, die „kampagnenfähig" sind, vor allem die Biotechnik in der Landwirtschaft, die Kernkraft, die Frackingtechnik zur Erdöl- und Erdgasgewinnung. Sie führen eine Kreuzug gegen die Stromgewinnung aus sogenannten fossilen Brennstoffen[136]. Die von ihnen geschürte Angst vor einer Überhitzung der Erde zielt auf jede Produktion (und jeden Konsum), bei dem CO_2 anfällt, und das ist fast immer der Fall. Darum wurde auch CO_2 zum Buhmann erklärt, nicht etwa das viel gewichtigere Treibhausgas Wasserdampf oder andere, die keine Schlüsselstellung im Kampf gegen die Industrieproduktion einnehmen, wie Methan.

Man täusche sich nicht. Die Alarmisten sitzen nicht nur in den Büros des öffentlichen Dienstes und der NGOs. Es ist ein Machtspiel unter den rivalisierenden Branchen der Energieversorger, die in hohem Maße staatlich re-

---

134   http://www.welt.de/politik/article3611631/Verteufeltes-DDT-koennte-Malaria-Tote-verhindern.html .

135   Vgl. Maxeiner/Miersch: *Die Zukunft und ihre Feinde*, Frankfurt, 2002, S. 161 ff.

136   Es ist strittig, ob die „fossilen" Brennstoffe aus der Fossilierung von Pflanzen entstanden. Es gibt starke Argumente dafür, dass Erdöl durch geologische Vorgänge in der Erdkruste entsteht. Letzteres würde es zum regenerativen Primärenergieträger machen.

guliert werden. Seinen Ursprung hat die Politisierung des Kohlendioxids im Kampf der Regierung Thatcher in Großbritannien gegen die Gewerkschaften der staatlichen Kohleindustrie. Die Verteufelung des CO_2 sollte damals helfen, die Kernenergie akzeptabel zu machen und Zechen stillzulegen. Bekanntlich kam das Argument der Umweltgefährdung durch Stromgewinnung als Bumerang zurück und rückte der Kernkrafttechnologie selbst auf den Pelz. Es gelang den Bürgerprotesten in Deutschland, die Kernenergiewirtschaft und -forschung zu Fall zu bringen. Mittlerweile ist selbst die Ölindustrie interessiert am ökologistischen Lobbyismus. Knappheit rechtfertigt hohe Preise. BP wirbt mit einem grünen Label.

Die Ökologisten haben die Bildungseinrichtungen und die Medien infiltriert[137] und zahllose scheinneutrale NGOs in die Schlacht geschickt. Sie sind eng verflochten mit den zuständigen Ministerien und werden aus Steuergeldern in beträchtlichem Umfang finanziert.[138] Sie sitzen in den supranationalen Organisationen der EU und der UNO mit ihren Untergliederungen als NGO mit Beraterstatus. Sie nehmen Einfluss vor allem auf die Empfehlungen der Weltbehörden, die durch Abnicken in den nationalen Parlamenten Gesetzeskraft zu erlangen. Ihre Organisation ist hochprofessionell und autoritär verfasst. Sie nehmen Einfluss auf die Forschung und Lehre und drängen die rationalen Standards zurück.[139]

---

137 „Bei einer Wahl, bei der die Unparteiischen als Nichtwähler zu Hause blieben, ergäbe sich ... folgende Stimmverteilung: Grüne 42 Prozent, SPD 24 Prozent, CDU/CSU 14 Prozent, FDP zwölf Prozent, Linke sieben Prozent. Die Kollegen votieren also mit einer satten Zweidrittelmehrheit für die neue Bundeskanzlerin Claudia Roth und wählen die SPD als Juniorpartner in einer grün-roten Koalition." Online: http://www.focus.de/finanzen/news/money-inside-was-journalisten-waehlen_aid_1032835.html (02.10.2015).

138 „Zwischen 1998 und 2009 ist ein substanzieller Anstieg an Fördergeldern der Kommission für umweltpolitische Gruppen zu verzeichnen. Waren es 1998 noch 2.337.924 Euro, wuchs die Fördersumme bis 2009 auf 8.749.940 Euro. Der durchschnittliche Anstieg pro Jahr lag bei 13 Prozent." Novo Argumente, 108/109 in 2010. *Freunde der EU, Über die Kosten der vom Steuerzahler finanzierten grünen Lobbyarbeit,* von Caroline Boin und Andrea Marchesetti für das International Policy Network, London.   Online: http://www.novo-argumente.com/magazin.php/archiv/novo108_28/ (02.10.2015).

139 http://www.novo-argumente.com/magazin.php/novo_notizen/artikel/0001926#_edn32 (02.10.2015).

Ihr Interventionismus von der Verbraucherseite her auf dem Boden der öffentlichen Meinungsbildung und des Lobbyismus ist zu einer herrschenden Kraft geworden, zu einem *Staat im Staat*.[140] An einzelnen Beispielen lassen sich die Verflechtungen der Klimapropagandisten mit Unternehmensinteressen gut nachweisen.[141] Die NGOs stellen medial verstärkte Forderungen an die Parteien, die diese gerne erfüllen. Sie erfinden Bedürfnisse und Gefahren, um den Nutzen ihrer Verbraucherinteressenvertretung zu erweisen.

Der Ökologismus ist nur scheinbar Advokat des Verbrauchers. Es entstand ein politisches Subsystem. Es bildete sich ein eigener Industrie- und Machtkomplex, der in Deutschland unter der Regierung Merkel wohl der mächtigste wurde.[142] Er ist Produzent (Energiewirtschaft, Landwirtschaft), Partei (in allen vertreten), Teil der Wissensproduktion durch Steuerung der Fördergelder entlang der Zielvorgaben, Händler von Zertifikaten (CO_2) und beherrscht große Teile der Beamtenapparate und der Medien. Es ist ihm mit dem Energie-Erneuerungs-Gesetz gelungen, das größte und kostspieligste Deindustrialisierungsprogramm durchzusetzen, das die deutsche Geschichte bisher gesehen hat. Der ehemalige Umweltminister Altmaier bezifferte die Kosten auf eine Billion Euro.[143] Dafür werden vorhandene Kapitalgüter vernichtet und die Produktion verteuert. Teile der Industrie werden außer Landes getrieben.[144]

Wir müssen uns auch von der Vorstellung verabschieden, dass die mit den ökologischen Themen verbundenen Kräfte idealistische Weltverbesserer sind. Die Label *Bio* und *Öko* und neuerdings *Klima* sind ein lukrativer Markt. Zu den Profiteuren des CO_2-Zertifikatehandels gehören unter ande-

---

140 Ein Beispiel für die Vermengung von Staat und Umweltschutzaktivismus liefert die Internetplattform „Wer, Wie, Watt".
http://www.werwiewatt.ikzm-d.de/inhalt.php?page=119,2932.
141 http://www.kaltesonne.de/die-versicherungswirtschaft-und-die-klimakatastrophe-eine-unheimliche-liaison/.
142 http://www.novo-argumente.com/magazin.php/archiv/novo108_78 (02.10.2015). Vgl. auch Edgar Gärtner: Öko-Nihilismus 2012, Selbstmord in Grün, Jena 2007, S. 20 ff.
143 http://www.faz.net/aktuell/politik/energiepolitik/umweltminister-altmaier-energiewende-koennte-bis-zu-einer-billion-euro-kosten-12086525.html (02.10.2015).
144 http://www.handelsblatt.com/politik/deutschland/kostenexplosion-die-deindustrialisierung-hat-laengst-begonnen/6663536-2.html (02.10.2015).

rem Geoge Soros, die Spitzenmanager von Vattenfall, BP, RWE und – honi soit qui mal y pense – Al Gore.[145] Die strubbeligen Pullover strickenden Ökos waren die Trendsetter eines Wandels der öffentlichen Meinung. Ein neuer Industriekomplexes hat die Sache in seine Hände genommen. Staatlich garantierte Gewinne gilt es zu sichern. Die Ökonomen nennen diese Unternehmenspolitik *rent seeking* (Renten sichern). Es ist einfacher, Subventionen zu ergattern, als sich auf dem Markt durchzusetzen, noch dazu gegen das Mehrheitsinteresse.

In diesen Zusammenhang muss auch die Klimadebatte gestellt werden. Die Rotoren der Windräder werden aus Carbon hergestellt, das u.a. von der Firma SG Carbon gefertigt wird. An ihr sind BMW, VW und Voith beteiligt.[146] Die Quandt-Erbin Susanne Klatten hält ein großes Aktienpaket an dem Unternehmen.[147] Die Generatoren der Windräder werden u.a. von Siemens gebaut. Die ökologistischen NGOs sind Karriereleitern.[148] Die Masse der Uninformierten lassen sich von einem gut eingespielten Blendwerk täuschen. Greenpeace rettet Wale und unser Klima, die mitleidigen und ängstlichen Menschen rufen nach dem Staat, der liefert die Gesetze und die Großindustrie die Windräder.

Wer glaubt, dass die Öko-Industrie einen nachweisbaren Einfluss auf die Klimaentwicklung hat, ist ein Narr. Wenn in Deutschlands Mittelgebirgen Windräder aufgestellt werden, ändert sich am Wetter nichts.[149]

---

145 http://www.wiwo.de/finanzen/prominente-spekulanten-die-profiteure-im-handel-mit-co2-zertifikaten/5155246.html.

146 http://www.sglgroup.com/cms/international/investor-relations/share/shareholder-structure/index.html?__locale=de (02.10.2015).

147 http://www.wiwo.de/unternehmen/industrie/kriselnder-grafitkonzern-sgl-carbon-susanne-klatten-greift-durch/9212666.html.

148 Thilo Bode kommt aus einer Mittelschichtfamilie (Journalist, Lehrer), gründet die Jusos-gruppe am Ammersee, studiert VWL, arbeitet bei verschiedenen Unternehmen und Banken um schließlich Geschäftsführer von Greenpeace in Deutschland zu werden. Er gründet seinen eigenen Laden Foodwatch e.V. und wird schließlich zu Dialogveranstaltungen des Zigarettenherstellers BAT geladen.

149 Die Klimadebatte kann hier nicht ausgebreitet werden. Es sei nur daran erinnert, dass Adolf Hitler und Heinrich Himmler schon mit klimatischen Weltuntergangsphantasien gespielt haben. Sie waren Anhänger von Hörbigers Welteislehre. Politischer Größenwahn findet pseudowissenschaftlichen Größenwahn.

Der Ökologismus als Trittbrettfahrer des Umweltschutzes

In allen kapitalistischen Ländern erhöht sich die Qualität der Umwelt mit dem wirtschaftlichen Fortschritt, sobald eine bestimmte Stufe erreicht ist. Man verfolge die Wasser- und Abwasserversorgung der Städte. Die heutige vorbildliche Hygiene ist nicht durch die Umweltschützer durchgesetzt worden, während sich das Kapital aus reiner Profitgier dagegen gestemmt hat. Im Gegenteil. Je nach Stand der technologischen Entwicklung wurden Fortschritte erzielt, mit der Wirtschaft und durch die Wirtschaft. Das Abwassersystem in Berlin geht auf das Jahr 1866 zurück. Es wurde bis 1906 fertig gebaut.[150] Die Entwicklung der Kläranlagen zog sich über viele Jahrzehnte hin und kam in den 1970er-Jahren zu einem vorläufigen Abschluss, also zu dem Zeitpunkt, wo sich die Öko-Bewegung formierte. Im letzten Jahr der DDR, 1989, schaute ich in die Elbe und sah einen toten Fluss. Der Rhein war hingegen so sauber geworden, dass darin geschwommen werden konnte. Zur Verbesserung der Umweltbedingungen sind Investitionen nötig, die eine bestimmte Höhe der Kapitalisierung der Wirtschaft voraussetzen. Der Kapitalismus vermehrt zunächst die Belastungen und beseitigte sie schließlich wieder. Nirgends war es hingegen schmutziger und hoffnungsloser als im Sozialismus.

Umweltschutz ist eine *res publica*. Umweltschutz liegt im Allgemeininteresse aller Menschen. Er muss gesetzlich geregelt werden und kann das auch, weil er die Lebensqualität aller verbessert. Ökologismus zielt aber nur scheinbar auf die Verbesserung der Luft-, Wasser- und Bodenqualität. Aber Ökologismus ist eine Gesellschaftsutopie. Er will aus einer dynamischen Gesellschaft eine statische machen. Der ökologische Interventionismus greift Umweltschutzprobleme auf, um die gesellschaftliche Entwicklung zum Stillstand zubringen. Wenn er Erfolg haben sollte, dann unter der Voraussetzung, dass ein Gespinst von Verboten das Leben lähmt und die Wirtschaft nieder zwingt. Er kann nur Erfolg haben, wenn der Staat sich immer

---

150 1866 brach eine Choleraepidemie in der Stadt aus. Daraufhin begann eine Kommission unter der Leitung von Rudolf Virchow mit den Planungen einer Kanalisation. 1873 begannen die Bauarbeiten dazu. Den Vertrag mit Fox und Crampton kündigte die Stadt Berlin vorzeitig am 31. Dezember 1873. Die Stadt baute das erste, 80 km lange Abwassersystem innerhalb von vier Jahren. 1909 ging das letzte der zwölf Teilsysteme in Betrieb.

mehr Macht anmaßt und despotischer wird. Das interventionistische Wirtschaftssystem bildet sich heraus auf der Grundlage der erweiterten finanziellen Spielräume der Massen und ihres erhöhten Sicherheitsbedürfnisses.[151] Doch hängen gewachsene Sicherheitsbedürfnisse und Ökologismus
keineswegs genuin miteinander zusammen. Im Gegenteil.

7. Die gewachsenen Sicherheitsbedürfnisse

Deutschland gerät in helle Aufregung, seit sich ein Zug von einigen hun-
derttausend jungen Männern aus der bürgerkriegszerrütteten Ländern Syri-
en und Afghanistan nach Europa wandte, um sich dort wenigstens vorüber-
gehend eine neue Existenz zu sichern. Wir Europäer werden durch die neue
Völkerwanderung in emotionale Alarmbereitschaft versetzt. Angst vor den
bärtigen dunkeln Anhängern Mohammeds macht sich breit. Geizig wollen
wir nichts vom eigenen Wohlstand teilen. Sie sollen draußen bleiben! Wut
ergießt sich über die vermeintlich schuldige Kanzlerin Merkel, die die Türen
geöffnet hat und die Eindringlinge geradezu herbeirief. Angst, Geiz und Wut
sind der affektive Ausdruck für den Zusammenbruch einer Illusion der Sicherheit einer Wohlstandsgesellschaft, die im globalen Maßstab die Welt-
oberschicht darstellt. Die Realität einer sich rasch verändernden, dynamischen und krisenhaften Umwelt hat uns eingeholt. So hatten wir uns das
Leben in unserer Wohlstandsinsel nicht vorgestellt. Lieber hätten wir uns
über die vergleichsweise harmlose Affäre mit den Griechen weiter echauf-
fiert. Deutschlands nivellierte Mittelstandsgesellschaft steht zur Diskussion.
Die unkontrollierte Masseneinwanderung stellt die protektionistischen Einrichtungen in Frage: Mindestlöhne, die Sozialfürsorge und die Austrock-
nung von Schwarzarbeit stehen ebenso zur Disposition wie wachsende Her-
ausforderungen der inneren Sicherheit. Es wird ungemütlich. Die Zahl der
Illegalen kann stark steigen. Die Behörden sind heillos überfordert. Der
Nerv unseres deutschen Selbstverständnisses ist getroffen. Die politische
Rechte formiert sich zu einer Massenbewegung, sucht Anschluss an die
Rechtspopulisten der Nachbarländer und verehrt die Autokraten Putin und

---

151   Vgl. meinen Essay *Freiheit und Sicherheit als konkurrierende Bedürfnisse*, im Anhang
      dieses Buches.

Orban als den rechten Mann der Stunde. Der Nationalismus feiert fröhliche Urstände. Die Politik der offenen Grenzen konkurriert mit den gewachsenen Sicherheitsbedürfnissen der Mittelschichten.

Folgen des medizinischen und hygienischen Fortschritts: Das rationalistische Zeitalter des Absolutismus und Merkantilismus stand unter dem Leitbild des Wohlfahrtsstaates. Die ersten hygienischen Verbesserungen in den Städten stammen aus dem 17. und 18. Jahrhundert. Die Trockenlegung von Sümpfen, Begradigung von Flüssen, Befestigung von Straßen und Wegen, die regelmäßige Leerung der Kloaken, die Einrichtung von Krankenhäusern, der Erlass von Quarantänebestimmungen, aber auch der Aufbau eines staatlichen Schulwesens zum Zweck der Massenbildung können als Reaktionen auf klimatisch bedingte Verschlechterungen der Ernährungslage, Unwetterkatastrophen und damit einhergehende Seuchen verstanden werden, die in dem Maße in Angriff genommen wurden, wie das rationalistische Denken sich gegen das religiöse durchsetzen konnte und Unwetter nicht mehr als Gottesstrafen interpretiert wurden. (Die Kleine Eiszeit erstreckte sich vom Anfang des 14. bis zum Ende des 18. Jahrhunderts und brachte ein Sinken der Durchschnittstemperatur um ca. 2° C.)[152]

Doch erst das Zeitalter des Kapitalismus im 19. Jahrhundert brachte die entscheidenden Durchbrüche, die zu einer nie dagewesenen Versorgung der Massen mit Lebensmitteln, einer Erhöhung der Lebenserwartung und einem raschen Ansteigen der Bevölkerungszahlen führte. Eine Infektionskrankheit nach der anderen wurde erforscht und therapeutisch beherrscht. 1848 führte Semmelweis in die Ausbildung der Ärzte das penible Händewaschen mit Chlorwasser ein. Die Letalität von Müttern im Wochenbett sank von 10–15 % auf 1,5 %.[153] Die Revolution der Hygiene erstreckte sich vom gründlichen Händewaschen der Geburtshelfer mit Seife bis zur die Kläranlage, vom Ersetzen der Blei- durch Stahl- und Kupferrohre bei Trinkwasserleitungen bis zum Anschluss jedes Haushalts an die kontrollierte Trinkwasserversorgung, vom Aufbau der Feuerwehr und der Ersten Hilfe bis zum

---

152 Vgl. Wolfgang Behringer: Kulturgeschichte des Klimas, München, 2007; S. 196 ff. Möglicherweise können wir die Scholastik des Hochmittelalters als Bemühung verstehen, in einer kritischen Phase der Verunsicherung geistige Orientierung zu schaffen.

153 http://puls.meertext.eu/ignaz-semmelweis-der-erfinder-der-krankenhaushygiene (02.10.2015).

Technischen Hilfswerk. Die pharmazeutische Industrie produzierte wirksame Medikamente, die Wohnungen wurden Zimmer für Zimmer geheizt, das Fleisch veterinärmedizinisch kontrolliert, der Müll pünktlich abgeführt. Die Hygienerevolution verdoppelte im Verbund mit der Agrarrevolution die Lebenserwartung der Menschen und verdreifachte die Bevölkerungszahl.[154] Ohne wirtschaftliche Grundlage funktioniert das alles nicht. Je höher die Prokopfquote an investiertem Kapital, desto höher die Lebenserwartung. Schließlich verändert sich auch der Lebenszyklus der Menschen. Der Erwerbstätigkeit folgt eine vollwertige biographische Altersphase. Die Altersvorsorge tritt zur medizinische Vorsorge und auch sie muss erwirtschaftet werden. Die staatlichen Sozialsysteme machen immer mehr Menschen von sich abhängig. Sie sollen die Existenzangst mildern, doch schleicht sich bei gestiegenen Erwartungen eine neue Angst um den Bestand der Sozialsysteme ein.

Revolution der Reproduktionsbedingungen: Während im 19. Jahrhundert die Bevölkerung wuchs, schrumpft sie im hochentwickelten Kapitalismus. Die Geburtenkontrolle ist leicht und billig geworfen und wird von den Massen der Frauen (und Männern) angewendet. Die Fruchtbarkeitsrate sinkt auf ein unternachhaltiges Niveau.

Die humanen Methoden der Geburtenregulierung durch Verhütung und medizinisch einwandfreie Abtreibung entbindet die Frau aus ihrer Funktion als langjährige Gebärerin. Die Waschmaschine vor allem, aber auch andere Geräte erleichtern die Hausarbeit. Die Frau kann sich aus ihrer naturbedingten und ökonomischer Rückständigkeit geschuldeten Bindung an Heim und Herd befreien und Bildungswege beschreiten, berufstätig und damit auch wirtschaftlich eigenständig und eigenverantwortlich werden – diese Befreiung aus der zwangsläufigen Unterentwicklung ist dem Kapitalismus zu verdanken, auf dem all dies fußt.

Aus der Sicht der Frau sind die Themen Gesundheit und Ernährung von hohem Interesse für sie selbst und ihre Familie. Das Vordringen der Frauen

---

154   Im Jahr 1618 lebten in Deutschland (Grenzen von 1914) 17 Millionen, 1650: 9 Millionen, 1800: 21 Millionen, 1871: 41 Millionen, 1910: 64,9 Millionen.
https://www.uni-muenster.de/FNZ-Online/wirtschaft/grundstrukturen/quellen/schaetzung.htm,
http://www.hubert-brune.de/tabellen_de.html.

in Positionen, die auf öffentliche Meinungsbildung Einfluss nehmen können, verstärkt die Wahrnehmung dieser inhärent konservativen Thematik. Der Kampf um den Fahrradhelm auf dem Kopf der Kinder und ihrer Eltern ist tendenziell auch ein Kampf der Geschlechter um die alternative Wertpräferenzen Sicherheit oder Abenteuer.

Mehr Sicherheit führt zu mehr Ängsten: Es gibt nie genug Sicherheit und nie genug Gesundheit. Ist eine Krankheit besiegt, so erwartet den alternden Menschen die nächste, die ihm ein früherer Tod erspart hatte. Je älter ein Mensch ist, desto aufwändiger wird die medizinische Versorgung. Längst hat es sich herumgesprochen, dass die planwirtschaftlichen Sozialsysteme durch die demographische Entwicklung in eine Finanzierungskrise schlittern.

Die protektionistischen Eingriffe in Produktion und Preise ziehen eine wirtschaftliche Grenze zwischen dem Binnenmarkt, der heute EU-weit gilt und dem Außenmarkt, in den alle unterentwickelten Länder fallen. Geschlossene Grenzen, etwa in Form von Agrarzöllen[155] und Einwanderungshemmnissen, verhindern ein Angleichen der Lebensstandards. Sie sollen das Bestehende bewahren und erhöhen gleichzeitig den Wanderungsdruck von außen.

Ausbildungswege verlängern sich: Die sich intensivierende Spezialisierung im Rahmen der Arbeitsteilung und die wachsende Menge an Wissen, die zur Ausübung von Berufen notwendig ist, verlängert unter den Bedingungen unseres staatlichen Schulsystems die Ausbildungswege und damit die Kindheit und Jugendzeit. Dies verstärkt das Bedürfnis, das wirtschaftliche Einkommen abzusichern und motiviert unter den vorliegenden Bedingungen zu protektionistischen Lösungen.

Vernetzung der Informationsgesellschaft: Die informationelle Vernetzung ist eine Errungenschaft des kapitalistischen Fortschritts. Sie potenziert das verfügbare Wissen für die Wissenschaft und für alle Menschen, die sich

---

155 Zu Agrarzöllen, vgl. Mises, Human Action, Kap. 16.14. „Die moderne Technik könnte leicht Orangen und Trauben in Wärmehäusern in der Arktis oder in den subarktischen Ländern ziehen. Jeder würde ein solches Unterfangen Irrsinn nennen. Aber es ist im Wesentlichen dasselbe, den Anbau von Getreide in den Rocky Mountains durch Zölle und andere protektionistische Mittel zu schützen, wo es an anderen Orten eine Menge fruchtbaren Landes gibt. Der Unterschied ist nur graduell."

vernetzen. Diese Entwicklung verändert die Verhältnisse grundlegend. Die Individuen sind nicht mehr darauf angewiesen, sich Gemeinschaften vor Ort anzuschließen. Sie können sich in virtuellen Räumen zu Wissens- und Glaubensgemeinschaften, zu Lebensstilgruppen formieren. Im Internet können die abseitigsten Interessen zueinander finden. Selbst der Glaube an die Erschaffung des Menschen durch außerirdische Besucher hat die Kraft, Glaubensgemeinschaften zu stiften.

Mit dieser Informationslawine einher geht Halbwissen und Verunsicherung. Mit der Weitung des geistigen Horizonts nimmt die Komplexität überproportional zu und erzeugt eine chronische und nicht überwindbare Überforderung. Je mehr wir wissen, desto weniger wissen wir. Die Öffnung zur Welt des Wissens schlägt zurück als halbwissensbasierte Neobornierung in Sekten und Communities, die dem Zweck der Versicherung und Bestätigung dienen. Das geistige Sicherheitsbedürfnis wird im Echoraum der Glaubensgenossenschaft gesucht. Der Zulauf rechter Gruppen ist Ausdruck der Verunsicherung und ein Ruf nach der Wagenburg. Die Veränderung der Realität im Sinne einer zunehmenden Fiktionalität ist eine der Folgen der Informationsrevolution. Die Chancen für rationale Aufklärung verbessern sich durch die neuen Medien, doch der Berg des Aberglaubens türmt sich noch höher.

C. Der Zeitgeist

„Die Massen, die Schar der Durchschnittsmenschen, begreifen keine Ideen, weder richtige noch falsche. Sie wählen nur zwischen den durch die intellektuellen Führer der Menschheit entwickelten Ideologien. Aber ihre Wahl ist endgültig und entscheidet den Gang des Geschehens. Wenn sie schlechte Lehren vorziehen, nimmt das Unglück seinen Lauf."[156]

„Keine Zeile eines gegenwärtigen Philosophen offenbart die geringste Vertrautheit selbst mit den grundlegendsten Problemen der Ökonomie."[157]

Viele, die vehement abstreiten, Marxisten zu sein, hegen doch unwissentlich Überzeugungen, die ursprünglich aus der Denkschmiede von Karl Marx und Friedrich Engels stammen. Unter den zu Allgemeinplätzen gewordenen Ideen gehört das Konzept des „gesellschaftlichen Überbaus". Über der „materiellen" Grundlage von Wirtschaft und Technik erhebe sich die Welt der Kultur und der Ideologien, die nichts anderes seien als ein Reflex der „materiellen Basis". Doch die Geschichte folgt keinem blinden Plan. Sie verfolgt kein bestimmtes Ziel. Es gibt keine Tendenz, die ohne Willen und Bewusstsein der handelnden Menschen wirkt. Geschichte und gesellschaftlicher Wandel sind in weiträumiger Betrachtung nicht vorhersagbar. In Wahrheit sind es die Ideen, die den Gang der Geschichte bestimmen, die „materiellen" Verhältnisse prägen und verändern. Wirtschaft und Technik sind Pro-

---

156 Mises: *Human Action*, Kap. XXXVII.3
157 Ebd., Kap. II.2.

dukte des menschlichen Geistes. Schon die alten Griechen besaßen die technischen Kenntnisse und Mittel, die für den Bau der Eisenbahn notwendig sind, doch sie kamen nicht auf die Idee, Dampfkraft wirtschaftlich zu nutzen. Die Katastrophen des 20. Jahrhunderts warnen uns wie die Erstarrung Chinas im 13. Jahrhundert, dass eine hochentwickelte Kultur durch falsche Ideologien zerstört werden kann. Wie sähe wohl Europa heute aus, wenn die Vereinigten Staaten von Amerika sich nicht entschlossen hätten, in den Zweiten Weltkrieg einzutreten? Wer die Leitbilder und Denkweisen der Mehrheit beeinflusst, bestimmt die Richtung der Geschichte. Die folgende Untersuchung geht von der Annahme aus, dass der „geistige Überbau" in Wahrheit die DNA des ökonomischen und des sozialen Wandels ist. Um den Zeitgeist zu verstehen, ist es hilfreich, seine geschichtlichen Wurzeln aufzuspüren.

8. Die herrschenden Ideen

Das Problem der herrschenden Klasse

Wir leben in keiner Klassengesellschaft, wenn wir die marxistische Bedeutung des Begriffs zugrunde legen. Marx gelang es übrigens niemals, den für seine Lehre so zentralen Begriff der „Klasse" sauber zu definieren.[158] Im *Kommunistischen Manifest* zeichnen er und Engels eine Klassengesellschaft nach dem Modell der feudalen Ständegesellschaft. Aber die bürgerliche Gesellschaft überwand die Ständeordnung und sprengte das starre Kastenwesen, ersetzte es durch eine offene, dynamische Ordnung, die dem Bürgertum den Weg in die Macht ausübenden Eliten öffnete. Der dritte Stand wurde zum allgemeinen Volk und die beiden ersten Stände rechtlich in diesen integriert. Erstaunlich, dass gerade dieser zentrale Aspekt der bürgerlichen Revolution „übersehen" wurde.

---

158 Das Manuskript des dritten Bands des Kapitals bricht mitten im Kapitel über die Klassen ab und wird in den verbleibenden Jahrzehnten seines Lebens nicht wieder aufgenommen. Marx gab sein Hauptwerk im Jahr 1871 verloren, als Carl Menger in seinem epochalen Werk *Grundsätze der Volkswirtschaftslehre* die objektive Wertlehre, auf der die Marxsche Ökonomik gründet, widerlegte. Auch Engels, posthumer Herausgeber des Bandes, gelang keine eindeutige Definition.

Mit der Durchsetzung des Rechts[159] werden alle Privilegien und Diskriminierungen aufgehoben. Besitz ist nicht mehr feudales Lehen, sondern Eigentum des freien Bürgers. Diese werden aus der sie lebenslang einsperrende Kasten befreit. Der Übergang zwischen den gesellschaftlichen Gruppen ist prinzipiell möglich. Erfolg und Misserfolg sind einzig abhängig vom Geschick des Einzelnen. Damit ist die hervorgehobene Bedeutung der liberalen Werte der Freiheit und des Eigentums historisch hergeleitet.

1953 prägte der Soziologe Helmut Schelsky den Begriff der „nivellierten Mittelstandsgesellschaft". Auf dem Hintergrund der „sozialen Marktwirtschaft" und den gewaltigen Flüchtlingsströmen nach 1944 vollzogen sich Veränderungen, die die letzten Rudimente der vorbürgerlichen Gesellschaft hinwegfegten. Durch die hohe vertikale Mobilität innerhalb der Hierarchie verlor die Oberschicht ihre Kontur und verband sich mit der Mittelschicht zu einem Kontinuum. Die Liberalisierungen Erhards hoben den Lebensstandard der Arbeiterschaft auf das Niveau des „Mittelstandes". Die Sozialpolitik alimentiert die Nichtarbeitsfähigen, wodurch sie nicht mehr als soziale Klasse in Erscheinung treten. Obendrein sind nur kleine Teile dieser Unterschicht lebenslang nicht erwerbsfähig.

Die Soziologie ging folglich vom Klassen- zum Schichtenmodell über. Schichten sind künstliche Einheiten der Einkommensstatistik. Ein einfaches Ordnungsmodell ist die Einteilung in zehn Schichten. Diese Gruppen werden durch keine anderen Merkmale als der Einkommenshöhe definiert. Die Mittelschichten bilden als die zahlenmäßig stärkste und kaufkräftigste Gruppe. Sie prägen die öffentliche Meinung am stärksten oder bilden, wenn wir uns in marxistischer Terminologie ausrücken wollen, die herrschende Klasse.

Wie ich im ökonomischen Teil gezeigt habe, verändert die interventionistische Wirtschaftspolitik des Staates und der Interessenverbände die soziale Lage der Bürger. Sie werden durch umverteilende Zuwendungen und Abgaben, durch Marktzugangshemmnisse und Vorschriften in Interessengruppen aufgeteilt, die sich der Politik bedienen, um sich gegen andere

---

159   Durchsetzung des Rechts bedeutet, dass alle Menschen, auch die Regierung dem Gesetz gehorchen müssen und dass Gesetze rechtens sein müssen. Rechtens sind Gesetze dann, wenn sie Prinzipien unterliegen, denen alle Menschen zustimmen können. Vgl. das Kapitel über Kant in meinem Buch *Klassischer Liberalismus*, Norderstedt, 2014.

durchzusetzen. Aus Produzenten werden Gewerkschafter, aus Eltern Kindergeldbezieher, Krippennutzer oder Betreuungsgeldempfänger, aus Bauern Solarstromer usw. Die Gruppen konkurrieren untereinander, doch die Mitglieder gehören nicht nur einer Gruppe an. Und als Steuerzahler finanzieren alle alles. Die interventionistische Gesellschaft verwandelt die nivellierte Mittelstandsgesellschaft in eine neue Art von „Klassengesellschaft". Die Herrschaft des Rechts ist unvollkommen und durchlöchert. Es werden wieder Privilegien gewährt, die die Menschen in ungezählte konkurrierende Interessengruppen spalten und zugleich neue hierarchische Strukturen ausbilden. Die Verbände, die an Entscheidungen über die Umverteilungen beteiligt sind, vor allem aber die Parteien, deren Mitglieder einen bevorzugten Zugang zu den Machtpositionen erlangen, formieren einen Staat im Staat. Rechtliche Gleichheit und Klassenlosigkeit sind ein und dasselbe. Privilegien (wie zum Beispiel Subventionen) führen in eine in sich zerstrittene Gruppengesellschaft und der komplementären Parteiendemokratie.

Zwei ideologische Hauptströme formen die Kräfte, die die freie Rechtsordnung unterhöhlen: extremer Egalitarismus und politischer Elitarismus.

Der extreme Egalitarismus

Der Liberalismus und sein Bastard, der frühe Kommunismus[160], stellten ihr Wirken unter die Leitidee der Gleichheit, wobei die Kommunisten égalité als materielle Gleichheit aller Lebensverhältnisse interpretierten. Ich unterscheide diese Ansätze mit den Begriffen *Egalitarismus* und *extremer Egalitarismus*. Letzterer will jede faktische gesellschaftliche Ungleichheit beseitigen. Das ist der Kerngedanke des frühen Kommunismus und seiner Spielarten demokratischer Sozialismus, Anarchismus und Feminismus.[161] Das Prin-

---

160 Der frühe Kommunismus von Saint-Simon, Fourier, Weitling und Marx entstand während der französischen Revolution und wurde bis etwa 1848 (Kommunistisches Manifest) ausgearbeitet. Der leninistische Kommmunismus oder Bolschewismus ist eine ganz andere, nämlich elitaristische Ideologie.

161 Um Missverständnisse zu vermeiden sei hier angemerkt, dass die auf „ismus" endenden Termini Bezeichnungen für Gedankensysteme sind. Feminismus ist nach meinem Wortverständnis nicht dasselbe wie Frauenbewegung oder das Eintreten für die Gleichberechtigung. Der Kampf für die Gleichberechtigung der Geschlechter ein urliberales An-

zip des Rechts ist in unserer Verfassung verankert[162], der Liberalismus hat sich in dieser Frage durchgesetzt, und die Idee des Egalitarismus verblasst im Zuge ihres Erfolgs und schwindet aus dem Bewusstsein. Doch die Kräfte des extremen Egalitarismus sehen sich noch weit von der Erreichung ihres Zieles entfernt. In dem Maße wie es ihnen gelingt, diese durchzusetzen, schwächen sie das Rechtsprinzip ab. Extremer Egalitarismus ist das Gegenteil von rechtlicher Gleichheit.

Politischer Elitarismus

Gegen Liberalismus und Kommunismus entwickelten die Kreise, die sich durch beide bedroht fühlten, einen Anti-Egalitarismus, den *Elitarismus*. Diese ideologische Hauptströmung wurzelt auch im Liberalismus, nämlich als eine Reaktion des Bürgers auf den Standesdünkel von Adel und Klerus. Die Zuteilung von oberen Positionen in der gesellschaftlichen Hierarchie auf der Grundlage des Herkommens wurde als ungerecht kritisiert und die Tüchtigkeit als Kontrastprinzip ins Feld geschickt. Man denke etwa an den Witz der Theaterfiguren von Untertanen in den Lustspielen Lessings oder Beaumarchais (Figaros Hochzeit). Der Stolz des Bürgers verband sich mit dem Selbstbewusstsein des Intellektuellen zu einem Geniekult.[163] Besondere geistige Leistungen wurden als Erzeugnisse eines im Menschen wirkenden höheren Geistes verstanden. Abgeschreckt durch die Gewaltexzesse der Französischen Revolution wurde der Geniekult quasi entpolitisiert. Er wurde nicht mehr im Zusammenhang mit der Forderung nach Machtbeteiligung vorgetragen, sondern zu einem Personenkult, entweder als Verehrung eines Genies oder zur egozentrischen Selbststilisierung.[164]

---

liegen und wurde in Deutschland erfolgreich abgeschlossen. Eine Ideologie aber, deren positiv besetzte Leitidee ein Geschlecht, eine Rasse, eine Nation, eine Klasse usw. ist, braucht immer ein negatives Komplement, die das Negative verkörpert. Feminismus ist in meiner Diktion eine Ideologie, die die Geschlechter gegeneinander ausspielt, die das Weibliche als etwas Gutes und Überlegenes definiert, das Männliche aber gleichzeitig als das zu verdrängende, zu unterwerfende Schlechte. Er zielt auf eine Herrschaft von Menschen über Menschen und ist antiliberal.

162   Art. 3.1 GG: „Alle Menschen sind vor dem Gesetz gleich"

163   Die Plastik Rodins *Der Denker* kann als Exempel dienen.

164   Als Keime dieser Strömung können die selbstbezüglichen Dichtungen Hölderlins oder Novalis' verstanden werden.

Im Laufe des 19. und frühen 20. Jahrhunderts wird die elitaristische zur Hauptströmung unter den Intellektuellen. Wir können Philosophen wie Fichte, Schopenhauer, Nietzsche, Spengler, Künstler wie Liszt, Wagner, Rilke, Thomas Mann, von Stuck oder Klimt und viele mehr unter sie einreihen. Aus diesem ideologischen Strom entwickelten sich ästhetische Richtungen wie die Romantik, der Symbolismus, der Jugendstil, der Expressionismus, der Surrealismus. Die Ichbezogenheit vieler Protagonisten drückt sich in einer experimentellen Einstellung zum Leben aus, die nach intensiven Empfindungserfahrungen sucht. Drogenkonsum, mystische Übungen, esoterische Dichtungen, das Herausfordern lebensgefährlicher Extremsituationen sowie die Abgrenzung gegen den sogenannten Spießbürger sind typisch für die Künstlerbohème, die im elitaristischen Milieu gedeiht. Der Spießer als Hassfigur steht für die Welt der Notwendigkeit und Vernünftigkeit, wirtschaftlichen Strebens und gesellschaftlicher Verantwortung. Nichts verachten die Elitaristen mehr als Ökonomie.

Nun ist ein elitäres Selbstbewusstsein wenn nicht notwendig, so doch wenigstens nicht ungewöhnlich bei herausragenden Geistern. Etwas anderes aber ist es, wenn auf seiner Basis eine politische Strömung geformt wird. Dies ist der Fall, wenn das Genie zum Führer von Massen wird, die ihn zur Machtübernahme tragen. Genialität und Fanatismus paaren sich in den großen politischen Abenteurern des 20. Jahrhunderts. Hitler und Lenin brüteten ihre Konzepte im Künstler- und Studentenmilieu Schwabings aus. Für das elitäre Genie soll das Leben wie ein Rausch verfliegen und danach alles in einem erbärmlichen Kater zugrunde gehen. Mag ein Georg Trakl sich selbst ruinieren, aber die Politiker rissen Millionen in den Tod.

Der liberale Egalitarismus anerkennt die faktische Ungleichheit von Menschen und Verhältnissen als unumgänglich und nützlich, er fordert aber die rechtliche Gleichheit und damit die Grundlage für friedliche arbeitsteilige Tauschverhältnisse. Doch sowohl der Egalitarismus (die sozialistischen Richtungen) als auch der extreme Elitarismus versuchen – je nach Provenienz – die eine Gruppe gegenüber der anderen zu privilegieren, Hierarchien einzurichten oder zu konservieren und Minderheiten, wenn nicht Mehrheiten zu unterdrücken. Die (egalistischen) sozialistischen Gewerkschafter wollen die Arbeitgeber in die Knie zwingen, die (elitaristischen) Islamisten alle Ungläubigen Israels ins Meer jagen. Die (egalistischen) Sozialdemokraten fordern eine Deckelung der Managergehälter, die (elitaristischen) Klimaalarmisten verfolgen Wissenschaftler, die ihrer Doktrin nicht zustimmen und stigmatisieren sie als „Klimaleugner".[165]

Die Menschen können entweder als sozial gleich oder ungleich angesehen werden. Menschen sind als Individuen immer ungleich und einmalig. Soziale Gruppen sind Eigenschaften der Individuen, durch die sie mit anderen verbunden sind, die dieselbe Eigenschaft haben. Gruppen sind Konstrukte, die sich aus gemeinsamen Merkmalen definieren, also konstituiert durch Gleichheit. Aber Einzelne gehören niemals nur einer Gruppe an. Sie sind durch ihre verschiedenen Eigenschaften Mitglieder verschiedener Gruppen und können insofern auch heterogene Interessen haben.

9. Der gealterte Sozialismus

Heutige Mehrheitsmeinung ist ein gemäßigter Egalitarismus[166], nach dem die Gesellschaft keine Extreme dulden soll, weder zur Armut hin noch zum Reichtum. Dies entspricht der Selbstwahrnehmung der Mittelschichten als Normative für andere. Sie sehen mit Neid nach oben und Furcht nach unten. Die Schärfe des Ausbeutungsvorwurfs hat sich gemildert. Diejenigen, die viel haben, sollen denen, die wenig haben, etwas abgeben. Sie hätten immer noch genug und die Armen würden weniger Not leiden. Dieser Anspruch findet Resonanz im natürlichen Wohlwollen der Menschen, in ihrer angeborenen Hilfsbereitschaft.

Die Idee des Sozialismus[167] ist uralt. Schon bei den alten Römern, ja schon bei Platon tauchen ihre Kernideen auf. Und auch heute, nach der historischen Niederlage des Weltkommunismus, nach der Überwindung des sozialistischen Jahrhunderts, wirken sie fort. Sie geben sich neue Namen und verstecken sich hinter der sympathischen Bezeichnung „soziale Ge-

---

165 http://www.kaltesonne.de/wenn-klimaaktivisten-die-fachargumente-ausgehen-uber-statistiken-und-klimaforschung-muss-naturlich-diskutiert-werden-aber-das-tue-ich-ohne-sie/ (02.10.2015).

166 Im Folgenden ist der Einfachheit halber mit Egalitarismus die Spielart des alternden Sozialismus gemeint.

167 „Sozialismus" bedeutet in meinem Essay ein Ideengebäude, eine Ideologie.

rechtigkeit".[168] Doch was ist Gerechtigkeit? Die Antwort, die der Sozialismus darauf gibt, ist sehr simpel: Gerechtigkeit ist materielle Gleichheit.[169]

Die Gleichheitsideologie geht von banalen Beispielen aus. Der Egalist stellt uns eine Aufgabe. Ein Stück Kuchen soll unter einer anonymen Zahl von Teilhabern aufgeteilt werden. Die Stücke müssten seiner Meinung nach gleich groß sein, damit sie gerecht genannt werden können. Wir wollen nicht herummäkeln, dass sehr wenige Kaffeekränzchen mit Fremden abgehalten werden. Dagmar Schulze Heuling hat in ihrer Untersuchung[170] die Idee dieser gleichen Einteilung trefflich ins Leere laufen lassen. Wie sollen gleich große Stücke auf unterschiedlich große Münder bedarfsgerecht aufgeteilt werden? Bedarfsgerecht sind allemal ungleiche Stücke. Die schneidet sich aber jeder selbst am besten ab. Da der Kuchen knapp ist, tauschen die Marktteilnehmer untereinander ihre Güter entsprechend ihren Bedürfnissen. Gerecht ist Ungleichheit in Freiheit.

Ideengeschichtlich ist der Egalitarismus ein Seitenspross des Liberalismus. Er ging im 17. Jahrhundert von der Annahme aus, dass alle Menschen von Natur aus gleich sind: so gleich wie unbeschriebene Blätter eines Schreibblockes.[171] Erst die ungerechten Klassenunterschiede erzeugen ungleiche Menschen. Die einen werden von den anderen unterdrückt, ausgebeutet und übervorteilt. Diese sind durch ihre Herkunft begünstigt und durch die Konzentration von wirtschaftlicher oder politischer Macht den einen überlegen. Das sei ungerecht. Die Lösung liege in der Nivellierung der gesellschaftlichen Unterschiede. Wenn alle Verhältnisse *ausgeglichen* sind, sind sie gerecht.

---

168 Vgl. die Untersuchung von Michael von Prollius: *„Soziale Gerechtigkeit" auf dem Prüfstand*, online:
https://www.forum-freie-gesellschaft.de/soziale-gerechtigkeit-auf-dem-pruefstand/ .

169 Wir haben schon auf die Wurzel dieser Idee im aristotelischen Begriff der „ausgleichenden Gerechtigkeit" hingewiesen. Vgl. Umverteilung.

170 Dagmar Schulze Heuling: *Lob der Ungleichheit*, Edition Forum Freie Gesellschaft, Fürstenberg, 2015, BoD, S. 30—34.

171 Dies war die Annahme bei John Locke (geb. 1632) und fand Eingang in die amerikanische Unabhängigkeitserklärung (... all men are created equal). Der Behaviorismus des 20. Jahrhunderts (Watson, Pawlow, Skinner) ging noch davon aus, dass alles Lernen Konditionierung vom Punkt Null aus sei.

„Die Menschen sind böse; eine traurige und fortdauernde Erfahrung erübrigt den Beweis; jedoch, der Mensch ist von Natur aus gut, ich glaube, es nachgewiesen zu haben. ... Man bewundere die menschliche Gesellschaft, soviel man will, es wird deshalb nicht weniger wahr sein, dass sie die Menschen notwendigerweise dazu bringt, sich in dem Maße zu hassen, in dem ihre Interessen sich kreuzen, außerdem sich wechselseitig scheinbare Dienste zu erweisen und in Wirklichkeit sich alle vorstellbaren Übel zuzufügen."[172]

Diese Textstelle gibt *Rousseaus* (geb. 1712) zentrale Idee wieder, der außerordentlich wirkungsmächtig wurde. Sein Programm besteht darin, die gesellschaftlichen Verhältnisse so zu gestalten, dass der Mensch seine gute Natur nicht verbiegen muss. Dann ist alles gut. Der Kommunismus knüpft daran seine Utopie der klassenlosen Gesellschaft. Es ist ein ganz großer Gesellschaftsentwurf, der alle Verhältnisse umstürzt und alles umgestaltet. Ein anderer ist die Utopie der nachhaltigen Gesellschaft.

Doch Menschen sind ganz offenkundig von Geburt an ungleich. Jede Mutter weiß, dass ihr Baby keinem anderen gleicht. Jeder Lehrer weiß, dass seine Schüler unterschiedlich begabt sind. Individualität, also Ungleichheit, ist eines der hervorstechendsten Merkmale des menschlichen Seins. Das Menschliche des Menschen ist seine Individualität, seine Freiheit.[173]

Sehen wir von außermenschlichen Faktoren wie Bodengüte ab, lassen sich letztlich alle gesellschaftlichen Ungleichheiten auf Erfolg und Misserfolg menschlichen Handelns zurückführen. Sie ergeben sich als Folge angeborener Ungleichheit und nicht umgekehrt. Unter den Bedingungen einer freien Marktwirtschaft erwachsen die großen Vermögen der Reichen aus unternehmerischen Geschick und Glück. Auch die angeblich so ungerechten Erbschaften ergeben sich aus dem Handeln der vererbenden Eltern. Sie

---

172 *Abhandlung über den Ursprung und die Grundlagen der Ungleichheit unter den Menschen*, 1755. (Reclam, 1998, S. 115 ff., Anmerkung IX). Mit einer gewissen Berechtigung können die Sozialisten von sich behaupten, die wahren Erben des Liberalismus zu sein. Ziehen wir, dieses Axiom Rousseaus vor Augen, einen roten Faden von Locke über Rousseau und verlängern wir ihn, so landen wir bei Marx. Daher setze ich die Tradition des Klassischen Liberalismus nicht bei Locke, sondern bei Hume an und nenne Locke einen Frühliberalen.

173 Hieran knüpft Wilhelm von Humboldt seinen Bildungsbegriff. Siehe: Krebs: *Klassischer Liberalismus*, a.a.O., Kapitel über Humboldt.

haben ihr Vermögen gespart, um es weiter zu reichen. Weiterhin setzt der Erhalt von Vermögen, nicht nur der Erwerb, unternehmerisches Handeln voraus. Wer keinen Gewinn erzielt, verzehrt sein Vermögen und verliert seine exponierte Stellung.

Jeder Versuch, die materiellen Verhältnisse anzugleichen, scheitert an zwei unüberwindlichen Schwierigkeiten. Erstens: Wenn eine vorhandene Menge umverteilt werden soll, wird dem einen genommen und dem anderen gegeben. Das ist aber selbst schon eine Ungleichheit, nämlich eine ungleiche Behandlung und verletzt das Rechtsprinzip[174]. Gleichheit als Wert soll durch Ungleichheit des Rechts hergestellt werden – ein Widerspruch in sich. Zweitens: Jede (theoretische) Gleichheit der Ausgangsbedingungen führt wegen der Unterschiedlichkeit der Menschen und ihrer Bedingungen von selbst mit der Zeit zu ungleichen Ergebnissen. Gleichmacherei ist immer nur möglich als eine temporäre Korrektur. Das Prinzip zwingt zu wiederholter Enteignung und führt damit zur Zerstörung der Grundlagen des unternehmerischen Drangs der Menschen.[175]

Ich möchte im Folgenden einige Felder untersuchen, in denen die sozialistische Gleichheitsidee wirksam ist. Es sind Beispiele, die leicht erweitert werden können.

Bodenreform: Die Idee der sozialen Gerechtigkeit in der Wirtschaft ist uralt. Schon bei den Römern der Antike gab es Vorschläge zu einer egalitären Bodenreform, bei der jedem freien Bauern ein gleichwertiges Stück Land zur Bebauung zugeteilt werden sollte.[176]

---

174 1. Was mein ist, ist mein; was dein ist, ist dein. 2. Gleichheit aller vor dem Gesetz.

175 „Der Grundsatz der distributiven Gerechtigkeit, wenn er einmal eingeführt ist, wäre erst erfüllt, wenn die ganze Gesellschaft in Übereinstimmung mit ihm organisiert wäre. Dies würde eine Art von Gesellschaft schaffen, die in allen wesentlichen Belangen das Gegenteil einer freien Gesellschaft wäre – eine Gesellschaft, in der die öffentliche Gewalt entscheidet, was der Einzelne zu tun hat und wie er es tun muss." Friedrich A. Hayek: Die Verfassung der Freiheit, Tübingen, 2005, S. 129.

176 „Die Welt bevölkert von lauter selbstgenügsam wirtschaftenden Landwirten, neben denen noch allenfalls für einige Handwerker Raum bleiben könnte, das war das Gesellschaftsideal, dem man zustrebte. Man braucht auf alle diese Reformentwürfe heute nicht mehr einzugehen. Sie sind unter den Verhältnissen der arbeitteilenden Volkswirtschaft nicht durchführbar; eine Eisenbahn, ein Walzwerk, eine Maschinenfabrik können nicht aufgeteilt werden. Hätte man sie vor Jahrhunderten oder Jahrtausenden verwirklicht, dann stünden wir noch immer auf der Stufe der wirtschaftlichen Entwicklung, die

Das Konzept ist logisch inkonsistent, denn es gibt keine zwei Boden-
stücke, die gleichwertig sind. Die Naturgegebenheiten sind ungleich und
werden durch die Bearbeitung meist noch ungleicher. Die Ungleichheit der
Bauern ist ein Faktor, der auch im Idealfall gleicher Ausgangsbedingungen
rasch zu ungleichen Erträgen führen muss. Wenn Ungleichheit nicht gedul-
det werden soll, müssen die Mehrerträge stets gleichmäßig aufgeteilt werden. Doch das wiederum würde Ungleichheit schaffen im Hinblick auf die
Verfügungsberechtigung über das Eigentum. Gleiche Landgröße – ungleicher Ertrag, gleicher Ertrag – rechtliche Ungleichheit, und wenn die Land-
stücke in der Weise ungleich aufgeteilt werden, dass der Ertrag gleich ist, so
wäre wieder keine Gleichheit erreicht. Es ist eine Quadratur des Kreises.

Wenn Einkommen umverteilt werden, verschlechtern sich die Anreize in
jeder Hinsicht. Der Tüchtige und Erfolgreiche wird bestraft und der weniger
Erfolgreiche belohnt. Dies ist nicht nur demotivierend für beide zugleich. Es
ist auch für die Allgemeinheit schädlich, weil es den möglichen Gesamter-
trag verringert. Noch ist jede Bodenreform der Anfang einer erneuten Ungleichheit gewesen. Sie hat die Machtinhaber gestärkt, aber die Menschen
verarmt.[177]

Dies wäre auch der Fall, wenn der Boden verstaatlicht würde und zur
Nutzung verpachtet. Die Verstaatlichung schafft neue Ungleichheit, weil
ungleich großes Eigentum enteignet wird. Die Verpachtung schafft Ungleichheit, weil sie die Reichen begünstigt. Sie haben die Geldmittel, die
besten Stücke zu pachten. Erinnert sei an die Versteigerung des säkulari-

---

zu jener Zeit erreicht worden war, wenn wir nicht überhaupt in einen Zu-stand, der sich
kaum über den tierischen erhebt, zurückgesunken wären." Mises: *Die Gemeinwirtschaft*, Jena, 1922, S. 28.

177 Als Beispiel sei hier die Bodenreform in der Sowjetunion genannt. Die die Kollektivierung flankierende Entkulakisierung forderte rund 530.000 bis 600.000 Menschenleben.
Die Landwirtschaft der UdSSR brach infolge von Kollektivierung und Entkulakisierung
zusammen. Dies war die zentrale Ursache für den Holodomor, eine epochale Hungerkatastrophe mit etwa fünf bis sieben Millionen Toten. In Nicaragua enteigneten die Sandinisten nach 1979 Großgrundbesitz, von dem sie ein Drittel zum Anbau von Grundnah-
rungsmitteln (Mais, Reis u.a.) Kleinbauern gaben. Doch die Pflanzen waren für den Anbau schlecht geeignet. Dadurch sanken die Bodenerträge, ebenso die Kaffeeexporte der
enteigneten Ländereien und folglich die Deviseneinnahmen. Dies führte zu einer Ver-
schuldung des Landes und zur relativen Verarmung. Die Spitze der Sandinisten hat sich
als Oligarchie etabliert.

sierten Bodens 1803 in der napoleonischen Zeit an der Mosel und in der Pfalz.[178] Die besten Gärten gingen an die betuchten Bürger. Dem Elend der kleinen Winzer war die erste veröffentlichte Schrift von Karl Marx gewidmet.

Egalisierung von Gewinn und Lohn: Anders ist es auch nicht in der Industrie. Der Lohn stimuliert den Arbeiter, der Gewinn den Unternehmer und Kapitalisten. Löhne drücken in einem unbehinderten Markt aus, welchen Beitrag der Arbeiter zum Gesamtprodukt leistet und werden vom Verbraucher, der es zu einem bestimmten Preis kauft, dadurch bewertet. Die Lohnhöhe wird nicht, wie Marx behauptete, durch den Kapitalisten systematisch gedrückt, sondern durch die Preisfindung bestimmt. Tariflöhne nivellieren die individuellen Unterschiede. Sie schaffen neue Ungleichheit, weil sie die Leistungsstarken benachteiligen. Sie verhindern individuelles Weiterkommen, weil das Unternehmen die Löhne nur für alle Inhaber eines Tarifs zusammen anheben kann. (Die freiwilligen Lohnzuschläge mildern diese Hemmnisse.[179]) Profite sind Informationen für das gewinnorientierten Kapital, die dem Unternehmer mitteilen, in welcher Verwendung es am besten den Interessen der Verbraucher dient. Gleichmacherei schafft also nicht nur Minderertrag oder relative Verarmung, sie erzeugt auch Desinformation und letztlich Chaos.[180] Mehr noch, sie erfordert die Herrschaft derjenigen, die die Maßstäbe setzen und umverteilen. Gleichmacherei führt unvermeidlich zu rechtlicher Ungleichheit.[181] Es ist eine logisch inkonsistente Ideologie.

Einkommenspolitik: Scheinbar einfach sind Nivellierungen von Einkommen, denn hier geht es um objektive, rechenbare Geldgrößen. Schritte in diese Richtung sind Mindest- oder Höchstpreise. Höchstlöhne für Fußball- und Filmstars wurden selten gefordert, aber Managergehälter sollen gedeckelt werden. So hoch sie auch ausfallen mögen, die Gehälter solcher Spitzenverdiener haben sich auf dem Markt gebildet. Wenn ein Unternehmen

---

178 http://www.briedeler-geschichte.de/urkunden/saekularisation.html (02.10.2015).

179 Es darf aber auch nicht übersehen werden, dass Lohnunterschiede, die allgemein Bekannt sind, zu Neid, Streit und Sabotage an der Arbeit der Beneideten führen können.

180 Mises: „Planned Chaos" in *Socialism*, New Haven, 1951.

181 Vgl. Friedrich August von Hayek: *Recht, Gesetz und Freiheit*, Tübingen 2013, Kapitel 9, „‚Soziale' oder austeilende Gerechtigkeit", S. 211 ff.

gute Führungskräfte haben will, und die guten sind knapp, muss es mit anderen konkurrieren. (Für Manager gilt dasselbe Marktgesetz wie für die anderen Arbeiter.) Gehaltsdeckelungen führen nur zum Abwandern der Besten und damit zur Schädigung der Nivellierer. Progressive Einkommenssteuern sind eindeutig und explizit egalistische Lenkungsinstrumente. Mindestlöhne erhöhen die Arbeitslosigkeit im unteren Sektor, weil sie die Arbeitswilligen davon abhalten, unter Tarif in das Erwerbsleben einzutreten, wo es keine tariflichen Angebote gibt.[182]

Einwandererintegration: Die Angleichung von ethnischen Minderheiten bei Einwanderergruppen soll durch eine gegenseitige Annäherung sowohl der Minderheiten an die Mehrheit als auch umgekehrt erfolgen. Ihr schwebt eine neue egalitäre Multikultiwelt vor Augen, bei der die Griechen mit den Türken und Deutschen Sirtaki tanzen und Chianti zu spanischen Oliven trinken. Wie nett, wie naiv! Doch die Integration vollzieht sich insbesondere bei den Türken zäh und langsam.[183] Die Einwanderergruppen grenzen sich eher gegenseitig aus als sich gemeinsam zu Deutschen zu wandeln und mit ihnen die Deutschen zu „neuen" Deutschen nach dem Geschmack der Multikulti-Freunde zu formen.

Durch die neue Völkerwanderung aus den vorderasiatischen Kriegsgebieten ist sowohl die Illusion eines fröhlichen Multikulti wie eines kulturell „reinen" Deutschtums im Sinne der neuen Rechten vollständig zusammengebrochen.[184] Einwanderung ist weder abzuwehren noch eine fröhliche Veranstaltung. Sie wird zunehmen und die alternde Gesellschaft unter Stress setzen.[185] Insbesondere ist die Illusion einer Auflösung von Pauperismus durch staatliche Transferleistungen in Frage gestellt. Ich rechne für die Zukunft mit einer Wiederkehr der Klassengesellschaft. Die muslimischen Gruppen wollen sich religiös nicht anschließen. Ob sie sich sozial integrie-

---

182   http://www.welt.de/wirtschaft/article141095316/Mit-dem-Mindestlohn-fallen-fast-240-000-Minijobs-weg.html (02.10.2015).

183   http://www.uni-mannheim.de/1/forschung/Kalter2.pdf (02.10.2015).

184   Alexander Grau analysiert die simplifizierenden linken und rechten Leitbilder zur Integration oder zur Abwehr von Einwanderern in: Cicero, 17. Oktober 2015. http://www.cicero.de/salon/rechts-und-links-ideologischer-kulturkampf/59992.

185   Wanderungen gleichen Unterschiede zwischen relativ unter- und relativ übervölkerten Gebieten aus. Die Schrumpfung der deutschen Bevölkerung erhöht langfristig den Einwanderungsdruck.

ren werden, hängt davon ab, inwieweit sie in die Marktbeziehungen eintreten können, d.h. wirtschaftlich selbständig werden oder nicht. Die Pariser Banlieues geben uns ein warnendes Beispiel, wozu staatliche Alimentierung von Einwanderergruppen führt.

Chancengleichheit: Die egalistische Denkweise bezieht ihre Attraktivität aus ihrer scheinbaren Einfachheit. Gleich ist *gerecht* und objektiv *gleich groß* ist gleich. Da nun die jeweils individuellen Bedingungen der Fälle und die subjektiven Faktoren niemals ganz gleich sein können, führt die Idee der objektiven Gleichheit zu der einer subjektiven. Abgestufte Anforderungen in den Leistungsansprüchen sollen persönliche Ungleichheiten (die sogenannte Chancenungleicheit) ausgleichen. In einem Schulsystem, das streng nach egalitaristischen Ideen gestaltet ist, gibt es einen einheitlichen Schultyp und den gleichen Unterricht für alle Schüler. Da die gleichen schulischen Bedingungen aber nicht zu den gleichen Ergebnissen führen, und weil nach Rousseau niemals der Einzelne dafür verantwortlich ist, erwächst die Idee eines Ausgleichs zwischen den Schülern. Die Unterschiede werden als gesellschaftlich verursachte Nachteile gedeutet. Diese sollen durch besondere Förderungen kompensiert werden (Nachteilsausgleich). Das Ziel ist es, alle Kinder auf das gleiche Notenniveau zu heben. Die Idee der *kompensatorischen Erziehung* wurde in den 1960-Jahren als Teil eines „Kriegs gegen die Armut" im Hinblick auf die enttäuschenden Ergebnisse der Bildungsbemühungen für die Afroamerikaner konzipiert. Die schulischen Ansprüche wurden gesenkt, zusätzlicher Unterricht sollte die Unterschiede ausgleichen. Das Notenbild schönt sich, doch die Vergleichbarkeit leidet. Diese Pervertierung der Gleichheitsidee findet im Bildungs- und Sozialbereich viele Anhänger, wo das Helfermotiv stark ausgeprägt ist. Doch auch dies ist Umverteilung. Die Fördermaßnahmen sind kostspielig. Sie verhindern die Förderung anderer Kinder und führen obendrein nicht zum Ergebnis einer Nivellierung des Leistungsspektrums. Die relative Anhebung der schwachen Leistungen wird durch die Verringerung der Leistungsunterschiede erreicht. Kurz: Es gibt keine „schlechten" Noten mehr. Doch Bildung verstärkt immer die Ungleichheit.

Inklusion: Auch die pädagogische Inklusion ist ein Auswuchs der Gleichheitsidee. Die Grundidee ist vordergründig die „Anerkennung der Diversität" und man könnte meinen, dies widerspricht dem egalistischen Prinzip.

Doch ist damit die Idee verbunden, dass Diversität irrelevant sei. Das Unterschiedliche ist im pädagogischen Raum natürlich die Leistungsfähigkeit. Die Sprachpolizei des Political correctness verschleiert das Vorhandensein von Behinderungen. In der „UN-Konvention über die Rechte von Menschen mit Behinderungen" wird behauptet: *Es ist normal, verschieden zu sein, Vielfalt macht stark, Jedes Kind ist besonders* oder *Alle sind behindert*. Es geht bei dieser Mode nicht um eine optimale Therapie für jeden Einzelfall, sondern um das ideologische Konzept. Das differenzierte Schulwesen wird ersetzt durch die Gemeinschaftsschule, der Wiederauferstehung der Gesamtschule aus dem letzten Jahrhundert. Es ist unstatthaft, therapeutische Bedürfnisse einem ideologischen Prinzip unterzuordnen.

Der Sonderfall der „Gleicher-Berechtigung" der Frau

Die Gleichberechtigung der Frau ist eine Errungenschaft eines jahrhundertelangen Kampfes des Liberalismus. Sein Erfolg, erstmals ausgedrückt im Wahlrecht aller Besitzenden von New Jersey 1776, allen Frauen erstmals in dem amerikanischen Staat Wyoming im Jahre 1869 zugebilligt, setzte sich in den kapitalistischen Ländern allgemein durch. Die Frau ist längst zu einem gleichberechtigten Bürger geworden, die Gleichwertigkeit beider Geschlechter ist allgemein anerkannt. Wichtige Meilensteine der Gleichberechtigung waren in Deutschland das Eherecht (wirtschaftliche Selbstständigkeit) und das Scheidungs- und Unterhaltsrecht (Zerrüttungsprinzip an Stelle des Schuldprinzips), die nach 1969 novelliert wurden. Voraussetzung war, wie oben angedeutet, eine Hebung des Lebensstandards der Massen, damit diese sich aus der Notwendigkeit der häuslichen Schufterei befreien konnte.[186] Die Hebung ihres Status verdankt die Frau dem Liberalismus, der die Gleichheit vor dem Gesetz als ein oberstes Prinzip vertritt, und dem Kapitalismus, der die wirtschaftlichen Voraussetzungen schuf, damit nicht nur die Frauen der oberen Schichten, sondern alle Frauen sich zu eigenverantwortlichen, sich selbst bestimmenden, freien Menschen emanzipieren konnten. Ein Gewinn für beide Geschlechter!

---

186 Vgl. Hans Rosling: *Der Zauber der Waschmaschine*, Video online: https://www.youtube.com/watch?v=f1WkUtc7VTM (02.10.2015).

> Meine Großmutter (geb. 1885) war das dreizehnte Kind eines einigerma-
> ßen wohlhabenden Tuchhändlers. Ihre Mutter starb im Wochenbett. Sie
> wurde von ihrer ältesten Schwester aufgezogen, die bei ihrem Vater bis
> ans Ende seiner Tage blieb. Das war das typische Frauenlos vor Zeiten.
> Hier ist keine Verschwörung am Werke. Es sind die Lebensumstände der
> Frauen und Männer. In den unteren und mittleren Schichten hing das
> Auskommen einer Familie lange Zeit vom vollen Einsatz der Hausfrau ab,
> und in den unterentwickelten Ländern ist es noch vielfach bis heute so.
> Allein zur Wäsche einer vierzehnköpfigen Familie braucht es nicht nur die
> Hausfrau, sondern auch weitere dienstbare Geister, ledige Tanten, Haus-
> mädchen usw. Mann und Frau gehen eine Arbeitsteilung ein, die sich aus
> der Abhängigkeit der Säuglinge von der Mutter ergibt, mit der die meis-
> ten Frauen und Männer damals selbstverständlich einverstanden waren.

Der Frau gelang es unter zwei Voraussetzungen, sich aus dieser Lage zu befreien: durch eine für die Massen der Frauen handhabbare Geburtenrege-
lung und durch die Massenproduktion der Waschmaschine. Der Rest ergab
sich von alleine. Trotz dieser einfachen Wahrheiten hält sich hartnäckig der
Mythos vom Patriarchat.[187] Er ist eine Spielart des Marxismus, in der der
(scheinbare) Gegensatz zwischen der Klasse der Ausbeuter und des Proletariats in den (scheinbaren) Gegensatz zwischen Mann und Frau verdreht
wird. Es wird behauptet, dass die Männer der Welt sich gegen die Frau ver-
schworen hätten, um ihre Unterdrückung aufrecht zu erhalten. Dazu wird
ein Geschichtsmythos erfunden, der von einem versunkenen Weltmatriar-
chat spricht, einem goldenen Zeitalter, das durch das eiserne Patriarchat
abgelöst worden sei und davon, dass in der hoffnungsvollen Zukunft wieder
das gute Matriarchat zurückkehren werde. In irgendeiner Weise geistert
diese Sicht in den Köpfen von Männern und Frauen herum. „Jetzt sind wir
einmal dran", spricht die distributive Gerechtigkeit.

Die ideologische Heterogenität des Feminismus: Wir müssen uns mit
dieser naiven und unwissenden Meinung nicht ernsthaft auseinander set-

---

187 Diese Geschichtsklitterung ist ein Abkömmling der marxistischen Geschichtslegenden.
    Bornemann bezeichnete sein Hauptwerk, *Das Patriarchat*, das hier stellvertretend für
    viele andere stehen soll, als das *Kapital* der Frauenbewegung.

zen. Hier kommt es darauf an, die Schäden zu erkennen, die dieser sich nach außen egalistisch gebende, aber versteckt elitäre Feminismus anrichtet. Als Ideologie ist der Feminismus so unübersichtlich wie kaum eine andere. Sie ist extrem schwach durch Fakten abgesichert. Es wäre treffend, von ihm im Plural zu sprechen. Die faktische Ungleichheit der Lebensverhältnisse geschlechtsspezifischer Gruppen wird von ihm immer auf sexistische Weise interpretiert, aber wahlweise als patriarchalische Verschwörung (Mythos von der gläsernen Decke) oder auf kulturalistische Weise als anerzogene Zurückhaltung rollenkonformer Mädchen und Frauen (Mythos vom konstruktivistischen Charakter des Gender) oder in biologistischer Weise als geschlechtsbedingter Charakterunterschied (Mythos von der friedfertigen Frau und dem testosterongesteuerten Mann[188]). Aus dieser Sichtweise ergeben sich Konflikte in den Paarbeziehungen und verstärken die Labilität der Ehe.

Der Feminismus schadet insbesondere den Frauen selbst. Frauen, die familienbezogene Lebensmodelle für sich wählen, werden diffamiert. Die staatlichen Umverteilungseffekte begünstigen kinderlose Paare im Vergleich zu Familien. Aber auch das gesellschaftliche Leben des Mannes steht unter dem Vorzeichen eines Generalverdachts auf Gewalttätigkeit (Frauenbeauftragte, Kachelmann-Effekt[189]). Frauen werden als Interessengruppe konstituiert, was sich zum Beispiel in der Einrichtung eines Frauenministeriums ausdrückt. Der Staat soll eingreifen und die tatsächlichen Lebensverhältnisse der Frauen denen des Mannes angleichen. Dazu gehört derzeit vor allem die Forderung nach einer Quote. Schüler werden dazu aufgefordert, sich für die typischen Berufe des jeweils anderen Geschlechts zu interessieren (Boys-and-Girls-Day). Für Lehrer gibt es berufliche Fortbildungen,

---

188 Den Mythos vom Testosteron als Chauvi-Hormon widerlegt Robin Harin in *Die Männerlüge*, Wien, 2015.

189 Aus dem Frauenbeauftragten wurde der verschämte Gleichstellungsbeauftragte. Aus Rache für eine vermeintliche Kränkung beschuldigte eine ehemalige Geliebte des prominenten Meteorologen Jörg Kachelmann ihn der Vergewaltigung. Die Öffentlichkeit wurde von Alice Schwarzer aufgehetzt und die Voreingenommenheit der öffentlichen Meinung als Einflussfaktor gegenüber dem Gericht ins Spiel gebracht. Kachelmann war erwiesenermaßen unschuldig. Die Bildzeitung musste schließlich wegen der vorverurteilenden Berichterstattung ihrer Korrespondentin Alice Schwarzer Schadensersatz zahlen.

die für Männer nicht zugänglich sind. Der Feminismus vergiftet die Geschlechtsbeziehungen, weil das instinktgesteuerte Flirten unter den Verdacht der symbolischen Erniedrigung der Frau gestellt wird. Die Genderisierung der Sprache im akademischen Raum und im öffentlichen Dienst hebt in seiner lästigen Aufdringlichkeit die Akzeptanz der feministischen Zumutungen hervor.[190] Eine wahre Einschüchterungskampagne wird gegen jeden Mann in vorgesetzter Stellung oder im öffentlichen Leben geführt, der es wagt, die weiblichen Qualitäten der Frau zu bemerken.[191] Als Gender Mainstreaming sollen immer weitere sexuell bedingte Ungleichheiten bekämpft werden. Das natürliche Geschlecht wird entbiologisiert und zum kulturellen Konstrukt umgedichtet.[192]

---

190 Mit der Doppelung in der Nennung von Adressaten nach ihren Geschlechtszugehörigkeit ist eine sprachliche und psychologische Zumutung verbunden. Sprachlich geht eine inhaltlich Nuance verloren, die in manchen Fällen unverzichtbar ist. „Bürgerinnen und Bürger" sind etwas anderes als einfach „Bürger" etwa in einer Statistik. Letzteres ist eine Funktion oder eine soziale Rolle. Erstere sind Personen. Wenn unterstellt wird, dass mit „Lehrer" stets der Mann gemeint ist, wird das generische Maskulinum ausgeblendet. Es ist nicht mehr möglich, auszudrücken, dass mehrere Angehörige einer Gruppe, deren Geschlecht unbekannt oder unwichtig ist, angesprochen wird. Dies führt zum Beispiel bei Übersetzungen zu unlösbaren Schwierigkeiten, da das Problem in anderen Sprachen nicht auftaucht, die kein grammatikalisches Geschlecht kennen. Psychologisch ist es eine Zumutung, weil eben unterstellt wird, dass ein Phänomen wie das generische Maskulinum ein Zeichen der Missachtung der Frau sei und daher sexistisch. Dabei ist das Reiten auf der Geschlechtsdoppelung selbst sexistisch. Der Vorwurf des Unsichtbarmachens der Frau (das mit dem Leugnen des generischen Maskulinum verbunden ist), ist parodox. Einerseits sollen Frauen nicht als Sexualobjekte gesehen werden. Andererseits werden sprachliche Mittel, die dies umgehen, gebrandmarkt. Das Pochen auf die Doppelnennung ist mit dem ständigen Sichtbarmachen der Sexualität der Angesprochenen verbunden. Es ist schlicht unhöflich. Vgl. Dieter E. Zimmer: „Die Berichtigung", in ders: *Deutsch und anders. Die Sprache im Modernisierungsfieber*, Reinbek, 1997., S. 105 −180.

191 In einer ironisch gemeinten Flappserei beklagte sich der Medizin-Nobelpreisträger Tim Hunt über seine Schwierigkeiten mit weiblichen Mitarbeitern: „Du verliebst dich in sie, sie verlieben sich in dich und wenn du sie kritisierst, fangen sie an zu heulen." Doch in diesem Punkt versteht die feministische Sittenpolizei keinen Spaß. Nach einer öffentlichen Verleumdungs- und Hetzkampagne trat der 72-jährige von seiner Stelle als Honorarprofessor zurück. http://www.zeit.de/gesellschaft/zeitgeschehen/2015-06/timothy-hunt-nobelpreis-sexismus-frauen-labor .

192 Die theoretische Dünnbrettbohrerei wurde treffend von dem norwegischen Fernsehkomiker Harald Eia demaskiert. Harald Eia: *Das Gleichstellungsparadox*, Fernsehfilm, zitiert nach: https://www.youtube.com/watch?v=3OfoZR8aZt4 (02.10.2015).

Der Bruch des Rechts: Die Protektion von Frauen aufgrund ihres Geschlechts, setzt sich in der wirtschaftlichen Praxis um so weniger durch, je stärker gewinnorientiert gearbeitet wird. Doch der gesellschaftliche und rechtliche Schaden ist beträchtlich. Die Erweiterung des Artikels 3 Absatz 2 „Männer und Frauen sind gleichberechtigt" um den Satz „Der Staat fördert die tatsächliche Durchsetzung der Gleichberechtigung von Frauen und Männern und wirkt auf die Beseitigung bestehender Nachteile hin" ist ein Bruch mit dem fundamentalen Rechtsprinzip, dass der Staat gegenüber allen Bürgern unparteiisch sein muss. Der Satz ist Verfassung gewordene Staatsdoktrin.

Männer und Frauen *sind* gleichberechtigt. Dieses Grundrecht ist eine bedeutende Errungenschaft des Liberalismus. Die sozialen Interessen des Mannes und der Frau sind grundsätzlich identisch. Die Geschlechter sind aufeinander verwiesen und können ohne einander nicht überleben. Fast alle Menschen wollen in einer Partnerschaft mit einem Menschen anderen Geschlechts leben (Minderheiten auch mit Gleichgeschlechtlichen). Sie wollen einen anderen Menschen lieben und geliebt werden. Sie wollen zusammen wirtschaften und sich durch gegenseitiges Unterstützen verbessern. Der Erfolg im Erwerbsleben des Partners ist im beiderseitigen Interesse. Die Konkurrenz der Arbeiter gegeneinander besteht unabhängig vom Geschlecht. Die Frauen sind in historischer Sicht noch auf dem Weg zu Führungspositionen. Dies braucht Zeit. Der ideologische Feminismus ist eine künstlich geschaffene Ideologie zur Verbreitung von Hass und Zwietracht. Die Kluft aber wird nicht nur zwischen Frauen und Männern, sondern mehr noch zwischen den rein karrieristischen Frauen und den familienorientierten vertieft. Dies erhöht die Belastung für vor allem für die letzteren. In Ländern wie Indien oder Ägypten befinden sich Frauen in entrechteten Positionen. Hier sind Frauenbewegungen so notwendig, wie in Europa vor hundertfünfzig Jahren.

10. Kritik des Egalitarismus

Wir haben bereits gezeigt, dass Nivellierungen wirtschaftlich hemmende Faktoren sind, weil sie Anreize abschwächen, die Falschen belohnen, Fehlinformationen über die Verbraucherbedürfnisse erzeugen und – last not least – einen Machtapparat voraussetzen, der sie durchsetzt. Sie können das selbstgesteckte Ziel nicht erreichen.

Die Gleichheitsidee ist aber auch aus einer hermeneutischen Sicht inkonsistent, worauf uns Dagmar Schulze Heuling in ihrer Untersuchung *Lob der Ungleichheit* hinweist. Das Versprechen der Gleichheit ist Neidfreiheit. Nur wird sie nicht erreicht. „Stattdessen bleiben die Menschen gefangen in einem Teufelskreis aus Neidvermeidung und Neidvermehrung mit wahrlich teuflischen Auswirkungen."[193] Das Ziel einer distributiven Gerechtigkeit, dem der extreme Egalitarismus anhängt, ist durch Neid motiviert. Es konkurriert mit dem Rechtsprinzip (der Gleichheit vor dem Gesetz) und schwächt den durch das Recht gewährleisteten inneren Frieden.

Es ist noch niemals praktisch geglückt, die Ideale des extremen Egalitarismus zu verwirklichen. Wo der Versuch unternommen wurde, scheiterte er. Seine lebenspraktische *Utopie* nennen wir Kommune. Gehen wir dieser Idee auf den Grund. Im Zusammenhang des modernen Kommunismus wirkungsmächtig waren die Entwürfe Saint-Simons und Fouriers. (Die Vorbilder lassen sich über Campanella, Thomas Morus, den Mönchsorden bis zu Platon zurückverfolgen.) *Henry de Saint-Simon* entstammte einer hochadligen Familie, entkam während des jakobinischen Terrors knapp der Guillotine. Mit dem Scheitern seiner Ehe fiel er in Armut und hielt sich mit schriftstellerischer Tätigkeit über Wasser. Er ersann die romantische Utopie einer *ländlichen* Kommune, in der alles allen gehört: die Vermögen, die Arbeitserträge, die Frauen. In dieser agrarischen, autarken also geschlossenen Gemeinschaft waren alle gleich, nur einer war gleicher – der Chef.[194] Saint-Simon war ein Sozialromantiker. Der Erfinder des Kommunismus entstammte dem durch die bürgerliche Revolution gestürzten Hochadel. Der Kommunismus und sein extremer Egalismus sind eine Reaktion auf die Ausbildung der offenen, freien, marktwirtschaftlichen Großgesellschaft. Die Anhänger der alten Ordnung verloren den Boden unter den Füßen und

---

193 Schulze Heuling, S. 19.
194 „Doch eines Tages laufen die Schweine plötzlich alle auf zwei Beinen und tragen Kleidung, was den Sieben Geboten des Animalismus zu widersprechen scheint. Aber auf der Scheune steht plötzlich nur mehr ein einziges Gebot: *Alle Tiere sind gleich, aber manche sind gleicher.*" George Orwell, *Animal Farm*.

wollten ihn in einer einfachen und festgefügten Gesellschaftsordnung wiederfinden.

Kommunistische Lebensentwürfe sind in der Regel kleine Gemeinschaften, Freundschaftskreise oder die Utopie des gleichen und symmetrischen Paares.[195] Sie tendieren zur Feindseligkeit gegen die traditionellen Kleingemeinschaften, die Familien, die als repressiv abgelehnt werden und an deren Stelle sie treten wollen. Wir können die Kritik an der angeblich neurotisierenden Kleinfamilie des freudianischen Neomarxismus hier einordnen.[196] Die Egalitaristen haben Großfamilien im Sinn, polygame Kommunen, in denen die Kinder mehreren Erwachsenen als Bezugspersonen zugeordnet sind, die wechseln können, wobei diese nicht die leiblichen Eltern sein müssen. Das größte und bestdokumentierte Experiment sind die israelischen *Kibbuzim*, die ursprünglich durch die eingewanderte russische Sozialreformer gegründet wurden und in den 1970er- und 1980er-Jahren im sozialdemokratischen Milieu Deutschlands sehr populär waren[197]. Anfangs lebten die Geschlechter strikt getrennt, die Kinder im Kinderbereich. Doch die nachwachsenden Generationen von Frauen führten wieder die verpönten traditionellen „Rollenmuster" ein, d. h. sie folgten ihren natürlichen Neigungen. Sie trugen wieder weibliche Kleidung, hielten ihre Kinder bei sich und reformierten das herkömmliche Familienleben. Die absichtliche sexuelle Nichtprägung wird durch die sexuelle Selbstdefinition schon der Kleinstkinder unterlaufen. Vom Kommunismus ist heute nicht mehr viel übrig. Die Frauen arbeiten in der Verwaltung, die Männer in der Produktion. Schließlich flieht die Jugend aus den Kibbuz.[198]

Die Gleichheit aller ist auch in Lebensgemeinschaften eine Fiktion. Cliquen und Mannschaften haben wie auch Paare und Familien immer Chefs. Die Losung Herbergers von den elf Freunden seiner Fußballmannschaft von 1954 ist ein kleiner gemeiner Täuschungsversuch, war doch der zwölfte er

---

195 Vgl. *Die Liebenden* von Bert Brecht.
196 Ein Beispiel dieser Ideologie liefert Horst Eberhard Richter mit seinem Buch *Eltern, Kind und Neurose. Die Rolle des Kindes in der Familie/Psychoanalyse der kindlichen Rolle*. Reinbek, 1962.
197 Siehe hierzu einen noch relativ optimistischen Bericht im Spiegel. http://www.spiegel.de/spiegel/print/d-43334959.html (02.10.2015).
198 http://www.zeit.de/2007/20/Revolte_im_Kibbuz (02.10.2015).

selbst und Vizechef war Kapitän Fritz. Es gibt den egalitaristischen Lebensentwurf überwiegend in der Theorie, in utopischen Plänen. Ihre Verwirklichungsversuche scheitern ganz, oder die egalitaristischen Grundsätze werden aufgegeben. Die Kommune zerfällt spontan in eine Reihe fester Paare und herkömmlicher Familien.

Die großgesellschaftlichen[199] Experimente des extremen Egalitarismus in Russland, China und anderen sozialistischen Ländern scheiterten katastrophal. Alle kommunistischen Entwürfe gehen von einer strengen Ordnung in einer stabilen Welt aus. Die sie tragende Wirtschaft ist nicht progressiv. Es wird eine „ausreichende" Versorgung zur Bedürfnisbefriedigung angenommen, doch keine unternehmerische Autonomie und Dynamik. Der Kapitalismus ist die Ordnung der Veränderung, der sich selbst organisierenden Gleichberechtigten. Er atmet die Luft der Freiheit und Offenheit. In der familiären Kleingruppe verwurzelte Bürger vernetzen sich zu offenen Großgesellschaften.[200] Die Entstehung von Großgesellschaften auf der Grundlage der Marktwirtschaft in England Ende des 16. Jahrhunderts führte zu einer immer weiteren Ausdehnung und Intensivierung der Arbeitsteilung und Spezialisierung, zu einer Vernetzung immer weiterer Länder im globalen Maßstab. Die zunehmende Komplexität dieses Weltwirtschaftssystems ist nicht zentralistisch zu kontrollieren. Es ist entweder ein adaptives selbstorganisierendes System oder es erstarrt.

11. Elitaristische Ideen und Strömungen

„Ich lehre euch den Übermenschen. Der Mensch ist Etwas, das Überwunden werden soll." (Nietzsche)

Natürliche Ordnungen[201] sind Beziehungen der Ungleichheit. Gleiche sind einfache Wiederholungen desselben, die reine Quantifizierung, erkennbar

---

199 Großgesellschaften sind Beziehungen zwischen Fremden.

200 „Man nimmt dem Weib ein Stück seines Lebens, wenn man ihm die Kinder fortnimmt, um sie in staatlichen Anstalten aufwachsen zu lassen, und man nimmt den Kindern die wichtigste Schule des Lebens, wenn man sie aus dem Schoße der Familie reißt." Mises: Die Gemeinwirtschaft, Jena, 1922, Teil I., Kap. 4., S. 90.

201 „Natürlich" ist hier ein Synonym für „sich spontan bildende". Ich denke vor allem an Beispiele aus der Physik, Chemie und Biologie.

an marschierenden Soldaten. Kollektive eliminieren das Abweichende. Andersdenkende werden ausgeschlossen, angefeindet und bekämpft. Ungleiche kombinieren und ergänzen sich. Sie gewinnen mehr als eine Summe. Sie erschließen dem anderen das, was ihm fehlt. Sie bilden Kooperationen mit Spezialisierung. Weil in der Kombination des Ungleichen der größere Entwicklungsvorteil liegt, ist dies die natürliche Tendenz. Jedes Paar ist die Einheit von Ungleichen. Selbst Ameisenstaaten kombinieren unterschiedliche Gruppen. Großgesellschaften sind Verbindungen von kooperierenden Einzelnen oder von Kleingemeinschaften, also die Verkehrsform von Fremden. In ihr bilden sich entwicklungsdynamische Instrumente wie das Geld oder die Wirtschaftsrechnung, die Rechtsordnung und eine Infrastruktur heraus, d.h. sie formen Staaten. Der Grad an Spezialisierung kann als Maßstab für das Entwicklungsniveau herangezogen werden. Die Ausweitung der Zusammenarbeit über die Region, die Nation und den Kontinent hinaus, die Globalisierung der Arbeitsteilung und Spezialisierung verbindet die Menschen zu einer wechselseitigen Abhängigkeit. Sie kann nur im Frieden gedeihen und braucht daher Regeln und Sanktionen.

Eine freiheitliche Gesellschaft ist eine solche spontane Ordnung. Der Kapitalismus ist kein Gesellschafts*system*, weil er nicht erdacht ist. Er bildet sich von selbst, wenn man ihn lässt. Er bildet sich sobald die Menschen Arbeitsteilung, Kooperation, Tausch entdecken und die dazu passenden Ordnungsregeln finden. Das kann auf allen technischen Entwicklungsstufen geschehen. Der Kapitalismus ist nicht die auf den Feudalismus folgende strukturlogisch unvermeidliche Stufe eines gesamtgeschichtlichen Planes, wie Marx glaubte, sondern die sich zu allen Zeiten von selbst herausbildende großgesellschaftliche Struktur. Selbst in Nord-Korea handeln die Menschen auf Schwarzmärkten. Stammesgeschichtlich sind Märkte und Tauschwirtschaft Verkehr unterschiedlicher Stämme miteinander. Sie entwickeln sich in der Überwindung von Raub und Unterwerfung. Dieser Übergang ist in einem protokollierten Ritus ethnologisch überliefert.[202]

---

202   Zitiert in: David Graeber: *Schulden. Die ersten 5000 Jahre*, München, 2014, S. 42. „Alle legen ihre Waffen ab und tanzen – allerdings einen Kriegstanz. Dann rücken einzelne Männer beider Gruppen aufeinander zu um zu handeln." Die Wurzeln des modernen Kapitalismus bildeten sich im Seehandel aus der Piraterie heraus. Die Geschichte der Wikinger ist prototypisch für diesen Übergang.

Elitarismus ist die Perversion der Ungleichheit

Elitarismus sucht nicht den Vorteil aus Kombination und Erweiterung, aus Kooperation und Spezialisierung, Elitarismus sucht nicht den freiwilligen und friedlichen Tausch, den wechselseitigen Vorteil. Er will die Unterschiede zu einer starren Hierarchie nach dem kleingesellschaftlichen Modell des Herrschaftsverbandes formen. Der Elitäre wertet dünkelhaft die Gruppen von einem Standpunkt der eigenen Überlegenheit. Nicht die Ungleichheit ist ihm das Problem: Elitaristisch und damit ideologisch scharf wird eine Ideologie, wenn sie die eigene Gruppe zur Herrschaft über andere berufen sieht. Es ist ein atavistisches Modell, das die Unterwerfung des fremden Stammes impliziert. Die anderen werden als medioker oder gar subaltern abgestuft. Die Anmaßung des Führungsanspruchs geschieht logischerweise ohne Rücksicht auf das Wollen der Degradierten. Der Adel pflegte dieses Selbstbild und die monarchischen Dynastien. Nach den bürgerlichen Revolutionen traten politische und intellektuelle Gruppen auf, die sich als Avantgarde verstanden. Als die Bolschewiki, nach eigenem Verständnis die Avantgarde des revolutionären Proletariats, bei der Wahl zur Verfassungsgebenden Versammlung nur 25% der Sitze gewannen, löste Lenin diese kurzerhand mit Waffengewalt auf. Der daraufhin ausbrechende russische Bürgerkrieg von 1917–1921 kostete über 8 Millionen Menschen das Leben.

Der *politische* Elitarismus nahm ideengeschichtlich im 19. Jahrhundert seinen Ausgang bei Max Stirner, einem Schüler Hegels, der als Vater des Anarchismus angesehen wird. Fichtes *absolutes Ich* und Schellings *Repräsentanz des Absoluten* bereiten ihm philosophisch den Boden. Paradigma des politischen Genies war Napoleon. In der schönen Literatur wurde der Geniegedanke schon früher thematisiert: Klopstock, Lessing, Hamann, Herder, Goethe diskutierten die Idee insbesondere am Paradigma Shakespeares.[203] Während im idealistischen Geniekult der Literatur sich der Einzelne mit sich selbst befasste und sich einer ihn verkennenden Welt gegenübersah, betreibt Stirner eine willkürliche theoretische Einteilung der Großgesellschaft in Gruppen, die nach subjektiven Wertmaßstäben hierarchisch

---

203 Vgl. Jochen Schmidt: *Die Geschichte des Genie-Gedankens in der deutschen Literatur, Philosophie und Politik 1750–1945*, 2 Bände, Darmstadt, 1988.

gegliedert werden. In seinem Werk *Der Einzige und sein Eigentum* formuliert er den neuen Kerngedanken so:

> „Man teilt mitunter die Menschen in zwei Klassen, in Gebildete und Ungebildete. Die ersteren beschäftigten sich, soweit sie ihres Namens würdig waren, mit Gedanken, mit dem Geiste, und forderten, weil sie in der nachchristlichen Zeit, deren Prinzip eben der Gedanke ist, die Herrschenden waren, für die von ihnen anerkannten Gedanken einen unterwürfigen Respekt. Staat, Kaiser, Kirche, Gott, Sittlichkeit, Ordnung usw. sind solche Gedanken oder Geister, die nur für den Geist sind. Ein bloß lebendiges Wesen, ein Tier, kümmert sich um sie so wenig als ein Kind. Allein die Ungebildeten sind wirklich nichts als Kinder, und wer nur seinen Lebensbedürfnissen nachhängt, ist gleichgültig gegen jene Geister; weil er aber auch schwach gegen dieselben ist, so unterliegt er ihrer Macht, und wird beherrscht von – Gedanken. Dies ist der Sinn der Hierarchie. Hierarchie ist Gedankenherrschaft, Herrschaft des Geistes!"[204]

An Stelle des Geburtsrechts wird die eigene geistige Größe verherrlicht. Das weitere ist eine Ausformung dieses Kerngedankens, indem die Mitmenschen nach deren Affinität zur eigenen Herrlichkeit gegliedert werden. Zu den Ungebildeten zählte Stirner Neger, Kinder, Katholiken, Realisten; zu den Gebildeten Mongolen, Jünglinge, Protestanten, Idealisten! In der Tat eine willkürliche und bizarre Ordnung nach dem Geschmack ihres Erfinders. Andere folgten. Wagner, in seiner Jugend Anarchist, schuf eine Kunstreligion aus den Bruchstücken germanischer Überlieferungen und Nietzsche konzentrierte den geistigen Kosmos dieser Strömung zum Schlagwort vom *Willen zur Macht*. Die Elitaristen dominierten intellektuell das 19. Jahrhundert und schufen Bausteine für den Nationalsozialismus.[205] Als stirnersche Realisten dürfen wir Unternehmer oder Ingenieure, als Idealisten die Philosophen und Reformer verstehen. Die Idealisten und Reformer, unter ihnen Hitler, marschierten mit einem patriotischen Lied auf den Lippen und Hölderlins *Hyperion* im Tornister in den Ersten Weltkrieg. Nietzsche dürfen

---

204 Max Stirner: *Der Einzige und sein Eigentum*, Reclam Stuttgart, 1970, S. 79.
205 Vgl. Wolfgang Prabel: *Der Bausatz des Dritten Reiches*, E-Book, 2015 (Edition Freiheit, Deutscher Arbeitgeberverband).

wir nicht mit den Nazis gleichsetzen – er war beileibe kein Antisemit wie Wagner – aber seine Erbwalterin, Elisabeth Förster-Nietzsche war eine fanatische Nazisse. Der Wagner-Tempel in Bayreuth, das Festspielhaus, von der Hitler-Verehrerin Cosima Wagner geprägt, ist bis heute der Wallfahrtsort der Rechten. Die Elitaristen dominierten das 19. Jahrhundert intellektuell, politisch ging ihre Saat im 20. Jahrhundert auf.

Ihr sollt vollkommen sein!

Wenn ein elitäres Denken zur politischen Ideologie wird, gelangt es in ein Dilemma. Der Elitäre bezieht sein Selbstbewusstsein aus der Annahme, dass er vor anderen ausgezeichnet ist durch Gaben wie Intelligenz und Intuition. Seine Selbsterhöhung ist gleichbedeutend mit der Abwertung der anderen, der Massen. Wie soll nun das Problem gelöst werden, das diese tumben Massen darstellen? Wie kann die neue Zeit mit dem alten Adam gebaut werden? Die Antwort lautet: Die neue Zeit wird den neuen Menschen schaffen. Das ist die historische Mission der Avantgarde, zu deren Lösung sie die „Diktatur des Proletariats", die „Volksgemeinschaft" oder ähnliche Konstrukte einsetzt, nämlichen einen autoritären Staat, der streng zentralisiert ist, die Diktatur des erleuchteten Führers und Propheten. Auch heute lassen sich elitaristische Ideologien an der Denkfigur der *Umerziehung des Menschen* erkennen, wobei die diktatorischen Implikationen häufig verschwiegen werden.[206] Sie lassen sich daran erkennen, dass sie Ideologien, die den Menschen nehmen, wie er ist, als materialistisch, profan usw. abwerten und die Natur des Menschen als Ursache für die von ihnen beschworene Katastrophe verantwortlich machen.[207] In ihren Niederlagen geben sie den Massen die Schuld oder sie greifen auf Verschwörungstheorien zurück. Die Dolchstoßlegende wurde zum Mythos der Weimarer Zeit. Hitler nahm sich tief enttäuscht von den Deutschen das Leben. Sie hatten sich seiner nicht würdig erwiesen und ihren Untergang verdient.

---

206 Ganz und gar nicht verschwiegen wurden sie von Mao in seinem Großversuch der Menschenumformung, in der Kulturrevolution.

207 Die Habgier des Menschen treibe ihn zur Umweltzerstörung bis hin zum klimatischen Kollaps, behauptet der Ökologismus.

Wir können das 20. Jahrhundert als ein großgesellschaftliches Experimente mit repolitisierten, elitaristischen Ideologien kennzeichnen. Komplexe, sich selbst organisierende Marktgesellschaften, die international verflochten waren, sollten in einen straff organisierten kleingesellschaftlichen Herrschaftsverband gepresst werden. Bolschewismus, Faschismus, Nationalsozialismus und Anarchismus sind ihre Spielarten, wobei letzterer die Zerstörung der Komplexität ins Extrem zu treiben sucht, in der jede allgemeinverbindliche, also staatliche Ordnung aufgelöst wird. Politische und künstlerische Avantgarde korrespondierten miteinander und imitierten sich. Die bekanntesten Künstlergruppen der sogenannten Moderne, alles, was in der bildenden Kunst nach dem Impressionismus kam, der Jugendstil, der Expressionismus, der Symbolismus, in der Musik die Spätromantiker und viele andere waren nicht nur Zusammenschlüsse, die eine gemeinsame Vermarktung unter einem gemeinsamen Label betrieben. Sie verstanden sich auch als Teil der Lebensreform- oder der politischen Bewegung. Die Künstlergruppen überschnitten sich mit den Okkultisten[208], den Neuheiden[209] und Anhängern fernöstlicher Religionen. Sie hielten sich für das Werkzeug eines Weltgeistes, das die tumben Massen zum Lichte führen muss, und gaben sich Manifeste. Der italienische Faschismus wurde aus dem Schoß des Futurismus geboren, der französische Surrealismus war eine bolschewistische Bohème. Sie glichen sich in ihrem Sendungsbewusstsein, einer Anbetung der Gewalt und in ihrer Rücksichtslosigkeit, im Füh-

---

208   Eine einflussreiche Vertreterin des Okkultismus ist Helena Petrovna Blavatsky (geb. 1831), die ihrer Geheimlehre den Namen *Theosophie* gab. Sie versuchte die indische Religion mit der christlichen zu mischen und somit zum Kern aller Religion zu stoßen. Rudolph Steiner übernahm Teile ihrer Lehre.

209   Neuheidentum bedeutet die Wiederaufnahme vermeintlicher keltischer, germanischer und volksreligiöser Elemente, speziell die Hexen- und Druidenverehrung auf den britischen Inseln, aber auch in Deutschland. Himmler wurde durch die völkische Bewegung geprägt, die zur neudeidnischen Bewegung zählt. Wichtige Exponenten waren die Münchener Kosmiker: Karl Wolfskehl, Ludwig Klages, Stefan George u.a. (Die Naturphilosophie des Antisemiten Ludwig Klages (geb. 1872) beeinflusst heute wieder Teile der Ökologisten. Schon im frühen 20. Jahrhundert engagierte er sich in der Natur- und Heimatschutzbewegung. Er übernahm die Matriarchatstheorie Bachofens, entwickelte eine Graphologie und beeinflusste den neomarxistischen Theoretiker Walter Benjamin. In der Zeit des Nationalsozialismus veröffentlichte er rassistische und antisemitische Texte.) Die New-Age-Bewegung ist die Hauptideologie der amerikanischen Hippies.

rungs- und Kampfeswillen. Elitärer Größenwahn blitzte aus jedem Satz, selbstsuggestiver Optimismus verband sich mit einer Verteufelung und Abwertung des anderen, des Schwachen, Alten, Reaktionären, des Morschen, den zum Untergang Geweihten. Die Eiseskälte eines Stalins oder Che Guevaras verkörpert die Moral des unbedingten Willens zur Macht.

Der Elitarismus des 19. Jahrhunderts ging mit dem militärischen Sieg über den Nationalsozialismus vorläufig zu Grunde. Er zog sich in kleine Sekten zurück und machte sich unsichtbar, indem er sich antifaschistisch und pazifistisch lackierte. Der Bolschewismus implodierte am Ende des 20. Jahrhunderts. Es gibt zwar noch den politischen Typ des Máximo Liders in unterentwickelten Ländern, in Nordkorea, Venezuela, auf Kuba. Aber in den hochentwickelten Nationen ist er wohl endgültig auf dem Misthaufen der Geschichte gelandet. In Deutschland gibt es keine relevanten Kräfte mehr, die diesen bolschewistischen oder deutschen Sozialismus noch wollen, auch nicht die Partei „Die Linke". Aber in den gärenden jungen arabischen Gebieten tritt er in Gestalt islamistischer Milizen und Terrororganisationen auf. Putin, unter dem Einfluss der eurasischen Ideologie Alexander Dulgins, ist panrussisch elitär.

Als politische Strömung[210] entwickelte der Elitarismus zwangsläufig eine *kollektivistische* Ideologie. Das konstante Strukturmuster ist das von Führung und Gefolgschaft. Das Kollektiv bildet eine zahlreiche Masse, eine Mehrheit in der Regel (Arbeiterklasse, arische Rasse, zur Größe geborene Nation, das weibliche Geschlecht) und die Intellektuellen erarbeiten die Programme und führen die Massen. Der charismatische Führer wird vergötzt und entfaltet einen Personenkult um sich.[211] Die Massen fühlen sich

---

210 Elitaristisches Selbstbewusstsein tritt natürlich nicht nur im politischen Kontext auf. Als religiöse Sekte finden wir ihn bei den Scientologisten. Der Psychologe Carl Rogers wollte eine therapeutische Methode zur Schaffung des neuen Menschen gefunden haben. In vielen Unternehmen wird er als Unternehmenskultur gezüchtet, man erinnere sich an den ehemaligen VW-Manager Lopez, der seine Mitarbeiter zum Tragen der Uhr am rechten Handgelenk anhielt.

211 Zur charismatischen Herrschaft siehe Max Weber: *Wirtschaft und Gesellschaft*, Teil III., Die Typen der Herrschaft, § 10, „Über die Geltung des Charisma entscheidet die durch Bewährung – ursprünglich stets: durch Wunder – gesicherte freie, aus Hingabe in Offenbarung, Heldenverehrung, Vertrauen zum Führer geborene, Anerkennung durch die Beherrschten. Aber diese ist (bei genuinem Charisma) nicht der Legitimitätsgrund, sondern sie ist Pflicht der kraft Berufung und Bewährung zur Anerkennung dieser Qualität

mit ihren Führern anderen Kollektiven überlegen und wollen nichts weniger als die Welt erobern. Die Qualifikation dazu wird ihnen im Programm oder Manifest zugesprochen. Die konkurrierenden Kollektive sind Feinde und müssen im erbarmungslosen Kampf besiegt und vernichtet oder versklavt werden.

Zur Beherrschung von Massen schafft der Kollektivismus die Organisation militärischen Typs. Diese Ordnungen sind in den horizontalen Ebenen egalistisch, in der vertikalen hierarchisch. Der Wille der Führung wird als Befehl nach unten gereicht. Elitäre Kleingruppen sind funktionsfähig und können stabil sein. Sie versuchen nicht, die natürlichen Instinkte der Menschen zu eliminieren, sondern appellieren gerade an Triebe und Affekte wie Ehrgeiz, Neid und Verbrüderung, an das Freund-Feind-Schema, den Beschützerinstinkt des Mannes gegenüber dem Schwachen (daheim) und lustvoller Aggression (nach draußen). Egalitaristische Ideen gehen mit elitärem Sendungsbewusstsein eine Symbiose ein. Der Egalitarismus ist für die Einzelnen gedacht, den Elitarismus reservieren die Führer für sich und ihre Organisation, ihr Kollektiv als Ganzes. Die Avantgarde ist bündisch, eine Schar von Gleichen zieht hinter der Fahne her. Dem Häuptling stehen die schönsten Frauen zu und ihm gebührt unbedingter Gehorsam.

In Deutschland spielt der Elitarismus dieser militanten, heroischen Art nur noch in Sekten der extremen Rechten und Linken eine Rolle. Denn nicht nur der Elitarismus militanten Typs, der explizite Elitarismus überhaupt hat sich in der öffentlichen Meinung so gründlich desavouiert, dass der bloße Verdacht ausreicht, um einen Gegner im öffentlichen Diskurs zu isolieren. Thilo Sarazins Schicksal der Ächtung war ein anti-elitaristischer Abwehrreflex.

Ich werde darauf zurückkommen, wie der Elitarismus heute wieder an Einfluss gewinnt.

Aufgerufenen. Diese Anerkennung ist psychologisch eine aus Begeisterung oder Not und Hoffnung geborene ganz persönliche Hingabe." Napoleons Soldaten glaubten an seine Unverwundbarkeit, nachdem er unbeschadet Pestkranke in Jaffa besucht hatte.

12. Die romantischen Wurzeln des Elitarismus

Der Elitarismus wurde von der Romantik aufgegriffen und mit neuen Impulsen versehen. Ich werde die kulturelle Strömung der Romantik[212] und ihre Ausprägungen in verschiedenen gesellschaftlichen Feldern aufgrund ihrer Bedeutung für die Entwicklung der politischen Ideologie beleuchten. Mit Romantik ist nicht eine bestimmte Stimmung gemeint, sondern eine irrationalistische Gegenströmung zum Rationalismus, die sich als Reaktion auf die Französische Revolution entwickelte. Von der Wortbedeutung knüpft Romantik an den französischen Liebesroman an. Aber die deutschen Protagonisten, junge hochintelligente Studenten in Jena und Heidelberg, Dichter und Literaten schwebte nicht weniger als die Schaffung eines Gegenentwurfs zum liberalen Konzept einer freien Marktwirtschaft vor, das auf dem bürgerlichen Unternehmertum basierte, die Nützlichkeit von Handlungszielen abwog, der Zukunft zugewandt nach einem besseren Leben strebte, nach Reichtum und Unabhängigkeit, und den lieben Gott einen alten Mann sein ließ. Romantisches Denken ist antirationalistisch, intuitiv und subjektiv. Es schöpft Wissen aus der Eingebung eines inneren Dämons, lehnt wissenschaftliche Objektivität ebenso ab, wie auf dem gegenseitigen Nutzen (und nichts weiter) basierende gesellschaftliche Beziehungen. Stattdessen sollte die innige Freundschaft und Seelenverwandtschaft treten. Junge Leute schwelgen gerne im Wechselbad von exaltierter Euphorie und verzweifeltem Weltschmerz.

Einer ihrer genialsten Vertreter war der Heidelberger Maler Karl Philipp Fohr (1795 bis 1818). Vor Caspar David Friedrich oder etwa dem populären Spitzweg erfand er die Bildsprache des romantischen Gemüts.

---

212 Unter Romantik wird gemeinhin zweierlei verstanden: erstens eine Stilrichtung und Bewegung der schönen Künste während des 19. Jahrhunderts, zweitens die künstlerische Bearbeitung von Liebes- und Sehnsuchtsgefühlen. Wir verstehen darunter eine vielschichtige geistige Strömung, die ihre Ablehnung der Aufklärung eint. Dem Antirationalismus sind zuzurechnen: Schelling, Hegel und seine Schulen, Marx und der Neomarxismus, Nietzsche und der Nihilismus, Heidegger. Er war auch ein Nährboden für die Entstehung von Kunstreligionen (Wackenroder, Nietzsche, Wagner, George, Rilke) oder okkulter Lehren wie der Theosophie und Anthroposophie mit Referenzen auf antike und asiatische Religionen wie den Buddhismus, Hinduismus, Zoroastrismus und Kulte des Bösen.

(*Das Heidelberger Schloss, 1814*)

Eines seiner bedeutendsten Gemälde zeigt das zerstörte Heidelberger Schloss. Wir befinden uns im Jahr 1814, im Augenblick der Niederlage Napoleons, zu Beginn des Wiener Kongresses, auf dem Europas neu geordnet wurde. Aber von diesem Weltengetön klingt nichts wider in der Seele des jungen Mannes. Im Vordergrund findet sich die Idylle einer jungen Familie mit einem Kind, einem Hund und einigen Nutztieren. Es ist das Motiv einer verlorenen Zeit, das die Gegenwart (Industrie, Stadt, Wissenschaft) ausblendet. Die Zeit steht still, das kleine Glück in der Natur kennt kein Unbefriedigtsein, kein Streben und Schaffen. Die Motive spannen zugleich den thematischen Bogen der wieder aktuellen ökologistischen Wertvorstellungen: Natur als paradiesische Idylle, Natur als symbiotische Einheit von Eltern und Kind, der Anschluss des Tiers an die Familie, die Sehnsucht nach der vermeintlich besseren Vergangenheit.

Als rückwärtsgewandte Bewegung, die ein Idealbild des Mittelalters glorifiziert, wurden die deutschen Frühromantiker, neben der idealistischen Philosophie Hegels und Schellings, bis heute zum geistigen Quell der elitaristischen Strömungen des 19. und 20. Jahrhunderts. Die reaktionäre Bewegung sah den Menschen als Individuum, das abseits der Gesellschaft Gott und der Natur begegnet und auf diese Weise seine angeborene, verschüttete Seele findet.[213] Sie sah ihn als Teil von uralten überlieferten Kollektiven, die als Unterströmung des Politischen fortlebten: das Volk, die Rasse und die Sprachgemeinschaft. Die Ideologien der Volksseele (Gebrüder Grimm), der Rassenseele (Gobineau) und des uralten Rechts (von Savigny) sind einige ihrer wirkungsmächtigen Zweige. In diese quasi natürlichen Kollektive sei der Mensch durch sein physisches Erbe eingeboren, aber durch künstliche gesellschaftliche Missverhältnisse verstoßen und müsse wieder zu diesem Einfachen und Guten zurückkehren. Dem einsamen aber frohen Wandersmann wird Gott seine rechte Gunst erweisen im Zug durch Berg, Strom, Wald und Feld. Joseph von Eichendorff (geb. 1788, 1807 bis 1808 Studium in Heidelberg), dichtete das bekannte Lied im Duktus eines schlichten Volkslieds.[214] Er gab im bekannten Vierzeiler dem romantischen Denken einen gültigen Ausdruck:

„Schläft ein Lied in allen Dingen,
Die da träumen fort und fort,
Und die Welt hebt an zu singen,
Triffst du nur das Zauberwort."

Max Weber sprach von der Entzauberung der Welt durch den Rationalismus. Romantik ist das Programm einer künstlichen Wiederverzauberung.

Eine Idee *Rousseaus* aufgreifend wird die natürliche Welt der menschlichen Gesellschaft entgegengesetzt. Diese stört den Menschen beim Selbstfindungsprozess, sie verstellt den Blick auf das Wesentliche, das Seelische, auf die natürlichen Bindungen an Volk und Vergangenheit. Das Intellektuelle, Gesellschaftliche ist das Uneigentliche, das den Menschen vom Seelischen und Natürlichen abzieht, entfremdet.[215] Ein uraltes Denkschema, der

---

213 Die Bilder Caspar David Friedrichs bringen das beispielhaft zum Ausdruck.
214 In den 1970er-Jahren kam in Deutschland die Mode der Folkmusik auf. Linke Agitatoren gruben Volkslieder aus und mischten sie unter die sozialistischen Kampfgesänge, die auf Ostermärschen oder roten Parteiveranstaltungen im Fingerpicking-Stil Pete Seegers dargeboten wurden. „Zupfgeigenhansel" nannten sie sich oder „Liederjahn". Der Kommunist Hannes Wader ist ein Wiedergänger Eichendorffs und Co.
215 Wir haben längst den Bogen zu den eingangs zitierten berühmten Passagen des Kommunistischen Manifests geschlagen. Es könnte auch Romantisches Manifest genannt werden. Die romantische Sicht kommt bei Marx kommt gerade in seiner Entfremdungs-

Mythos vom Goldenen Zeitalter, wird erneut aufgegriffen und in ein neues Gewand gekleidet. Bei den Romantikern hieß es: Mittelalter, Kapitalismus, erneuertes Mittelalter. Bei Marx hieß es: Urkommunismus, Klassengesellschaft, Kommunismus. Der Mensch lebte einst im Paradies friedlich und zufrieden. Doch seine (Neu-)Gier trieb ihn zum Sündenfall, verstieß ihn aus dem Paradies, warf ihn unters Rad; doch einst wird er wieder zum Gelobten Land zurückkehren. Die romantische Bewegung ist antisozial, lebensweltlich, innerlich, idealistisch, irrational, utopisch und religiös. Sie bezieht ihre Wahrheit aus der Intuition, aus Ahnung, Empfindung und Sehnsucht, nicht aus dem rationalen, dem begrifflichen oder utilitaristischen Denken. Sie ist weltfeindlich und letztlich misanthropisch[216].

Ich spüre das bis heute wirksame romantische Denken in drei Feldern auf.

Pädagogik

Die romantische Pädagogik, fußend auf der romantischen Anthropologie, erfand einen *Kindheitsmythos*. Schon vor aller Erziehung trage das Kind bereits alle Keime künftiger Entwicklung in sich. Das Kind soll nicht in die Gesellschaft eingeführt werden, sondern in einer geschützten Welt aufwachsen, einem *Kindergarten*. Der Erwachsene soll es durch seine Erziehung nicht verderben, sondern sich an ihm ein Beispiel nehmen. Im Kind scheine die ursprünglich gute Welt, zu der der Mensch wieder zurückkehren müsse. *Fröbel* (geb. 1782) war der bedeutendste Praktiker und Ideologe der Kindergarten-Pädagogik.[217]

---

216 Vgl. Maxeiner/Miersch: *Alles grün und gut?*, München, 2014, S. 35–55. und Matthias Heitmann: *Zeitgeisterjagd*, Jena, 2015, S. 18.

217 „Das Göttliche also in dem Menschen, seyn Wesen, soll und muß durch die Erziehung in demselben entwickelt, dargestellt, zum Bewußtseyn, und er, der Mensch, so zum freien bewußten Nachleben nach diesem, zur freien Darstellung dieses in ihm wirkenden Göttlichen erhoben werden.

Das Göttliche, Geistige, Ewige, welches in der den Menschen umgebenden Natur ist, das Wesen der Natur ausmacht und sich bleibend in ihr ausspricht, soll und muß die Erziehung? der Unterricht dem Menschen zur Anschauung bringen und ihn erkennend machen, sowie sie in lebendiger Wechselwirkung und geeint mit Lehre das Gleichgesetzige zwischen und unter beyden, der Natur und dem Menschen, aussprechen und dar-

Die Kinder- und Entwicklungspsychologie einschließlich die strukturalistischen Modelle *Jean Piagets* (geb. 1896) suchen nach objektiven Schemata in der Entwicklung vom Kind zum Erwachsenen, so als sei das Kind nur Medium eines objektiven Geistes. Interessant sind die Versuche, dem Kind eine eigene Struktur des Denkens anzudichten. Man nennt diese Idee Polylogismus, also das Nebeneinanderbestehen mehrerer Logiken. Die Idee des *Polylogismus*[218] wurde u.a. von Marx, Oswald Spengler und von Ethnologen wie Lévy-Bruhl vertreten. Sie fand Eingang in die Ideologie der Nazis, die von einer jüdischen[219] und einer deutschen Physik sprachen. Diese Konstrukte des 20. Jahrhunderts sind Ausläufer der romantischen Anthropologie, die biologistisch argumentierte. Wenn schon im Kind von Geburt an alle Entfaltungsmöglichkeiten angelegt sind, dann liegt es nahe, dass man Menschen nach ihrer Qualität in Gruppen einteilt, in Rassen.[220] Eugenik, die

---

stellen soll und muß.

Das Hervorgegangen-, das Bedingtseyn des Menschen und der Natur aus Gott, das Ruhen des Menschen und der Natur in Gott soll die Erziehung in ihrer Gesammtheit durch Erziehung, Unterricht, Lehre in dem Menschen zum Bewußtseyn erheben und im Leben wirksam machen.

Die Erziehung soll und muß den Menschen zur Klarheit über sich und in sich, zum Frieden mit der Natur und zur Einigung mit Gott leiten und führen; darum soll sie den Menschen zur Erkenntniß seiner selbst und des Menschen, zur Erkenntniß Gottes und der Natur und zu dem dadurch bedingten reinen und heiligen Leben erheben." Friedrich Wilhelm August Fröbel: *Die Menschenerziehung*, Keilhau 1826, S. 6 ff. Online: http://www.froebelvereinkeilhau.de/downloads/diemenschenerziehung.pdf .

218 Das Konzept des Polylogismus widerspricht der Annahme, dass allen Menschen die gleiche logische Denkstruktur gegeben ist. Es ist den Polylogisten niemals gelungen, andere Denkkategorien zu benennen als die rationalen (Raum, Zeit, Kausalität, Mittel-Zweck-Relation u.a.). Piagets Irrtum besteht darin, dass er die Ideen im Weltbild des Kindes mit den Denkkategorien identifiziert. Doch liegen diese auch dem kindlichen Denken zugrunde. Wenn ein Kind das Partizip Perfekt von winken als *gewunken* bildet, überträgt es die Flexion der starken Verben *stinken* und *sinken* auf das schwache Verb *winken*. Analogisierung ist aber eine logische Denkweise. Das Kind kann nicht erraten, dass winken regelmäßig konjugiert wird.

219 Damit war vor allem Albert Einstein, bis 1933 Direktor des Kaiser-Wilhelm-Instituts für Physik, gemeint. 1937 wurde Werner Heisenberg in der SS-Zeitung „Das schwarze Korps" als „Weißer Jude in der Wissenschaft" geschmäht.

220 Die Rassenlehre war schon vorhanden. Sie lässt sich bis auf das 15. Jahrhundert in Spanien zurückverfolgen, wo sie sich als Judenhass (marronen = Schweine) äußerte. Als anthropologische Wissenschaft wurde sie selbst von Kant vertreten. Doch bildete sich erst im 19. Jahrhundert die politische Ideologie des Rassismus, der Lehre von der Führungs-

Zucht der Höheren und Rassenhygiene, die Verhinderung einer Verschlechterung des Erbgutes, folgt logisch daraus.

Eine wirkungsmächtige Autorin der romantischen Pädagogik war die Schwedin *Ellen Key* (geb. 1849). Im Jahr 1900 publizierte sie das Buch *Das Jahrhundert des Kindes*, das mit einem Nietzsche-Zitat aus Zarathustra verziert ist. Es lautet: „An euren Kindern sollt ihr *gut machen*, dass ihr eurer Väter Kinder seid: alles Vergangene sollt ihr *so* erlösen!" Sie widmet es allen Eltern, die hoffen, im neuen Jahrhundert den neuen Menschen zu bilden. Gleich im ersten Kapitel postuliert sie das Recht des Kindes zur Wahl seiner Eltern.[221] Key beeinflusste Astrid Lindgren, die wie keine andere die Sicht auf Kind und Kindheit romantisch verklärte.[222] Die Pädagogik „vom Kinde aus" ist die Losung der Reformschulen aller Couleur.

Maria Montessori (geb. 1870) war eine italienische Ärztin. Sie gründete 1907 in San Lorenzo, einem Armenviertel von Rom, die erste *Casa dei Bambini* („Kinderhaus"), in dem zum Teil verwahrloste Kinder der sozialen Unterschicht betreut wurden. Die Kinder lernten hier mit großem Erfolg binnen kürzester Zeit Rechnen und Schreiben. Sie griffen begierig nach dem didaktischen Spielzeug, das ihnen gereicht wurde. Das ist verständlich bei Kindern, die noch nie ein Spielzeug besaßen. Es ist auch nicht erstaunlich, dass sich unter den Kindern intelligente fanden. Doch Montessori verstand es geschickt, ihre Erfolge populär zu machen. Sie entwickelte eine pädagogische Lehre, die in den Zeitgeist passte, aus dem Prinzip, dass das Kind mit seiner Individualität und seinem Eigenwert im Mittelpunkt stehen solle. Der Lehrer habe in den Hintergrund zu treten. Es solle eigenständig lernen und könne viel besser ohne Lehrereinfluss lernen. Leistungsnormen und -vergleiche seien schädlich, Belohnungen und Strafen ebenso.

Rudolf Steiner (geb. 1861) hatte zu allem etwas zu sagen. Die theoretischen Grundlagen seiner Anthroposophie sind okkultistisch und entziehen

---

rolle der Arier heraus.

221 Ellen Key: *Das Jahrhundert des Kindes*, online:
http://gutenberg.spiegel.de/buch/das-jahrhundert-des-kindes-6496/1 .

222 Weitere bedeutende Autoren in Keys Tradition, in der die Welt der Kinder derjenigen der Erwachsenen entgegengesetzt und höher bewertet wird: Janosch, Ende (Momo), Nordqvist (Findus).

sich einer rationalen Überprüfung.[223] Die erste Waldorf-Schule wurde 1919 für die Kinder der Arbeiter und Angestellten der Waldorf-Astoria-Zigarettenfabrik gebaut. Heute gibt es in Deutschland 235 Einrichtungen.

Die Reformbewegung arbeitete vor allem an der Schaffung von eigenen Einrichtungen, insbesondere von Internaten und Schullandheimen. *Hermann Lietz* (geb. 1868) und *Paul Geheeb* (geb. 1870) waren exponierte Vertreter. Geheeb gründete die Odenwaldschule. Sie waren einem pädagogischen Konzept der Nichterziehung und Selbstkultivierung verpflichtet, das auch der Sommerhill-Schule A. S. Neills zugrundeliegt und heute verstärkt wieder von der in die Pädagogik eingreifenden Hirnforschung (Gerald Hüther) gefordert wird. Landschulheim ist die romantische Stadt- und Zivilisationsflucht auf Kinder übertragen. Die pädophilen Missbräuche an der Odenwaldschule überraschten nur den, der Geheebs Konzept des „institutionalisierten Überschreitens der Schamgrenzen" nicht kennt und nicht die Affinität eines *Hartmut von Hentig* zum antiken Griechentum und seiner überlieferten Einstellung zur Knabenliebe wahrgenommen hat. Die Oden-

---

223 Kostprobe: „Berücksichtigt muss werden die Vielartigkeit der Menschenwesen, der Kinder. Nun lässt sich diese Vielartigkeit zurückführen auf vier Grundtypen, und es ist die wichtigste Aufgabe des Erziehers und Lehrers, diese vier Grundtypen, die man die Temperamente nennt, wirklich zu kennen. Seit alters unterscheidet man die vier Grundtypen des sanguinischen, des melancholischen, des phlegmatischen und des cholerischen Temperamentes. Wir werden immer finden, dass die charakterologische Beschaffenheit eines jeden Kindes in einer dieser Temperamentsklassen unterzubringen ist. Wir müssen uns zuerst die Fähigkeit aneignen, die verschiedenen Typen zu unterscheiden, von einem tieferen anthroposophischen Standpunkt aus zum Beispiel sanguinische von phlegmatischen wirklich zu unterscheiden. Wir gliedern im geisteswissenschaftlichen Sinne die Menschenwesenheit in Ich, Astralleib, Ätherleib und physischen Leib. Nun würde natürlich beim Idealmenschen die von der kosmischen Ordnung vorgezeichnete Harmonie walten zwischen diesen vier Gliedern der Menschenwesenheit. Dies ist aber in Wirklichkeit bei keinem Menschenwesen der Fall. Und schon daraus kann man ersehen, dass die Menschenwesenheit nicht eigentlich fertig abgeschlossen ist so, wie sie dem physischen Plan übergeben wird, sondern dass Erziehung und Unterricht dazu dienen sollen, einen vollständigen Menschen aus dem Menschen zu machen. Eines der vier Elemente waltet vor bei einem jeden, und es muss Ergebnis von Erziehung und Unterricht sein, die Harmonisierung zwischen den vier Gliedern herzustellen." Steiners Vortrag, Stuttgart, 21. August 1919. Es gibt tatsächlich Akademiker, die dieses Geschwurbel ernst nehmen.

waldschule war eine Bildungseinrichtung der gesellschaftlichen Elite, sowohl der elitaristischen als auch der sozialistischen.[224]

Die Reformpädagogik mit ihren romantischen Leitbildern ist heute zur einflussreichsten Strömung des öffentlichen Schulwesens geworden. Sie wird mit liberaler Pädagogik verwechselt, weil sie den Begriff der Freiheit gerne verwendet, wobei sie die „Befreiung" von Vernunft und äußerer Notwendigkeit meint.[225] Es hat sich ein weitgehender Konsens in der Schulverwaltung und der Lehrerschaft herausgebildet, der u.a. folgende Ziele umfasst: Abschaffung des Sitzenbleibens, Abschaffung der Noten, Abschaffung der Klassenarbeiten, Abschaffung der Bildungsempfehlungen, Einführung von Leselernmethoden wie „Lesen durch Schreiben", Vereinfachung der Orthografie und die Abschaffung der Schreibschrift. Es wird starkes Gewicht auf Freiarbeit, Lerntheken und Projektunterricht gelegt. Die humboldtsche Struktur soll mit jahrgangsgemischten Klassen, einem offener Schulanfang und gleitender Einschulung aufgebrochen werden. Ziel ist die Abschaffung des Unterrichts überhaupt, die Abschaffung der Bezeichnungen Schule, Lehrer und Unterricht.[226] All diese Moden zielen auf die Abschottung der Schule von der Gesellschaft, der Schaffung eines Schonraums zur Entfaltung kindlicher Autonomie im Geiste der Romantik.[227] So sollen im Schoße

---

224 Prominente Schüler: Daniel Cohn-Bendit, Peter Conradi, Diether Dehm, Johannes von Dohnanyi, Amelie Fried, Cornelius Gurlitt, Klaus Gysi, Clemens Kuby, Klaus Mann, Tyll Necker, Isabella Neven DuMont, Wolfgang Porsche, Dankwart Rüstow, Beathe Uhse, Joachim Unseld, Andreas von Weizsäcker. Hermann Lietz war Sozialist.

225 Ich kenne einige hervorragende praktische Pädagogen, die unter dem Einfluss der Reformbewegung stehen. Hier geht es nicht um eine Bewertung der Leistung von Menschen, sondern um den Einfluss von Ideologien im Sinne ihrer inhumanen Inhalte und Effekte. Da der entscheidende Faktor von Unterrichtserfolg die Lehrerpersönlichkeit ist, müssen Idealisten, die sich beide Beine ausreißen, Erfolg haben, gleich unter welchem Modell sie arbeiten. Kinder sind anpassungsfähig. Sie hätten aber wahrscheinlich den größten Erfolg, wenn sie erwiesenermaßen effiziente Methoden verfolgten statt ideologische Ziele. Vgl. meinen Aufsatz „Für eine autonome Schule" in Forum Freie Gesellschaft, 2015.
Online: https://www.forum-freie-gesellschaft.de/fuer-autonome-schulen/ .

226 http://www.gs-schoenbrunn.de/ . „Unser Lob gilt grundsätzlich auch der Anstrengung und nicht nur der erbrachten Leistung." Wie aber Anstrengung objektiv bewertet werden kann, wenn keinerlei Vergleiche mit anderen Kindern und keine äußeren Vorgaben erwünscht sind, bleibt rätselhaft. Es grenzt an Hellseherei.

227 Die Gesamt- oder Gemeinschaftsschule ist dagegen eine egalitaristische Zielstellung.

der verkehrten Zivilisation durch die Vermeidung äußerer Einflüsse auf das Kind Keime des neuen Menschen gelegt und aufgezogen werden. Romantische Pädagogik ist subversiv und antisozial. Kinder sollen nicht vernünftig werden, sondern infantil (spontan, lustgesteuert, authentisch) bleiben. Nach dem Bild des natürlichen und reinen Kindes sollen sich die Erwachsenen umformen. Dies führt uns zur Lebensreformbewegung.

Die Lebensreformbewegung

> „Aus grauer Städte Mauern
> Ziehn wir durch Wald und Feld.
> Wer bleibt, der mag versauern,
> wir fahren in die Welt."

In der dritten Strophe wird dem Deutschen Wald ein „Heil" zugerufen. Hermann Löns dichtete in seiner vierten Strophe über die Sommervögel und übers Abschiednehmen. Das Wanderlied erfüllt rhythmisch die Anforderungen eines Marschlieds. Es wurde 1933 in die Liedersammlung „Blut und Ehre" aufgenommen und von der Hitlerjugend und dem Bund Deutscher Mädchen viel gesungen. Das auf den ersten Blick so harmlose und fröhliche Liedchen gibt bei näherem Hinsehen eine tiefere Bedeutungsebene frei. Wald, Wind und Vögel assoziieren sich zwanglos mit einer bündischen Schar auf dem Weg zur Eroberung der Welt: Wandern als paramilitärische Übung. „Der Wald ist unsre Liege, der Himmel unser Zelt."

Unter „Reform" verstanden die vielgestaltigen Bewegungen des 19. und 20. Jahrhunderts die unmittelbare Veränderung der Lebenswirklichkeit – ohne den Umweg über eine Machtergreifung und einer darauf folgenden Revolution von oben. *Re*-form impliziert *De*-formierung, die angeblich durch die Modernisierungen einer sich rasch wandelnden kapitalistischen Wirklichkeit verursacht würden.[228] Nicht nur die Erziehungseinrichtungen sollten Brutstätten des neuen Menschen werden. Auch die Sexualität, die

---

228 Neben dem Topos der Stadtflucht ist das Motiv der Ruhe und „Entschleunigung" charakteristisch für die romantische Reaktion. Ruhe und Harmonie sind neben der Absicherung des Erreichten auch zentrale Bedürfnisse in einer alternden Gesellschaft. Hartmut Rosa verfasste eine Habilitationsschrift zum Thema *Beschleunigung. Die Veränderung der Temporalstrukturen, Frankfurt, 2005.*

Familie, die Siedlungen und die Wohnungen, die Ernährung, die Hygiene, die Wirtschaft, das Geld – kurzum alle Aspekte des Lebens sollten umgestaltet werden. Durch die Schaffung eines neuen Menschen nach dem anderen soll die Menschheit zum erwünschten Ziel gelangen, zu einem Leben im Einklang mit der Natur.

Leitmotiv war die Idee einer „Natürlichkeit" im Kontrast zur Künstlichkeit einer von gesellschaftlichen Zwängen und wirtschaftlicher Notwendigkeit geprägten Zivilisation. Die Idee griff Rousseaus Gedanken wieder auf, pries das einfache ländliche Leben im Unterschied zum steifen Hofleben.[229]

Heute wie damals geht es der Reformbewegung darum, dem falschen Leben in der Stadt, dem Einfluss der Industrialisierung und ihrer gesundheitlichen Belastungen, zu entfliehen und die Zweckrationalität der Ökonomie durch eine Haltung der „Unmittelbarkeit" zu ersetzen[230], um ein richtiges Leben in der Natur zu führen. Die „Zivilisationsschäden" am Menschen können durch eine naturgemäße Lebensweise geheilt werden. Was naturgemäß sei, war natürlich strittig, denn in die Höhlen wollten die Lebensreformer nicht gerade zurück. Aber auf halbem Wege ließ sich ökologische Landwirtschaft, Vegetarismus und Naturheilkunde betreiben, zudem in Kommunen Gemeinschaft mit abenteuerlustigen Damen aus der Oberschicht pflegen. Nach kalten Bädern kleidete man sich in die schlichten weiten Reformkleider oder blieb nackt, aß sein Bircher-Benner-Müsli, Rohkost-Gemüse[231] oder versenkte sich in spirituellen Andachten unter dem Einfluss

---

229 In Anlehnung an einen antiken griechischen Stil kamen in der Kunst der Rokkoko-Zeit Schäfermotive in Mode, galante Gedichte zu den Themen Liebe, Freundschaft, Natur, Wein und Geselligkeit. Rousseuas „Zurück zur Natur!" ist die politisch gewendete Form dieser ästhetischen Mode der Anakreontik. Bekannt sind die französischen Maler Watteau, Boucher und Fragonard, die deutschen Dichter Gottsched, Utz, Klopstock, der frühe Goethe.

230 „Deutschsein heißt, eine Sache um ihrer selbst willen zu tun." Richard Wagner. „Eigentlichkeit" bei Heidegger.

231 Die Rohkost war gedacht als eine Rückkehr zum Natürlichen. Es wurden Theorien erfunden, dass unser Körper sich in der Phylogenese auf eine bestimmte Kost (Steinzeitnahrung) eingestellt hätte, die ihm am besten bekäme. Man lieh sich Beispiele bei primitiven Völkern. Je weiter die Verarbeitung der natürlichen Rohstoffe zu Lebensmitteln ginge, desto ungesünder sei es. Essen als politisches Bekenntnis – wir sind heute noch im 19. Jahrhundert. Übrigens ist die Vergrößerung des Hirns beim menschlichen Vorfahren eine Folge des Einsatzes des Feuers bei der Nahrungszubereitung. Der Umkehrschluss,

der Anthroposophie, betrieb Yoga und dergleichen. Seitensprosse dieser Bewegung waren die Freikörperkultur, Teile der Turnbewegung, die Bodenreformbewegung, die Freiwirtschaftsbewegung nach Silvio Gesell[232], dem Inspirator Lord Keynes, die Jugendbewegung, die Wandervogelbewegung, die Schrebergärtner und Siedler u. a.[233] Die zentrale Figur der Lebensreformbewegung war Karl-Wilhelm Dieffenbach (geb. 1851). Der Künstler aus dem Münchener Umfeld von Stucks gründete Kommunen, unter anderem mit dem Begründer der Tierrechtsbewegung Magnus Schwantje. Der vegan lebende Freund der Rohkost starb an Darmverschluss. Sein Schüler Fidus, eine Ikone der FKK-Bewegung, wurde ein Propagandist der Nazis.

Die Freizeitbeschäftigungen der damaligen Zeit interessieren uns im Hinblick auf den Anspruch, dass damit die Schaffung des neuen Menschen gelingen müsse. Es waren Massenbewegungen, die vor allem Jugendliche dem antirationalistischen Denken zuführten und daher politisch ausgerichtet waren. Das Private wird zum Politischen erklärt. Die neue Zeit wird hier und jetzt durch eine reformierte Lebensweise eingeführt. Das war ihr Glaube. In der Hölle des Ersten Weltkriegs fielen sie wie Schlachtvieh.

Fast alle diese Ideen erfreuen sich noch immer lebhafter Nachfrage. Sie haben die Nazizeit überlebt, in der sie in die braune Ideologie integriert wurden, die übrigens selbst Wurzeln in der Reformbewegung hat, und setzten zu einem neuen Höhenflug als Ökobewegung an. Sie sind fester Bestandteil der Lebenswelt der akademischen Mittelschichten. Nur die antisemitischen und rassistischen Begleittöne der Stifter werden verschämt verborgen.[234]

---

dass es bei Rohkost wieder schrumpft, ist allerdings nicht zulässig. Vgl. http://www.n-tv.de/wissen/fundsache/Neudatierung-der-Feuerbeherrschung-article2865066.html .

232 Gesell sah im Zins die Quelle allen Übels und wollte ihn durch jährliche Entwertungen eines Staatsgeldes (Schrumpfgeld) abschöpfen. Er war ethischer Vegetarier und Finanzminister der Münchener Räterepublik von 1919, der neben zahlreichen Anarchisten auch Adolf Hitler (auch er Vegetarier) diente.

233 http://www.welt.de/politik/deutschland/article143637971/Finnlands-Pisa-Wunder-entpuppt-sich-als-Irrtum.html.

234 http://www.welt.de/welt_print/article1411569/Wie-antisemitisch-war-Rudolf-Steiner.html.

Rückwärtsgerichtete Gesellschaftsbilder und Programme

Das romantische Lebensideal war ein erfundenes Mittelalter. Wir kennen die Bilder von Burgen, Rittern und verfallenen gotischen Kirchen bei Caspar David Friedrich, Moritz von Schwindt u.a. Die Heidelberger Romantiker, allen voran Baron Graimberg, erhielten das berühmte Schloss als schöne Ruine. Das gesellschaftliche Leben sollte ständisch organisiert werden. Stände fassten Berufsgruppen zusammen, die Abgeordnete in einen Landtag schickten und eine Planwirtschaft zentral steuern. Es sollte weitgehend kein Geld geben, sondern Naturaltausch, möglichst regional. Das Land sollte autark wirtschaften, Zins sollte abgeschafft, Geld sollte jährlich entwertet werden (Gesells Schrumpfgeld), der Boden vergesellschaftet und die Grundrenten als Almosen umverteilt (Adolf Damaschke). Wirtschaftswachstum war nicht vorgesehen. Wir dürfen angesichts solcher naiver Vorstellungen nicht vergessen, dass diese Utopien der Feder von Künstlern, Dichtern, Medizinern und Philosophen entflossen. Mussolini spielte mit diesen korporatistischen Ideen, setzte sie aber nie um.[235]

Der Ökologismus der Nationalsozialisten

Grünes Denken wurzelt in der Romantik; auch Hitlers Weltbild. Zur „Blut- und Boden-Ideologie" gehörte gesunde Ernährung, die Idealisierung des bäuerlichen Lebens und germanische Waldromantik, schreibt Michael Miersch und zitiert Hans Schwenkel, Mitinitiator des Reichsnaturschutzgesetzes von 1935: „Es geht gegenüber der deutschen Natur und Heimat um Weltanschauung, um amerikanisch-jüdische oder um deutsche Lebensauffassung und Lebensgestaltung."[236]

Die Nationalsozialisten hatten Interesse an nachwachsenden Rohstoffen und Windenergie. Dahinter stand das Bestreben, Deutschland autark zu machen. Wirtschaftliche Autarkie denkt im Rahmen des Konzepts der nationalen Volkswirtschaft. Die Nationalsozialisten beabsichtigten die globalen Handelsbeziehungen allesamt abzuschneiden und Verkehr nur inner-

---

235 Siehe Fußnote 112. Wie in den Vorstellungen der Ökologisten im Hinblick auf eine stabile natürliche Ordnung wird in diesem analogen Gesellschaftsmodell ein Istzustand angenommen, der stabilisiert werden soll. Doch welcher?

236 Michael Miersch: *Die Hippies haben gewonnen*, E-Book, ASIN: B008DTISVS. (o.S.)

halb des staatlich kontrollierten Gebietes zu erlauben.[237] Dies sollte durch Expansion des Reiches und durch Erschließung eigener Ressourcen gelingen. Der Feldzug nach Osten zur Eroberung „neuen Lebensraumes" (vor allem der ukrainischen Agrarflächen), von Rohstofflagern (Ölvorkommen am Kaspischen Meer) war nicht zuletzt geowirtschaftlich motiviert. Das Gebiet sollte groß genug sein, um alles zu bieten, was die Wirtschaft braucht, um autark sein zu können. Aus politischen Gründen wollte man auf Einfuhren verzichten, die naturgemäß den kriegerischen Absichten zuwiderlaufen. (Man denke an die Gaserpressungspolitik Putins gegenüber der Ukraine.) Zu diesem Zweck wurden Verteuerungen in Kauf genommen. Politik geht über Ökonomie.

Energiepolitische Autarkie führt zu Wind und Sonne. Die erste Windkraftfirma „Ventimotor" wurde von dem Thüringer Gauleiter Fritz Sauckel und dem SS-Freund Walther Schieber gegründet. Nach 1945 lassen sich Fäden zur Ökobewegung ziehen. Ehemalige Nazis wie der SA-Sturmführer Günther Schwab postulierten 1959 eine anthropogene Klimaerwärmung. Er wurde vom österreichischen Naturschutzbund ausgezeichnet. Frühere Nazi-Funktionäre waren noch lange in den Umweltverbänden führend und an der Gründung der Partei „Die Grünen" beteiligt.[238]

Romantisch ist auch die seelische Mentalität der Eschatologen[239], zu denen die Ökologisten zählen. Wenn sich die Lebenserwartung drastisch ver-

---

237 Das autarkistische Denken ist selbst in unserer Zeit, die durch die rasche Intensivierung des Welthandels geprägt wird, nicht verschwunden. Binswanger, Emeritus der Hochschule St. Gallen, ist einer der einflussreichsten ökologistischen Ökonomen der Gegenwart. Er plädiert für eine subventionierte Landwirtschaft mit autarkistischen Argumenten, weil die „drohende globale Klimaerwärmung" es „ratsam erscheinen lässt", einer „drohenden globalen Lebensmittelverknappung" vorzubeugen. Apokalyptische Ökonomik. Mathias Binswanger: *Globalisierung und Landwirtschaft. Mehr Wohlstand durch weniger Freihandel,* Wien, 2007, S. 32. Auch die Widerstände gegen Einwanderung müssen im Zusammenhang mit dem Autarkismus gesehen werden.

238 Miersch: *Die Hippies haben gewonnen.* (o.S.)

239 Eschatologie ist die Lehre vom nahen Ende der Welt. Die Klimahysteriker argumentieren eschatologisch: „Es ist fünf vor zwölf, die Zeit drängt." Die Bergpredigt ist ein gutes Beispiel für das eschatologische Pathos. Jesus ruft in der Naherwartung des Jüngsten Tages seine Jünger auf, sich nicht mehr um das Morgen zu kümmern. (insbesondere Matthäus 5, 19-33.) Die Grundlehre der Ökonomik besagt, dass die Verbesserung der Lebensbedingungen durch Sparen und Investieren bedingt ist.

kürzt, verschieben sich die Wertvorstellungen. Sparen hat nur einen Sinn, wenn mit langen Zeiträumen gerechnet wird. „Après moi le déluge!", schrieb Madame Pompadour dem französischen König angesichts des Nahens der preußischen Truppen. Sparsamer Umgang mit Ressourcen, die ursprüngliche Bedeutung von „Ökonomie", nämlich das Haushalten, verliert seinen Wert, wenn es darum geht, die Welt vor dem Untergang zu retten. Wenn auf die Erde der Hitzetod wartet, kann keine Rede mehr sein von wirtschaftlicher Effizienz. Politik geht vor Ökonomie. Die heroische und leidenschaftliche Mentalität der Eschatologen ist ein typisches Kennzeichen der Ökologisten alter und neuer Schule, die die Vernunft der Ökonomik über Bord werfen.

Öko-Nazis[240] sind eine Unterströmung der gegenwärtigen neonazistischen Bewegung. Sie nennen sich „völkische Siedler", lassen sich in schwach bevölkerten Gebieten nieder (z.B. dem Wendland und in Mecklenburg), um reinrassige Schweine auf „deutschem Boden" für „deutsche Menschen" zu züchten. Der Kreis schließt sich. Der Ökologismus hat seine Wurzeln wiederentdeckt.

Die Gesellschaftsreform-Ideen werden in heutiger Zeit wiederbelebt. Keynes ist nicht mehr gefragt, aber Gesell kommt wieder in Mode. Sie werden nicht im heroischen Duktus vorgetragen. Man ist nun pazifistisch. Es werden keine Fahnen geschwungen, keine Marschlieder gesungen, sehen wir von den Sekten der identitären Bewegung und den notorischen Alt- bzw. Neonazis sowie den Antifa-Kampfverbänden ab. Getilgt werden Rassismus, offener Antisemitismus, auch die Anbetung von Wotan, Odin und Freya ist peinlich, Hexen und Druiden dürfen nur im Bereich der Rockmusik oder der Unterhaltungsfilme ihr Wesen treiben. Doch die Natur wird „angebetet". Das Beiwort „natürlich" hat einen reinen positiven Klang. Selbst die Wölfe und Bären sollen wieder mit unseren Schafen und den Wanderern spielen.

---

240 http://www.amadeu-antonio-stiftung.de/voelkische-siedler/

13. Die Rekonstruktion elitärer Ideologien im Gewand des Anti-Elitarismus

„Die Kirchen leerten sich, doch nicht die Aufklärung eroberte das frei gewordene Terrain, sondern ein neuer Obskurantismus. Ein offenbar konstantes Bedürfnis nach Seelenheil sucht lediglich andere Wege. Zeitgeistige Formen der Frömmigkeit irrlichtern irgendwo zwischen dem Dalai Lama und Rudolf Steiner, Greenpeace und PETA. Im Bürgertum breiten sich Anthroposophie, Buddhismus und Esoterik in allerlei Spielarten aus. Die stärkste dieser Glaubensbewegungen lehnt es strikt ab, Glauben genannt zu werden: der Ökologismus."[241]

Es gibt Großereignisse, die sich in das Bewusstsein von Nationen einbrennen. Die Glaubenskriege des 16. und 17. Jahrhunderts leiteten den Niedergang der Theologie ein. Die Philosophie formierte sich zur Aufklärung und wies nach, dass die Dinge sich von selbst zum Guten entwickeln, wenn die Menschen ihren eigenen wirtschaftlichen Interessen ungehindert nachgehen. Laissez faire – laissez passer! Die unsichtbare Hand lenkt den individuellen Egoismus zum Wohlstand der Nation.[242] Dieses Prinzip der Selbstorga-

---

241 Miersch, ebd. (o.S.)
242 Adam Smith: *Der Wohlstand der Nationen, Eine Untersuchung seiner Natur und seiner Ursachen*, München 2009, 4. Buch, 2. Kapitel, S. 371. Die Stelle lautet: „Nun ist das Volkseinkommen eines Landes immer genau so groß wie der Tauschwert des gesamten Jahresertrages, oder, besser, es ist genau dasselbe, nur anders ausgedrückt. Wenn daher jeder einzelne soviel wie nur möglich danach trachtet, sein Kapital zur Unterstützung der einheimischen Erwerbstätigkeit einzusetzen und dadurch diese so lenkt, dass ihr Ertrag den höchsten Wertzuwachs erwarten lässt, dann bemüht sich auch jeder einzelne ganz zwangsläufig, dass das Volkseinkommen im Jahr so groß wie möglich werden wird. Tatsächlich fördert er in der Regel nicht bewusst das Allgemeinwohl, noch weiß er, wie hoch der eigene Beitrag ist. Wenn er es vorzieht, die nationale Wirtschaft anstatt die ausländische zu unterstützen, denkt er eigentlich nur an die eigene Sicherheit und wenn er dadurch die Erwerbstätigkeit so fördert, dass ihr Ertrag den höchsten Wert erzielen kann, strebt er lediglich nach eigenem Gewinn. Und er wird in diesem wie auch in vielen anderen Fällen von einer unsichtbaren Hand geleitet, um einen Zweck zu fördern, den zu erfüllen er in keiner Weise beabsichtigt hat."

nisation eines offenen Systems, den Menschen auf Märkten zu vertrauen, ist eines der drei Fundamentsteine des klassischen Liberalismus.[243]

Ursächlich für den Durchbruch des Liberalismus als vorherrschende Ideologie war nicht nur die intellektuelle Brillanz eines David Hume oder Adam Smith. Zu den rationalen Einsichten der Ökonomen gesellte sich die emotionale Wucht des Arguments, dass die dogmatische Theologie für die verheerenden Glaubenskriege verantwortlich war. Unter den kritischen Einwänden, die die Dominanz der Theologie aushöhlten, erwies sich die Mandevillesche Bienenfabel[244] als besonders wirksam. Mandeville entzog der Moralphilosophie und damit dem Einfluss der Kirche den Boden, indem er zeigte, dass *individueller* und *globaler* Nutzen oder Schaden zwei verschiedene Dinge sind. Seither ist es fragwürdig, das gute Gedeihen des Ganzen auf das moralisch gute Verhalten der Einzelnen zurückzuführen. Menschen (z. B. Kaufleute), die (angeblich) moralisch verwerflich handeln, weil sie rein egoistische Gewinn-Motive verfolgten, tragen aber mittelbar zu einer Mehrung des Gemeinwohls bei, während tugendhaft Handelnde dieses Ziel verfehlten.[245] Man müsse die Menschen nur ihrer Natur folgen lassen, um das Gemeinwohl zu befördern. Die Trennung von Staat und Kirche und das Verweisen des Glaubens in den Privatbereich ist ein Kernpunkt des klassischen Liberalismus.[246] Wir erleben heute eine Renaissance des dogmatischen Moralismus als säkulare Religion im Gewand des Ökologismus. Der Fanatismus, mit dem Abweichler bekämpft werden, ist ein Symptom dieser Wiederkehr.

Die dominierende Wirtschaftslehre des absolutistischen Zeitalters nannten die liberalen Philosophen Merkantilismus. Seine Lehren wurden aus der Zielstellung des möglichst gefüllten Staatsschatzes entwickelt. Er verführt die Monarchen zur Besteuerung hoher Einkommen. Zollschranken sollten die heimische Industrie stärken. Dem Bürger wurde mit der harten Knute

---

243 Die beiden anderen sind die *Herrschaft des Rechts* und der besondere *Schutz von Freiheit und Eigentum.*

244 Bernard Mandeville (geb. 1670), holländischer Schriftsteller, der in England lebte und publizierte, schrieb die „Bienenfabel", an die David Hume anknüpfte. Die Idee sich selbst organisierender Systeme bei Hume und Smith ging aus dieser Idee hervor.

245 Maxeiner/Miersch nennen es das *Mephistoprinzip.*

246 Das ist die Bedeutung des Begriffs *Toleranz* und der Hintersinn der Ringparabel in Lessings *Nathan der Weise.*

des Gesetzes vorgeschrieben, was sie zu tun haben. Dazu wurde ein gewaltiger Beamtenapparat aufgebaut. Der Merkantilismus konnte die Infrastruktur stark entwickeln (Brücken, Chausseen, Kanäle, Häfen). Aber er erwies sich als untauglich zur Ausbildung einer gesellschaftlichen Arbeitsteilung und Spezialisierung und zur Entwicklung eines unternehmerischen Bürgertums. Die Systeme in China und Brasilien ähneln in dieser Hinsicht dem Merkantilismus. Ihm wohnt eine Tendenz zur Erstarrung, Bürokratisierung und Korruption, zum Schaffen von Privilegien und Renteneinkommen inne. Wir nennen unser heutiges Wirtschaftssystem neomerkantilistisch.

Die beiden grundlegenden Mythen im Nachkriegsdeutschland

Die Katastrophen des 20. Jahrhunderts traumatisierten die Nationen in vergleichbarer Weise wie der Dreißigjährige Krieg, insbesondere diejenigen, die sich die Schuld zurechnen lassen mussten. Die UdSSR, obwohl Schauplatz vergleichbarer Gräuel, trat als Siegermacht auf und konnte den Mythos entscheidend prägen: *Der Nationalsozialismus ist das Böse*, das all das Unglück verschuldete. (Der Kommunismus wird damit implizit exkulpiert.) Dieser ist die logische Folge des Kapitalismus, der in sein Endstadium als reifer, monopolistischer und militaristischer Imperialismus getreten ist. *Der Kapitalismus ist schuld am Nationalsozialismus.*

In Wahrheit steht der Begriff „Kapitalismus", von Marx als Schmähwort gemünzt, als Synonym für die freie Marktwirtschaft, für Recht und Freiheit, während Nationalsozialismus und Kommunismus das Gegenteil, nämlich totalitär sind.

Dieses Märchen wird bis heute geglaubt. Für die elitaristischen Intellektuellen formulierten Theodor W. Adorno (geb. 1903) und Max Horkheimer (geb. 1895) einen raffinierteren Mythos. Schuld ist die Aufklärung. Sie entmenschlicht die Gesellschaft, indem sie an die Stelle des Mitgefühls und der bürgerlichen Hochkultur das Geld setzt, das rationale Tauschmittel, das alle Verhältnisse erkalten lässt.[247] Das Geld ist schuld, das Symbol des Kapi-

---

247 „Auf dem Weg zur neuzeitlichen Wissenschaft leisten die Menschen auf Sinn Verzicht. Sie ersetzen den Begriff durch Formel, Ursache durch Regel und Wahrscheinlichkeit. ... Aufklärung ist totalitär. ... Die bürgerliche Gesellschaft ist beherrscht vom Äquivalent. Sie macht Ungleichnamiges kompatibel, indem sie es auf abstrakte Größen reduziert. ...

talismus. Die neomarxistischen Autoren knüpfen an die Entfremdungstheorie der Marxschen Frühschriften an, die in den berühmten Sätzen im 3. Kapitel des Kommunistischen Manifests ihren Höhepunkt fand.[248]

Durch die Erfahrungen des 20. Jahrhunderts hat sich der Elitarismus des 19. Jahrhunderts, der zur Rechten gezählt wurde, derart ins Abseits gestellt, dass der Neo-Elitarismus sich links maskieren muss. Adorno und Bloch (geb. 1885)[249] können als Beispiele dienen. Nun schließen sie sich der marxistischen Tradition an, übernehmen einen Teil der Ideologie und Begriffe, begründen einen Neo-Marxismus und nennen sich Linke. Das topologische Verwirrspiel ist nicht leicht zu durchschauen.

Die Ideen Adornos waren für das Selbstverständnis der neomarxistischen Studentenbewegung der 68er-Jahre konstitutiv. Sie betrieben eine Delegitimierungsstrategie gegenüber der Bundesrepublik Deutschland. Das politische System wurde als eine Restauration des Nationalsozialismus gesehen (man nannte es faschistisch). Damit lässt sich die Schärfe der Kritik verstehen.[250] Wenn eine Kontinuität zwischen dem Nationalsozialismus und der Bundesrepublik besteht, sind heroische Attacken legitimiert, die bis hin zum anarchistischen Terrorismus reichen können. Gegen das Böse sind alle

---

Als Gebieter über Natur gleichen sich der schaffende Gott und der ordnende Gott. ... Angesichts solcher Möglichkeiten aber wandelt Aufklärung sich zum totalen Betrug der Massen um." Theodor W. Adorno/Max Horkheimer: *Dialektik der Aufklärung*, Frankfurt, 1990, S. 11. Die Idee ist im Kern nicht originell. Sie wurde von Heidegger übernommen. (Sein und Zeit, 1927)

248 „Die Bourgeoisie, wo sie zur Herrschaft gekommen, hat alle feudalen, patriarchalischen, idyllischen Verhältnisse zerstört. Sie hat die buntscheckigen Feudalbande, die den Menschen an seinen natürlichen Vorgesetzten knüpften, unbarmherzig zerrissen und kein anderes Band zwischen Mensch und Mensch übriggelassen als das nackte Interesse, als die gefühllose,bare Zahlung'. Sie hat die heiligen Schauer der frommen Schwärmerei, der ritterlichen Begeisterung, der spießbürgerlichen Wehmut in dem eiskalten Wasser egoistischer Berechnung ertränkt. Sie hat die persönliche Würde in den Tauschwert aufgelöst und an die Stelle der zahllosen verbrieften und wohlerworbenen Freiheiten die eine gewissenlose Handelsfreiheit gesetzt. Sie hat, mit einem Wort, an die Stelle der mit religiösen und politischen Illusionen verhüllten Ausbeutung die offene, unverschämte, direkte, dürre Ausbeutung gesetzt."
http://gutenberg.spiegel.de/buch/manifest-der-kommunistischen-partei-4975/3

249 Bloch gehörte in seiner Jugend der Wandervogelbewegung an. Er schrieb unter anderem für die „Weltbühne".

250 Vgl. Hermann Lübbe: *Modernisierung und Folgelasten, Trends kultureller und politischer Evolution*, Heidelberg, 1997, S. 304.

Mittel erlaubt. Das hohe Maß an Destruktivität der ökologistischen Bewegung kann als ein Erbe dieser 68er-Bewegung verstanden werden.

In Deutschland herrscht ein breiter Konsens des Antitotalitarismus. Es ist eine Klammer, die alle geistigen Strömungen mit Ausnahme der rudimentären faschistischen zusammenbindet. „Nie wieder Krieg! Nie wieder Faschismus!" ist das gemeinsame Credo und es bedeutet im Kern Antikapitalismus. Das ist in doppelter Hinsicht eine Täuschung: Der Nationalsozialismus war antiliberal und nicht kapitalistisch, der Kommunismus wird im Antitotalitarismus von der Linken völlig entschuldigt und ausgeblendet.

Selbstverständlich sind Liberale Antitotalitaristen. Doch im Gegensatz zur herrschenden Denkweise unterstellen sie dem Kapitalismus keine innewohnende Tendenz zu Monopolismus und Imperialismus, ganz im Gegenteil. Der Nationalsozialismus war ein *Sozialismus deutschen Typs*, kein Kapitalismus. Der deutsche Sozialismus ging aus einer Zerstörung der liberalen Verhältnisse des 19. Jahrhunderts hervor, die zur Vorbereitung des Ersten Weltkriegs von der Reichsregierung durchgesetzt wurde, sich in der Zwischenkriegszeit nicht wesentlich umkehrte und schließlich von den Nationalsozialisten perfektioniert wurde. Die Monopol- und Kartellbildung wurde vom Staat betrieben und schließlich befohlen, um die Kriegswirtschaft leichter beherrschen zu können (Hindenburg-Programm). „Monopolistischer Kapitalismus"[251] ist in Wirklichkeit Sozialismus.

Die beste Methode, Totalitarismus zu verhindern, ist die Erhaltung der Freiheit. Die Schuldzuweisungen Adornos und Horkheimers gegen den Kapitalismus retten den Elitarismus Nietzsches über die Klippe seiner katastrophalen Folgen hinweg.[252] Der Antitotalitarismus ist eine neue Ideologieküche, in der alte elitaristische Ideen wieder aufgekocht und die antikapita-

---

251 Siehe Lenins Stamokap-Theorie, die noch in den 1970ger-Jahren im linken Flügel der SPD herumgeisterte.

252 Das Denken *Adornos* steht in der Tradition Nietzsches. Die *Minima Moralia* nimmt explizit auf die *Fröhliche Wissenschaft* bezug. Auch *Ernst Bloch* ist kein genuin sozialistischer, sondern ein elitaristischer Denker, der an Sprache und Denken Nietzsches geschult ist. Ich sehe in der neomarxistischen Bewegung der 1960er-Jahre eine Mischung elitaristischer Ideen aus dem Repertoire der Lebensreformbewegung in einer marxistischen Terminologie. Neben Adorno und Bloch wurde Herbert Marcuse meinungsbildend. Interessant sind die schmerzlosen Übertritte eingefleischter Kommunisten wie Dutschke, Bahro, Cohn-Bendit, Fischer, Ditfurth und Trittin zu den Grünen.

listischen Mythen von dessen Schuld am Unglück des 20. Jahrhunderts kon-
serviert werden. Das antikapitalistische Programm kann ein zweites Mal an-
rollen.

Der deutsche Konsens der Gegenwart

Nach Michael Miersch beinhaltet der deutsche Konsens von der CDU
bis zur Partei „Die Linke", von den Katholiken bis zu den Anthroposophen,
von der *Bravo* bis zur *Brigitte*, von *arte* bis *RTL2* folgende Glaubensbekennt-
nisse. Es ist ein Mischmasch egalistischer und ökologistischer Ideen im pazi-
fistischen Mantel:

- Frieden über alles
- Der Umwelt ging es noch nie so schlecht
- Die Klimakatastrophe kommt
- Es ist fünf vor zwölf
- Alle sind gleich, nur Frauen sind gleicher
- Amerikaner sind dumm und gewaltsüchtig
- Feindbild Israel
- Technischer Fortschritt? Nein danke!
- Die Natur ist gut
- Es gibt keine natürlichen Unterschiede zwischen Menschen
- Jeder hat ein Recht auf Toleranz
- Der Markt ist böse
- Der Westen ist an allem Schuld
- Baustelle Körper
- Das Private ist politisch[253]

Miersch widerlegt diese Überzeugungen in wenigen Sätzen Punkt für
Punkt. Als verklammernde Ideologie des deutschen Konsens dient der Ökologismus.

Der Ökologismus als neoelitäres Programm

„Es gibt eine lange Tradition von Linken, auch wenn sie nicht die
Mehrheitslinie bildeten und bilden, die begriffen haben, dass die so-

---

253 Miersch, a.a.O., (o.S.)

ziale nicht von der ökologischen Frage zu trennen ist, weil die Wurzel der Ausbeutung des Menschen und der Natur dieselbe ist: die kapitalistische Produktionsweise mit ihrer Profitlogik und ihrem Verwertungszwang." (Jutta Ditfurth)

Nach dem Niedergang der Studentenrevolten und ihrer Zersplitterung in Sekten wirkte der Ökologismus auf viele junge Menschen anziehend. Auf dem XXVII. Parteitag, im Jahr 1986, brachte KPdSU-Parteichef Gorbatschow den Begriff der globalen Probleme (Umweltschutz, Hunger u.a.) ins Spiel, die der sozialistischen Bewegung neue Ziele verschaffen sollten. Viele Sozialisten wanderten ins grüne Lager ab. Der Zufluss aus den Anhängern der neomarxistischen Studentenbewegung, der Ostermarsch- und Friedensbewegung stärkte den 1945 geschwächten Ökologismus wieder. In den Vereinigten Staaten von Amerika drückte er sich in der Hippiebewegung aus. In ihm vermengte sich egalistisches (sozialistisches) Ideengut, das die vormals neomarxistischen Anhänger einbrachten, mit dem elitaristischen (romantischen) Ideen, das Vordenker wie Ernst Schumacher (geb. 1911) und Bernhard Grzimek pflegten, zu einem bunten Kuddelmuddel.

Die elitären Kreise des 19. Jahrhunderts stilisierten sich in arroganter Weise als die neuen Menschen, als Über- oder Herrenmenschen, als überlegene Rasse oder Geister und verachteten alle, die nicht mit ihnen zur Schaffung eines neuen Menschen und einer neuen Welt aufzubrechen bereit waren. Die neuen Ökologisten können sich mit diesen Traditionen keineswegs identifizieren. Mit der Niederlage des Nationalsozialismus diskreditierten sich viele Lehren des 19. Jahrhunderts: der Rassismus, die Eugenik, der Sozialdarwinismus und der Nationalismus. Es ist seither verpönt, biologistisch zu argumentieren, etwa zu behaupten, dass Intelligenz teilweise vererblich ist oder dass es menschliche Rassen gibt. Antibiologismus ist breiter Konsens. Das Elitäre schleicht sich aber dennoch hinterrücks in ihr Denken ein. Es erwächst aus ihrem quasi-religiösen Sendungsbewusstsein.

Im antikapitalistischen Mythos wird der Kapitalismus für die Katastrophen des 20. Jahrhunderts verantwortlich gemacht. Die Schmähung der Aufklärung als unmenschlicher Rationalismus und totalitär wird gesteigert zur Anklage, der Kapitalismus führe den Niedergang der „Natur" herbei. Der *Ökologismus* beschuldigt den Kapitalismus der angeblichen Zerstörung der Erde.[254] Mit Blick auf die jüngsten Erfahrungen der Geschichte erhebt er seine warnende Stimme und wird zur Prophetie des kommenden Weltuntergangs, der verursacht wird durch die sinnlose Plusmacherei der geldgierigen machthungrigen Kapitalisten. Dass sich in diese Töne eine Prise Antisemitismus durch Personalisierung der Wall-Street im jüdischen Großbankier mischt, ist zwar unfein, aber unvermeidlich.

Der Gott Natur und seine Priester

Natur ist ein schwer zu definierendes Wort. Ethymologisch geht das Wort auf das lateinische *nasci* „entstehen, werden" zurück. Dann bedeutet es das, was ohne Zutun des Menschen geschieht, und sein Bedeutungsfeld reicht weit über die lebendige Welt hinaus. Auch Märkte und der Kapitalismus sind in diesem Sinne natürlich. Doch die Bedeutung des Worts hat sich sehr erweitert. Es wird heute meist als Gegenbegriff zu *Kunst, Geist, Zivilisation* und *Mensch* verwendet und ist in diesen Feldern die jeweilige Negation mit wechselndem Sinngehalt. Wenn *Kunst* und Natur gegenüber gestellt werden, ist Natur das, was wir vorfinden, Kunst, das was wir verändern. Diese Bedeutung taucht auf in der abwertenden Verwendung des Worts Chemie in landwirtschaftlichen oder pharmazeutischen Zusammenhängen, in der positiven Verwendung bei der „Naturheilkunde" oder „naturbelassenen" Nahrungsmitteln, als ob nicht alle biologischen Stoffe chemisch wären und nicht alle Arzneimittel von Menschen produziert würden. Wenn *Geist* und Natur Gegensätze sind, ist Natur die Physis einschließlich aller Lebewesen mitsamt dem menschlichen Körper. Das Gegenteil der *Zivilisation* wäre der Naturzustand der Menschheit, also etwa alte Völker. Und das Gegenteil zu *Mensch* wären andere Lebewesen. Weiterhin sprechen wir von der Natur eines Individuums und meinen seine Wesensart. In die-

---

254 Als Beispiel für einen Protagonisten dieser Idee sei auf Ernst-Friedrich Schumacher verwiesen. Unter dem Einfluss von Lord Keynes entwickelte er sich zu einem selbständigen Ökonomen mit ökologistischen Ideen. Schumacher war zeitweilig Buddhist und konvertierte zum Katholizismus. In seinem einflussreichen Buch *Small is beautifull* schreibt er: „Der moderne Mensch erfährt sich selbst nicht als Teil der Natur, sondern als eine von außen kommende Kraft, die dazu bestimmt ist, die Natur zu beherrschen und zu überwinden. Er spricht sogar von einem Kampf gegen die Natur und vergisst dabei, dass er auf der Seite der Verlierer wäre, wenn er den Kampf gewönne." (München, 2013, S. 22)

ser Verwendung können Lebewesen eine Natur *haben*, die in der ersten Gruppe Natur *sind*. Die Gegensätze in den Begriffspaaren sind der platonischen Seelenlehre verpflichtet, aus dem Konzept einer Seele im Gefäß des Körpers, also der Seele als Ding. Wir lernen heute wieder Körper und Seele als eines zu sehen. Wir entdecken in der unbelebten Physis adaptive Systeme und erklären psychische Phänomene aus physiologischen Tatbeständen. Zweifelsohne ist der Mensch auch ein Teil der Biosphäre und in diesem Sinne Teil der Natur.

Im ökologistischen Diskurs ersetzt Natur den theologischen Begriffs der Schöpfung. Doch stellt der Ökologismus den Mensch der Erde entgegen. Der Mensch wird als Feind der Schöpfung angesehen und quasi ausgebürgert. Er ist das Böse, während die Natur das Gute ist. Auf den misanthropischen Charakter des Ökologismus habe ich schon hingewiesen. So verschwommen sind die Bedeutungshöfe des Begriffs, der nichts begreifen hilft!

Ökologismus ist eine neue Religion, die sich in die Reihe der neuheidnischen Konstrukte einreiht. Ökologismus ist nicht nur politische Ideologie – er ist eine Weltanschauung. Durch ihn schleicht sich der elitaristische Geist des 19. und 20. Jahrhunderts hinterrücks in den öffentlichen Diskurs der Gegenwart hinein. Wer die ganze Welt nach seinem Bilde beherrschen will, ist in der Tat einem elitären Größenwahn verfallen.[255]

Hemmung der Wirtschaft, relative Verarmung und Unterordnung unter eine mystifizierte Natur entsprechen nicht den Bedürfnissen des Menschen. Daher muss ein neuer Mensch geschaffen werden. Das ökologistische Programm kann nur mit geistiger Manipulation und staatlicher Macht durchgesetzt werden. Die Weltenretter geben sich den Anschein selbstloser moralischer Instanzen. In Wirklichkeit ist aber die Elite des Ökologismus ein eigener Machtfaktor, der mit den Parteien, der Bürokratie und den Medien zusammenspielt. Die ökologistischen Interessengruppen sind zu den mächtigsten der westlichen Staaten aufgestiegen.

---

255 Die neueste Mode ikarischer Weltbeherrschung ist das geo-engineering. Die neuen Ingenieure des Klimas sind indes nicht in der Lage, die *richtige* Weltdurchschittstemperatur zu bestimmen. Die Natur liefert keinen Maßstab für richtig und falsch, gut und böse, und die Wetter-Interessen der Menschen sind widersprüchlich.

Ökologismus ist eine Variante des Kommunismus. Er will eine utopische Ordnung gegen die angebliche „Anarchie" der freien offenen Gesellschaft setzen. Das Postulat der Unbedürftigkeit im Verbindung mit dem Postulat, dass eine unveränderliche Ordnung im Einklang mit der Natur allen Lebewesen das gibt, was sie zum Leben brauchen, ähnelt er auch in dieser ökonomischen Naivität dem Kommunismus. Das Streben nach dem Glück lässt sich nicht durch eine gleichförmig kreisende Wirtschaft befriedigen, noch nicht einmal theoretisch.[256] Was das Gleichgewicht immer wieder stört und die Bewegungen zu neuen Zielen lenkt, nennen wir Leben. Ökologismus ist Kommunismus ausgeweitet auf die Biosphäre und neuerdings auch auf die Atmosphäre, die Utopie einer starren Weltharmonie, in der sich die Einzelnen willig fügen und ihr eigensinniges Wollen aufgeben. Er ordnet das Individuum nicht mehr wie die alten kollektivistischen Ideologien der Idee einer Menschengruppe unter, sondern einem Weltmodell, das zum ethischen Maßstab genommen wird. Es ist ein Superkollektivismus, ein Antihumanismus, eine Dystopie.[257]

Der Ökologismus und die moralischen Werte

Die „Natur" spricht durch die Ökologisten, da sie ja nicht für sich selbst sprechen kann. Das ist ein glitschiger Boden. Welche Natur ist das Gut, für das sie streiten und dessen Wert wir anerkennen sollen? Welcher Zustand der Erde ist der richtige? Sind die durch uns Menschen nach Australien eingewanderten Kaninchen gut oder schlecht für „die Natur"? Der Mensch

---

256 „Der endliche Ruhezustand ist ein Gedankenbild, dem die Wirklichkeit nie entspricht. Denn noch ehe der endliche Ruhezustand erreicht sein wird, werden neue Tatbestände aufgetreten sein, die neue Preisbewegungen auslösen müssen. ... Der Markt ist immer auf dem Wege zu einem endlichen Ruhezustand." Mises: *Nationalökonomie, Theorie des Handelns und Wirtschaftens*, S. 237.

257 Ich stimme Edgar Gärtner nicht zu, der den Ökologismus als Nihilismus interpretiert. Es handelt sich aus meiner Sicht um eine Spielart des Wertkonservatismus, sogar um eine säkulare Religion. Allerdings wird der Wert superhuman begründet, nämlich als der Plan der gesamten Schöpfung, die vom Ideologen definiert wird. Wenn wir die Abwendung vom Menschen als Maß für moralische Werte als Nihilismus bezeichnen wollen, ist es freilich stimmig. Dann aber müssen wir jede transzendentale Religion anti-humanistisch nennen. Vgl. Edgar L. Gärtner: *Öko-Nihilismus 2012, Selbstmord in Grün*, Jena 2012.

verändert die Biosphäre, doch das tun die anderen Lebewesen auch. Die Prärie wird durch den Huf der Weidetiere gestaltet und bietet Waldtieren keinen Lebensraum. Welches ist die richtige Weltdurchschnittstemperatur die für alle Lebewesen vom Polarkreis bis zu den Tropen? Nicht die Interessen der Menschen sollen als moralischer Maßstab gelten, sondern das der Opfer menschlicher Naturzerstörung, die Natur selbst. Aber welche? Die Interessen der Eisbären oder die der Robben, die der Robben oder die der Fische? Die Jagd auf Robben „erfreut" die von ihnen gejagten Fische, doch deren Beutetiere wiederum „ärgern" sich. Die Schützer der Eisvögel kämpfen gegen die Schützer der Kormorane, die in meiner Heimatregion Antagonisten im Kampf um die Fische der Elsenz sind. Die Windräder zerschreddern Vögel und verdrängen Wald. Die Biosphäre ist Schauplatz erbarmungsloser Kämpfe um die Ressourcen. Die „Natur" ist grausam, und der Mensch ist ein Teil davon. Würden wir unser eigenes Interesse zugunsten anderer Lebewesen aufgeben, würden wir in letzter Konsequenz uns selbst aufgeben. Wenn für gentechnisch verändertes robusteres Saatgut neue Reisfelder in höheren Regionen angelegt werden, verdrängt dies die dort siedelnden Pflanzen und Tieren. Wenn nicht, hungern Menschen. Wenn tatsächlich aussterbende Arten erhalten werden sollen, so ist auch dies ein ökonomisches Problem. Wie viel darf es kosten, auf was wollen wir dafür verzichten und wer entscheidet darüber? Die Natur gibt uns darauf keine Antworten. Übrigens ist die Dystopie des generellen menschenverursachten Artensterbens ein Mythos. Der Befund ist komplizierter. Nach der Eindeichung des Wattenmeeres stieg die Artenvielfalt.[258] In der Stadt Berlin nimmt die Artenvielfalt zu.[259] Wenn die Ökologisten warnen, dass durch die Klimaveränderungen das „Gleichgewicht der Arten" gestört wird, so fragt sich, was am Gleichgewicht gut und am Ungleichgewicht schlecht sein soll. Ungleichgewicht bedeutet Dynamik, Veränderung, Innovation, also Leben – Gleichgewicht aber Statik, Stillstand, Erstarrung, also Tod. Was ist gut, was ist schlecht und für wen? Leben und Tod bedingen sich gegenseitig. Gleichgewicht ist ein Zustand, zu dem adaptive komplexe Systeme streben und

258   Martin Gorke: *Artensterben: Von der ökologischen Theorie zum Eigenwert der Natur*, Norderstedt, 1999, S. 82.
259   https://www.berlin.de/aktuell/ausgaben/2010/juni/ereignisse/artikel.224054.php.

den sie nie erreichen. Es ist eine Tendenz, kein Zustand. Somit bedingen sich auch Gleichgewicht und Ungleichgewicht. Für den Einzelnen ist der Tod schlecht, das Leben gut, aber aus der Beobachterperspektive ist der Tod die Voraussetzung des Lebens. Ohne Schlachtung gäbe es kein Nutzvieh. Die Lebenden müssen sterben, damit die Nachwachsenden leben können. Für wen wäre es schlecht, wenn es kein Leben auf der Erde gäbe? Es ist unmöglich, moralische Maßstäbe ohne Bezug auf den handelnden Menschen zu entwickeln. Die „Natur" gibt uns keine Moral. Umweltschutz ist Menschenschutz.

Diese Weltanschauung erhöht die *Natur* und erniedrigt den *Menschen*. Die (weibliche) Natur tritt an die Stelle der alten (männlichen) Gottheit.[260] Sie wird als eine harmonische Mutter Gaia gedacht, in der eine prästabilierte Harmonie aller Lebewesen durch den Menschen aus dem Gleichgewicht gebracht wird und wieder ins Gleichgewicht findet, wenn sich der Mensch zurücknimmt. In der Gaia-Hypothese von Lovelock (geb. 1919) und Margulis (geb. 1938) findet diese Weltanschauung ein wissenschaftliches Gewand. Sie besagt, dass die ganze Erde als ein Organismus betrachtet werden muss.[261] Die Idee vom paradiesischen Zustand eines verlorenen Goldenen Zeitalters findet eine neue Formulierung. Der Mensch ist der Sündenfall, der aus dem Paradies verstoßen ist und auf einem Heilsweg wieder zurückfinden muss. Das Wachstum der Bevölkerungszahlen wird als Hybris, als Auflehnung gegen die heilige Ordnung verstanden; die Ausbeutung von Naturschätzen als Sackgasse, die eine Epoche von Plagen nach sich ziehen

---

260 Die feministische Konnotation fand Gehör bei den Anhängern der neuheidnischen New-Age-Bewegung, die die System-Theorie von Margulis und Lovelock entgegen der Auffassung ihrer Urheber animistisch deuteten.

261 Bei der Gaia-Hypothese handelt es sich um ein holistisches Konzept und um Weltanschauung, nicht um empirische Naturwissenschaft. Die systemischen (= ökologischen) Aspekte der Biosphäre in ihrer Wechselwirkung mit der mineralischen werden mit einem lebendigen Organismus gleichgesetzt. Die Idee krankt an zweierlei. Einmal ist nicht erkennbar, dass das System Erde eine eindeutige Identität hat, was Organismen definiert. Was ist das „Selbst", d.h. der Bauplan, nach dem sich das System bei Verletzungen repariert? Zweitens ist es nicht möglich, einen holistischen Standpunkt einzunehmen, weil die ganze Erde für einen sterblichen Menschen niemals als Ganzes erkennbar ist. Wissenschaftliche Ökologie befasst sich nach J. v. Uexküll immer nur mit der Ökologie eines definierten Individuums (Einzelner oder Gruppen von Gleichen). Vgl. Ragnar K. Kinzelbach: *Ökologie, Naturschutz, Umweltschutz*, Darmstadt 1995, S. 18.

muss. Ein angeblich dramatischen Artenschwund sei Folge menschlicher Sünde (Rodungen u.ä.). Die prophezeite Klimakatastrophe erinnert an die Sintflut von Sodom und Gomorrha.

Die romantische Naturverklärung hat tausend Gesichter, die sich widersprechen. Sie ist der Argumentationskern einer permissiven Pädagogik und Antipädagogik.[262] Die Sexualität wird zur Naturmacht erklärt, idolisiert und ihr Recht gegen die Lustfeindlichkeit bürgerlicher Monogamie eingefordert (sexuelle Revolution).[263] Das Lustprinzip wird gegen das Leistungsprinzip ausgespielt[264], Kind steht über Erwachsenem, der Ureinwohner über dem Einwanderer (auch bei Tieren und Pflanzen[265]), Trieb über Ratio, Natur über Zivilisation. Der Irrationalismus treibt üppige Blüten. Auch dieser Naturromantik liegen Modelle einer unveränderlichen Ordnung zugrunde, die längst auch von theologischer Seite genährt werden.[266] Auf die Idee der „Bewahrung der Schöpfung" werden wir im Abschnitt über den neuen Anti-Säkularismus zurückkommen.

Irrationalismus oder Der unverwüstliche Rudolf Steiner

Einer der bis heute einflussreichsten Ideologen des Ökologismus und der Bio-Bewegung ist Rudolf Steiner. Sein Name ist bekannt, sein Werk erfolgreich, aber wenige haben seine Schriften gelesen. Er war ein Vielschreiber, Versammlungsredner, Sektengründer und als solcher Unternehmer in eigener Sache. Sein Ideengut klaubte er aus allen möglichen Quellen zu einer synkretistischen esoterischen Lehre zusammen. Auch Steiners Wurzeln sind in der Romantik zu suchen. Hölderlin (geb. 1770) teilte mit seinen Studienfreunden Hegel und Schelling die Überzeugung, dass es notwendig sei, eine

---

262 Die Erhöhung der Kinderzeichnung wie auch der primitiven Kunst durch die Maler der Moderne steht im Zeichen dieser Naturvergötzung.

263 D. H. Lawrence' *Lady Chatterleys Liebhaber* von 1928 sei stellvertretend für eine ganze Literaturgattung genannt.

264 Ein von Nietzsche in seiner Arbeit über die den Ursprung der griechischen Tragödie geprägtes Begriffspaar, das dionysische und das apollinische Element, liegen dem Freudschen *Ich* und *Es* zugrunde.

265 Die Bezeichnung *Neophyt* wurde von Albert Thellung 1918 definiert.

266 Die Enzyklika Papst Franziskus „Laudato Si" verstärkt diese Tendenz. Vgl. Novo Argumente: http://www.novo-argumente.com/magazin.php/novo_notizen/artikel/0001916.

neue Volksreligion aus dem Geiste der Poesie zu stiften.[267] Die Hymnen an die Nacht des Novalis (geb. 1772) waren mystisch-religiöse Dichtungen. Bemerkenswert an diesen Beispielen ist die Kirchenferne der Autoren. Religion ist Mystik und Teil der Individualität. Der Geist ist etwas Objektives, das im eigenen Denken und Fühlen sich manifestiert und sich im Gesang ausrückt. Die Idee entspringt der Intuition, nicht der Ratio. In der bekannten Sentenz Hölderlins „Was bleibet aber, stiften die Dichter"[268] drückt sich unverhohlen das elitäre Selbstverständnis des literarischen Genies aus. Die Figur des Hyperion liefert das *Paradigma* des Religionsstifters, der Liebe und Leben entsagt, um schließlich fern der Welt einsam in der Natur zu sich zu finden.

Es blieb aber nicht bei dem, was die Tübinger Stiftler stifteten. Als Nietzsche seinen „Zarathustra" veröffentlichte (1883–1885), war es unter Literaten geradezu in Mode gekommen, esoterische Privatreligionen zu ersinnen, deren Priester, Prophet und Gott der Dichter in Personalunion verkörperte. Damen der Gesellschaft schmachteten zu Füßen ihrer Idole. Steiner war ein Verehrer Nietzsches, er pilgerte an das Bett des Umnachteten und wurde von dessen Schwester, Elisabeth Förster-Nietzsche, vorgelassen. Doch er war nur einer von vielen Exponenten dieser Mode. Gewiss war er neben Hubbard (Scientology) der erfolgreichste unter ihnen. Was ihn von anderen unterscheidet, ist sein Geschick, sich die Unterstützung reicher Familien zu sichern und ein unternehmerisches Imperium zu schaffen, das die Zeit überstand und noch immer wächst. Ich möchte einen exemplarischen Einblick in das irrationalistische Denken dieses Stammvaters des Ökologismus am Beispiel seiner Ansichten zur Landwirtschaft geben.

Wir haben bereits seine pädagogischen Einsichten gestreift. Das Genie schöpfte 1924 die „Prinzipien der Landwirtschaft" aus der Intuition.[269] Wir lauschen den Worten des Meisters:

> „Eine *gesunde* Landwirtschaft müsste dasjenige, was sie selber braucht, *in sich selber* eben auch hervorbringen können. Wir werden sehen, warum dies ein *Natürliches* ist. Solange man die Dinge nicht

---

267 Martin Vöhler,Bernd Seidensticker (Hrsg.): *Mythenkorrekturen: zu einer paradoxalen Form der Mythenrezeption*, Berlin, 2005, S. 203.
268 Schlusssentenz der späten Hymne *Andenken*.
269 http://anthroposophie.byu.edu/vortraege/327.pdf.

ihrer *Wesenheit* und ihrer Wirklichkeit nach ansieht, sondern nur äußerlich stofflich, solange kann in ganz berechtigter Weise die Frage entstehen: Ist es nun nicht einerlei, ob man den Kuhmist von der Nachbarschaft, oder ob man ihn aus der eigenen Landwirtschaft entnimmt? Wie gesagt, die Dinge können nicht in dieser Weise streng durchgeführt werden, aber man muss doch einen Begriff haben von dem notwendigen *Geschlossensein* einer Landwirtschaft, wenn man eigentlich die Dinge sachgemäß ordnen will." (S. 39 f, Hervorhebungen von mir.)

Steiner spricht von *Erdgebieten, einem bestimmten Tierischen, Eigentümliches, Chaosgewordenes* (S.57) – wir zitieren aus einem Vortrag über Landwirtschaft.

„Wenn man die rechte Anzahl Pferde, Kühe, Schweine hat, so ist auch das Mischungsverhältnis im Mist das Richtige. Das hängt zusammen damit, dass die Tiere das richtige Maß dessen, was ihnen da kommt vom Pflanzenwachstum, verzehren, fressen, weil die Tiere das richtige Maß dessen, was die Erde hergeben kann an Pflanzen, fressen. Aus dem Grunde entwickeln sie auch im Verlaufe ihres organischen Prozesses soviel Mist, als notwendig ist, um wieder der Erde zurückgegeben zu werden." (S. 58)

Die Grundidee seiner Agrarlehre ist die Idee des geschlossenen Stoffkreislaufs. Innerhalb eines Betriebs sollen die Stoffe in ein bestimmtes Mischungsverhältnis gebracht und stabilisiert werden. Die Ideologie basiert nicht auf empirisch überprüfbaren Tatbeständen, etwa chemischen Analysen vom Boden, der Stoffbilanzen der Pflanzen usw. *Stoff* versteht Steiner nicht chemisch, sondern als geistige Gestalt von Dingen, die sich der inneren Anschauung offenbaren. Es sind esoterische Lehren, die auf subjektiven Empfindungen und nicht überprüfbaren Behauptungen beruhen, auf Einsichten, die nur dem Guru zugänglich sind. Es sind geoffenbarte Intuitionen. In Kuhhörnern sieht Steiner Antennen für nach innen gerichtete Kraftströme.[270] (Röntgen und Curie waren Zeitgenossen.) Das sei gut, weil sonst

---

270 Auch Kraft und Ströme, Energie und Strahlung sind in Steiners Terminologie nur scheinbar physikalische Begriffe. Ihre Realität lässt sich nicht sensorisch wahrnehmen. Sie werden als Erscheinung einer anderen, „feinstofflichen" Welt ausgegeben. Es sind die neuen Kleider des nackten Kaisers aus dem Märchen Andersens. Man muss Steiners

ja ein organisch-klumpiges Lebewesen herauskäme. (S. 96) Das magische Kuhhorn ist auch probates Mittel für die Verzauberung des Bodens.

„Nehmen wir Dünger, wie wir ihn bekommen können, stopfen wir damit ein Kuhhorn aus und geben wir in einer gewissen Tiefe – ich will sagen etwa dreiviertel bis eineinhalb Meter tief, wenn wir einen unten nicht zu tonigen oder zu sandigen Boden haben – das Kuhhorn in die Erde. Wir können ja einen guten Boden dazu, der nicht sandig ist, auswählen. Sehen Sie, dadurch, dass wir nun das Kuhhorn mit seinem Mistinhalt eingegraben haben, dadurch konservieren wir im Kuhhorn drinnen die Kräfte, die das Kuhhorn gewohnt war, in der Kuh selber auszuüben, nämlich rückzustrahlen dasjenige, was Belebendes und Astralisches ist." (S. 99)

Die heutige Terminologie der Ökologisten sind vom Schwulst des frühen 20. Jahrhunderts gereinigt worden. Sie gerieren sich wissenschaftlich und modern. Es ist aber nur alter Wein in neuen Schläuchen. Legen wir den romantischen Kern einiger Hauptideen frei.

Irrtümer der Nullwachstumsideologie

Der Begriff *Wachstum* suggeriert eine Ausweitung der stofflichen Seite der Wirtschaft und die Vorstellung eines *Verbrauchs* von Rohstoffen führt zum Bild der Plünderung des Planeten. Im Kapitalismus wächst die Kapitalquote, aber nicht die Wirtschaft. Der Mensch verwendet Steine zum Bauen, doch er macht sie sich nur zunütze, er vernichtet sie nicht. Jeder Schüler weiß, dass auf der Erde kein Stoff verloren geht. Nichts wird geplündert. Die Stoffe werden genutzt und wieder entsorgt. Sie sind wieder verwendbar. Über

---

Leistung bewundern, so viele Akademiker zu seinem Geisterglauben bekehrt zu haben. Er muss ein Genie der Mission in eigener Sache gewesen sein. Zur Steinerschen Kirche gehört ein wachsendes Wirtschaftsimperium mit Firmen wie Wella und Dr. Hauschka. Zahlreiche Unternehmer stehen ihr nahe und sind aus den Waldorf-Schulen hervorgegangen: die Familien Voith, Siemens, Porsche, die Inhaber der dm-Drogeriekette und der Software AG, die Betreiber der Privaten Hochschule Witten-Herdecke. http://www.faz.net/aktuell/wirtschaft/unternehmen/der-waldorf-konzern-tinkturen-und-jede-menge-gemuese-1943245.html. Vor hundert Jahren, als die Modephilosophie Kommunismus hieß, liebäugelten Großunternehmer wie Rathenau und Bosch mit sozialistischen Ideen.

ihr Recycling entscheiden allein wirtschaftliche Gesichtspunkte. So lange es billiger ist, sie aus natürlichen Lagern zu entnehmen, wird dies bevorzugt. So bald ihre Verknappung zunimmt und damit ihr Preis sich verteuert, werden sie entweder recycled oder durch andere Stoffe ersetzt.[271]

Bei ihren Warnungen vor dem Erschöpfen der Naturschätze machen die Ökologisten eine Menge Lärm. Nehmen wir als Beispiel die Behauptung, dass das Erdöl zu Ende gehe. Man nennt „Peak Oil" den Punkt der höchsten Ölförderung und den Wendepunkt zur sinkenden Ölforderung aufgrund sich erschöpfender Ölfelder. Der Zeithorizont der voraussichtlichen Erschöpfung betrug in den Anfangsjahren Ende des 19. Jahrhunderts ganze 5 Jahre. Im Buch „Grenzen des Wachstums" wurde die Erschöpfung für das Jahr 2000 vorausgesagt. Heute liegt er trotz der Vertausendfachung des Verbrauchs so weit in der Zukunft wie noch nie zuvor.[272] Prognosen: Ende des 19. Jahrhunderts erwartete man nach einer Hochrechnung, dass New York unter einem Berg von Pferdemist begraben sein würde. Technisch kann der Mensch fast beliebig Stoffe herstellen. Sollten die natürlichen Lager zu Ende gehen, werden wir Kohlenwasserstoffe synthetisch erzeugen, wenn wir sie brauchen. Es ist nur eine Frage der Rentabilität, also eine ökonomische.

---

271   „Viele Menschen sind alarmiert durch die rücksichtslose Nutzung der Erzlager und Erdölfelder, die nicht ersetzt werden können. Unsere Zeitgenossen, sagen sie, verschwenden einen sich erschöpfenden Vorrat ohne Rücksicht auf kommende Generationen. Wir verbrauchen unser Erstgeburtsrecht und das der Zukunft. Nun ergeben diese Beschwerden wenig Sinn. Wir wissen nicht, ob spätere Zeiten noch von denselben Rohmaterialien wie wir heute abhängen werden. Es stimmt, dass die Erschöpfung der Ölfelder und sogar der Kohleflöze sich beschleunigt. Es ist aber sehr wahrscheinlich, dass in hundert oder fünfhundert Jahren die Leute andere Methoden zur Erzeugung von Wärme und Kraft haben. Niemand weiß, ob wir bei einem weniger verschwenderischen Umgang mit diesen Vorräten, uns selbst beschränken würden ohne den Menschen des einundzwanzigsten oder vierundzwanzigsten Jahrhunderts irgendeinen Vorteil zu verschaffen. Es ist sinnlos, für die Bedürfnisse von Zeiten vorzusorgen, deren technische Fähigkeiten wir noch nicht einmal erträumen können." Mises: *Human Action*, a.a.O., S. 383.

272   http://www.science-skeptical.de/blog/neue-energiestudie-der-tod-der-peak-oil-hypothese/006832/ .

Regionalismus und geschlossene Kreisläufe

Nicht alle Biobauern betreiben wie die anthroposophische Richtung der Demeterhöfe mit der Landwirtschaft zugleich Okkultismus. Die Kernidee aller aber ist der geschlossene Stoffkreislauf einer als nachhaltig bezeichneten nicht-expansiven und nicht-intensiven Wirtschaft. Ob diese Geschlossenheit innerhalb eines Betriebes angestrebt wird oder in größeren Gebieten, ist im Prinzip dasselbe. Kernpunkt ist die Idee einer gewollten und künstlich herbeigeführten möglichst engen regionalen Geschlossenheit. Es ist eine inkonsistente Idee. Noch nicht einmal ein völlig isolierter Hof in Subsistenzwirtschaft, z.B. ein abgelegener Berghof, genügt dem Prinzip der stofflichen Geschlossenheit. Wer siedelt, muss roden, entwässern, befestigen – also verändern. Wirtschaften ist immer mit Eingriffen in die Umwelt verbunden. Jeder Eingriff verändert die Welt. So lange wir leben, streben wir zu höherer Zufriedenheit. Die Unzufriedenheit stellt sich von allein ein.

Nimmt man die gesamte Erde, so ist der Stoffkreislauf nahezu geschlossen. Die Biosphäre wird jedoch energetisch durch die Zuführung von Sonnenwärme und -licht bewegt. Die Teilbereiche sind aber keine geschlossenen Systeme, sondern miteinander verkettet und alles ist mit allem verbunden. Auch die einzelnen Landwirtschaftsbetriebe stofflich können nicht autark sein. Es wurde der Versuch unternommen, in einem Glashaus ein gleichförmig kreisendes System von Pflanzen und Tieren einzurichten. Das kann möglicherweise zeitweilig funktionieren, aber nur, wenn der Mensch es kontrolliert. Es darf keine Krankheit auftreten. Es dürfen keine Wetteränderungen auftreten. Wenn wir den Menschen berücksichtigen, wird die Widersprüchlichkeit noch deutlicher. Angenommen, die Produzenten würden konsequenterweise auch ihre eigenen Ausscheidungen recyclen. Dann müssten sie auch ihre Leichen recyclen. Niemals dürfte jemand ausscheiden, ohne dass ein anderer ihn ersetzt. Es dürfte kein Bevölkerungswachstum stattfinden. Sobald aber Fluktuation gestattet wird, stimmen die Bilanzen nicht mehr und der eine Betrieb tritt mit einem anderen in Verbindung. Das System bricht auf und öffnet sich.

Die Ökolandwirtschaft muss für Verbraucher produzieren, dem Boden also Stoffe (Früchte) entnehmen. Sie muss darum die Böden entweder auszehren oder wieder Stoffe zuführen, die nicht aus demselben Feld stammen. Eigenen Dung zuführen, ist ihr erlaubt, Kunstdünger nicht. Warum?

Wegen der geistigen Wesenheit des Dungs und des Kunstdüngers, sagt Steiner. Chemie ist schlecht. Warum? Weil der Meister es uns geoffenbart hat. Wenn Menschen in natürliche Prozesse Stoffe einbringen, ist es möglich, Erträge zu steigern. Legt man die populären Umweltkriterien an den ökologischen Landbau an, sieht die Bilanz im Vergleich zum konventionellen überwiegend ungünstig aus. Die Hektarerträge sind meist geringer, der Flächenverbrauch ist deutlich höher, die Produkte teurer. Die wachsende Weltbevölkerung würde einer Hungerkatastrophe ausgeliefert, würde nur nach ökologistischen Dogmen Landwirtschaft betrieben.[273]

Das Konzept geschlossener Stoffkreisläufe ist ein Trugschluss. Die klimatischen Bedingungen waren noch nie stabil. Die folgende Grafik zeigt die Sommertemperaturen und ihre Mittelwerte. Eine Schwankungsbreite von 2° C ist landwirtschaftlich erheblich. Im Mittelalter lag die Baumgrenze in den Alpen über 2000 Meter. Hannibals Elefanten stapften durch Wälder. Es gab kaum Gletscher. Die Wirtschaft blühte in den kleinen Warmzeiten.[274]

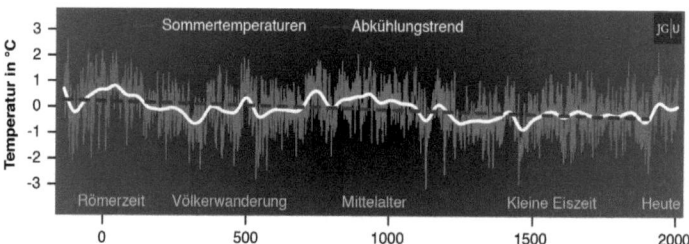

Es handelt sich um eine Klimarekonstruktion der letzten 2000 Jahre für Nordeuropa anhand von Baumjahrringen eines Forscherteams der Universität Mainz aus dem Jahre 2012.[275]

Der Boden der Erde ist kein geschlossenes System. Die Regenwälder des Amazonas werden durch Sahara-Staub gedüngt. Die Rheinebene wurde mit Erosionsschutt der Alpen aufgefüllt. In meiner badischen Heimat finden

---

273 Der Ökolandbau wird aus Steuermitteln gefördert. Insgesamt stehen für die Agrarförderung in Deutschland von 2014 bis 2020 jährlich rund 6,3 Milliarden Euro an EU-Mitteln zur Verfügung. Weitere Töpfe sind beim Bund und den Ländern zu leeren.

274 Wolfgang Behringer: *Kulturgeschichte des Klimas*, München, 2011, S. 106 ff.

275 http://www.uni-mainz.de/presse/52594.php. Die heutige Zwischenwarmzeit ist nicht ausgeprägter als die in Hochmittelalter und zur Römerzeit.

sich afrikanische Pflanzen, die vom Südwind ausgesät wurden. Die Lößhügel des Kraichgaus sind durch nacheiszeitliche Anwehungen von Staub aus Eiszeit aufgebaut. Die Natur gestaltet den Boden fortwährend um. So auch der Mensch. Das urbare Land wurde einst vom Menschen brandgerodet. Das Trockenlegen der Sümpfe, Terrassierungen, selbst die Entsteinung von Flächen sind keine zyklische Methoden. Der Eintrag tierischen Dungs ist kein naturgegebenes System, sondern vom Menschen gewollt. Das gibt es auch bei Tieren. Nilpferde scheiden mit ihrem Kot Samen der von ihnen bevorzugten Gräser an ihren Futterplätzen aus und legen damit unabsichtlich Weiden an. Tierische Düngung ist nicht weniger als Kunstdüngung ein gewollter stofflicher Eintrag, wobei die Technik der Kunstdüngung präziser und umweltschonender ausgeführt werden kann als das Verspritzen von Gülle und Mist. Das Konzept der geschlossenen Kreisläufe ist unökonomisch, illusionär und nichts mehr als ein willkürliches Dogma.

Die Idee, regionale Produkte bevorzugt zu verbrauchen, ist ökonomisch ein grober Unfug. Die Entwicklung des Weltmarktes nach 1950 brachte allen teilnehmenden Ländern einen gewaltigen Wohlstandsschub. Handel fördert die Spezialisierung und damit die Verbilligung. Er erlaubt auch den wirtschaftlich rückständigen Gebieten zu prosperieren. Die Einführung des Gütertransports in Containern ermöglichte es, im großen Stil Industrieprodukte aus China nach Europa zu transportieren und auf dem Rückweg Maschinen aus Deutschland. Welthandel ist die Entwicklungshilfe schlechthin. Er schließt selbst abgelegene landwirtschaftliche Produzenten an die großen Absatzmärkte an. Und der sogenannte CO_2-Fußabdruck eines Apfels aus der Südhemisphäre schlägt den des heimischen aus dem Kühllager in den Frühjahr- und Sommermonaten.

Die Nachhaltigkeitsideologie: Die Evolution ist nicht zyklisch

Zyklische Vorgänge kommen in der Natur oft vor. Der Jahreskreislauf des Sonnensystems, die Produktionsperioden, die Generationenfolgen bilden Muster für zyklische (besser periodische) Vorgänge. Der Versuch, die Zyklizität als generelles Ordnungsprinzip für alles zu postulieren, ist ein schwerer Denkfehler. Der Frühling in diesem Jahr ist anders als der im letzten; kein Geschäftsjahr gleicht sich; Kinder unterscheiden sich von ihren Eltern.

Die ewige Wiederkehr des Gleichen (bei Nietzsche)[276], die Kreisläufe auf ewig gleicher Stufenleiter sind in der Natur nirgends beobachtbar. Es ist ein Gedankenkonstrukt, eine künstliche Idee, eine willkürlich Norm.[277] Seine Einrichtung und Erhaltung erfordert daher die Kontrolle durch den Menschen. Die Kunstgebilde setzen einen Schöpfer und Herrscher voraus. Der natürliche Zyklus erhält sich nicht von selbst. In der Natur auftretende zyklische Abläufe sind energetisch nicht autark.[278] Die Natur ist noch nie spontan nachhaltig gewesen, sondern evolutiv. Die ökologischen Ordnungen evolvieren fortwährend. Das heißt, dass die sog. Gleichgewichtszustände, das sind Beschreibungsmodelle von Zuständen, nur Durchgangsstadien sind, die relativ stabil sind. Sie werden durch äußere Einflüsse und Asymmetrien im Inneren gestört und tendieren zu anderen Zuständen. Die Gleichgewichtszustände sind temporär und wiederholen sich nicht. Es gibt

---

276 Nietzsche spielte besonders in seinen letzten Werken mit buddhistischen Ideen.

277 Sie entspricht dem Gedankenbild der ewig gleichförmig kreisenden Wirtschaft in der Nationalökonomie. Hierzu bemerkt Ludwig von Mises: „Die gleichmäßig kreisende Wirtschaft ist ein fiktives System, in dem die Marktpreise von allen Gütern und Diensten mit den endlichen Preisen zusammenfallen. In ihr finden keine Preisänderungen statt; es gibt eine vollkommene Preisstabilität. Die gleichen Markthandlungen werden immerzu wiederholt. Die Güter höherer Ordnung laufen in den gleichen Mengen durch die gleichen Stufen der Herstellung, bis endlich die erzeugten Konsumgüter in die Hände der Konsumenten gelangen und verbraucht werden. Die Marktdata ändern sich nicht. Das Heute unterscheidet sich nicht vom Gestern und das Morgen wird nicht anders sein als das Heute. Das System ist in einem fortwährenden Fluss, aber es tritt immer auf der gleichen Stelle. Es dreht sich gleichmäßig um ein festes Zentrum, es rotiert gleichmäßig. Der endliche Ruhezustand wird immer wieder gestört, aber er ist augenblicklich wieder auf dem vorherigen Niveau hergerichtet. Alle Faktoren, einschließlich derjenigen, die die wiederkehrende Störung des vollkommenen Ruhezustands erzeugen, sind konstant. Daher bleiben die Preise – gewöhnlich statische oder Gleichgewichtspreise genannt – auch konstant.
Das Wesen dieser gedanklichen Konstruktion liegt in der Ausschaltung des *Zeitmoments* und der fortwährenden Veränderung der Marktphänomene. Veränderung darf es im Gedankenbild der gleichmäßigen Wirtschaft in Bezug auf Nachfrage und Angebot nicht geben." *Human Action*, Kap. XIV.5.

278 Als Beispiel kann der Bethe-Weizsäcker-Zyklus dienen, der als Kernfusion der Sonne bekannt ist. Er nimmt Energie in Form von Wasserstoff auf und gibt Energie in Form von Strahlung ab. Daher altert die Sonne und wird eines Tages zu einer anderen Ordnung (roter Riese, weißer Zwerg) evolvieren.

niemals ein völlig stabiles Gleichgewicht, nur einen Fluchtpunkt der Stabilität, zu dem die Bewegungen tendieren, den sie aber niemals erreichen.[279]

Wer sich mit der Geschichte der Lebewesen befasst, unterscheidet Erdzeitalter. Die Evolution ist ein chaotischer Prozess, der keinem erkennbaren Muster folgt und auf kein erkennbares Ziel hinausläuft. Ordnung *A* wandelt sich zu *B* und diese zu *C* und kehrt niemals zum Ausgangspunkt *A* zurück. Aus dem Trias entsteht das Jura und aus Jura entsteht Kreide. Marktgeschehen und ökologisches Geschehen gleichen sich. Aus der Antike wurde Mittelalter und daraus Merkantilismus und daraus Kapitalismus und daraus Interventionismus. Gesellschaft und Biosphäre sind nichtlinearen Systeme. Geschichte und Evolution sind kontingent, d.h. chaotisch und nicht vorhersagbar. „Selbst wenn die Gleichgewichtshypothese cum grano salis stimmen würde, taugte sie nicht zur Grundlage einer Strategie gegen die Umweltkrise. Es gibt kein ‚Zurück zur Ökologie'."[280] Es gibt keine Ruhe auf Erden, und die Dynamik ist keine Erfindung des Menschen und auch nicht des Kapitalismus. Es ist das Merkmal allen Seins. Der gesellschaftsideologische Ökologismus hat die wissenschaftliche Ökologie nicht begriffen.

Zyklizität und Regionalität hängen logisch miteinander zusammen. Kreisläufe sollen an einem bestimmten Ort und innerhalb eines bestimmten Zeitraumes vor sich gehen. Sie sind aber nicht widerspruchsfrei zu definieren, weil es weder räumlich noch zeitlich möglich ist, die Grenzen absolut festzulegen. Nehmen wir beispielsweise die Zeitachse und das periodische Auf und Ab der Temperaturkurve. Welches Zeitfenster wählen wir, ein enges oder ein weites? Die heutige kleine Warmzeit ist warm im Vergleich mit der kleinen Eiszeit, die von 1300 bis 1800 in Europa andauerte. Doch im größeren Rahmen der letzten 100.000 Jahre bilden beide Perioden eine Zwischenwarmzeit (Holozän) innerhalb einer Eiszeit (Quartär). Zeitfenster sind Konstrukte. Ebenso ist es nicht möglich, territoriale Grenzen für Stoffkreisläufe zu definieren. Jede zeitliche und räumliche Definition unterliegt einer willkürlichen Entscheidung.

---

279   „Das ‚Ökologische Gleichgewicht' im Sinne eines harmonischen Zustandes ist eine mittlerweile als irrig erwiesene Zielvorstellung. Selbst die Monosysteme der einzelnen Arten sind nicht ausbalanciert und wohlgeordnet, vielmehr Ergebnis eines oft harten Kompromisses und scharfer Selektion." Kinzelbach, ebd. S. 82.

280   Kinzelbach, S. 83.

Das Vorsorgeprinzip

Intelligenten Menschen ist es in gewissen Grenzen möglich, Gefahren vorauszusehen. Das Vorsorgeprinzip ist Leitlinie der Umweltpolitik auf der deutschen, der EU- und der internationalen Ebene. Daran ist nichts falsch. Der Ökologismus aber benutzt das Prinzip als trojanisches Pferd seiner Destruktionspolitik. Schauen wir genau hin. Die Erklärung der *UN-Konferenz für Umwelt und Entwicklung* (UNCED) 1992 in Rio konkretisiert das Vorsorgeprinzip in Kapitel 35 Absatz 3 der Agenda 21: „Angesichts der Gefahr irreversibler Umweltschäden soll ein Mangel an vollständiger wissenschaftlicher Gewissheit nicht als Entschuldigung dafür dienen, Maßnahmen hinauszuzögern, die in sich selbst gerechtfertigt sind. Bei Maßnahmen, die sich auf komplexe Systeme beziehen, die noch nicht voll verstanden worden sind und bei denen die Folgewirkungen von Störungen noch nicht vorausgesagt werden können, könnte der Vorsorgeansatz als Ausgangsbasis dienen." Bei ungesicherter Erkenntnislage werden Restriktionen empfohlen. Mit dieser Definition lässt sich jeder technische Fortschritt verhindern und jede interventionistische Politik rechtfertigen, die mit Sicherheitsinteressen begründet wird. Nehmen wir zum Beispiel die Strahlung von Kernkraftwerken. Da grundsätzlich jeder einzelne Gammastrahl Gene schädigen kann, ist das Vorsorgeprinzip erst dann erfüllt, wenn Null Strahlung garantiert werden kann. Die Strahlungsvorschriften der KKWs wurden auf Druck der Öko-Aktivisten schrittweise immer strenger, bis sie schließlich erheblich unter der natürlichen Strahlung lagen. Dies verteuerte den Atomstrom und sorgte für wirtschaftliche Argumente gegen die Technologie. Ähnliches geschieht heute bei der Entwicklung von gentechnisch veränderten Lebensmitteln. Die Ökologisten erheben so lange Einwände, wie die Produzenten nicht nachweisen können, dass keinerlei Gefahren bestehen. Aber das ist unmöglich, denn eine vollständige Induktion ist prinzipiell nicht durchführbar. Die Beschwörung von Sicherheitsproblemen ängstigt die Verbraucher und treibt die Wirtschaft und Politik vor sich her.

Die Beweislast liegt bei den Produzenten. Sie müssen im Extremfall den Nachweis vollständiger Gefahrlosigkeit erbringen. Logisch ist der Nachweis, dass etwas nicht ist, viel schwieriger als der Nachweis, dass etwas existiert. Die Überquerung des Atlantik 1492 wurde erst gewagt, als die Furcht vor Seeungeheuer überwunden werden konnte. Niemand konnte beweisen, dass es sie gab. Aber auch niemand konnte beweisen, dass es sie *nicht* gab, so lange nicht gesegelt wurde. Und diese Furcht hielt die Menschen 500 Jahre von dem Experiment ab.[281] Es ist unmöglich zu beweisen, dass Zuchtpflanzen keinerlei Gefahren bergen. Das gilt aber nicht weniger für die in herkömmlicher Züchtung entwickelten wie für die modernen.

Politisierung der Wissenschaft

Das Vorsorgeprinzip unterstützt die durch den Ökologismus vorangetriebene Politisierung der Wissenschaft. Bei der Energie- und Klimadebatte lässt sich nachweisen, dass die Wissensproduktion interessengeleitet manipuliert wird. Mit Hilfe von Steuergeldern werden Institute unterhalten[282], die die erwünschten Studien filtern und popularisieren; mit Hilfe von Forschungsgeldern wird sicher gestellt, dass die erwünschten Themen untersucht werden und die passenden Ergebnisse erzeugt.[283] Der IPCC wird zu 50 % von der US-Regierung finanziert.[284] Dissidenten unter den Wissenschaftlern werden heftig unter Druck gesetzt.[285] Es ist auffällig, dass die Reihen der Realisten unter den Klimaforschern (die sog. „Klimaleugner") vorwiegend aus emeritierten Professoren besteht. Bis zu ihrer Pensionierung wagen sie anscheinend nicht, ihre kritische Meinung öffentlich zu bekennen.[286]

Die politische Vereinnahmung der Wissenschaft ist ein Angriff auf die DNA der freien Gesellschaft. Die Freiheit der Wissenschaft und ihre Unab-

---

281 Um das Jahr 1000 wurde Amerika von Wikingern aus Grönland entdeckt.
282 http://www.klimaskeptiker.info/index.php?seite=glossar2.php?stichwort=PIK.
283 Als Beispiel mag der Lehrstuhl Prof. Timo Goeschls am Alfred-Weber-Institut der Universität Heidelberg dienen. Außer ihm forschen noch zwei weitere Lehrstuhlinhaber über ökologische Themen. Eine vom BMBF finanzierte Studie lautet: „Informierte Bürger als Instrument der Umweltregulierung. Eine ökonomische Analyse der Aarhus-Konvention".
http://www.uni-heidelberg.de/fakultaeten/wiso/awi/professuren/umwelt/fzu.html.
284 http://www.eike-klima-energie.eu/climategate-anzeige/die-finanzierung-des-ipcc-sofort-stoppen/.
285 http://die-kalte-sonne.de/wenn-klimaaktivisten-die-fachargumente-ausgehen-uber-statistiken-und-klimaforschung-muss-naturlich-diskutiert-werden-aber-das-tue-ich-ohne-sie/.
286 http://www.spiegel.de/wissenschaft/natur/klimawandel-meteorologe-lennart-bengtsson-wird-klimaskeptiker-a-967602.html.

hängigkeit vom Staat und von Glaubensorganisationen gehört wie die Meinungs-, Glaubens- und Pressefreiheit zum Kernbestand des Rationalismus und der Aufklärung. Die ethische Verantwortung eines Wissenschaftlers muss sich darin bewähren, dass er sich ausschließlich der Wahrheit verpflichtet.

Der neue Anti-Säkularismus

Wir haben uns lange im neokonservativen kirchenfernen Milieu bewegt. Der klerikale Konservatismus sucht Anschluss an die Zeitgeistströmungen zu halten. Anti-Säkularismus bedeutet eine moralische Abwertung säkularer, d.h. weltlicher Werte, insbesondere der materiellen Güter, des Geld oder der Statussymbole, der sinnlichen Genüsse und der Lebensfreude, des Spiels und Sports, die als oberflächlich, weltlich, schal und flüchtig verachtet werden. Das Diesseitige wird als epikureisch[287] und materialistisch abgelehnt. Dem werden die geistigen und jenseits orientierten religiösen Werte gegenüber gestellt. Sie werden als idealistische und höhere Werte ausgegeben.

Wir haben schon von *ethischem Konsum* gesprochen. Wo das Realeinkommen weit über die Deckung des Grundbedarfs hinausreicht, öffnen sich Spielräume für ästhetische und moralische Lebensstile. Die Entwürfe können im Rahmen des ökologistischen Pessimismus zu einer Kritik an hedonistischen Lebensstilen überhaupt gesteigert werden. Es ist erneut die Rede von Konsumterror, Konsumwahn. Bescheidenheit und Verzicht sollen Einzug halten. Der reiche Öko-Bürger kleidet sich schlicht, doch in gutem Tuch. Materielle Güter werden gegen emotionale ausgespielt. Man fährt Taxi oder greift auf Carsharing zurück, nicht aus wirtschaftlichen Gründen – man könnte es sich auch anderes leisten – sondern als Ausdruck des moralischen Bewusstseins.

Der Anti-Säkularismus ist eine uralte Idee.[288] Er ist eine kirchennahe Variante des Antikapitalismus und kann darum auf eine lange Tradition zurückblicken. Die puritanischen, pietistischen und quietistischen Strömun-

---

287 Epikuräer, also die Anhänger der Philosophie Epikurs, wurden von der christlichen Kirche verfolgt.
288 Vgl. Mises: *Theorie und Geschichte*, München, 2014, S. 333 ff.

gen blühten in den vergangenen Jahrhunderten in ganz Europa an unterschiedlichen Orten immer wieder auf. Sie verfolgten einen asketischen und lustfeindlichen Heilsweg. Bis heute besitzt das Gleichnis vom reichen Kaufmann und dem Kamel[289] ungebrochene Strahlkraft. Entweder reich und verdorben oder arm und fromm. Den Armen und Gerechten winkt das ewige Leben nach dem Tod. Das Diesseits bedeutet eine Prüfungszeit. Der Katholizismus, der in der Vergangenheit gerne den Anschluss an den sozialistischen (egalistischen) Trend suchte, fand im ersten Franziskaner auf dem Stuhl Petri einen Führer, der sich gleichermaßen an die sozialistischen wie an die ökologistischen Strömungen wendet.

Im Mai 2015 veröffentliche Papst Franziskus die Enzyklika „Laudato Si", in der er zur Einschränkung des Konsums und zur Akzeptanz einer wirtschaftlichen Rezession aufruft. Die Enzyklika liest sich an manchen Stellen wie ein Pamphlet der Nullwachstumsapostel aus der Bücherkiste der frühen Ökologisten:

„Wenn in einigen Fällen die nachhaltige Entwicklung neue Formen des Wachstums mit sich bringen wird, muss man immerhin in anderen Fällen angesichts des unersättlichen und unverantwortlichen Wachstums, das jahrzehntelang stattgefunden hat, auch daran denken, die Gangart ein wenig zu verlangsamen, indem man einige vernünftige Grenzen setzt und sogar umkehrt, bevor es zu spät ist. Wir wissen, dass das Verhalten derer, die mehr und mehr konsumieren und zerstören, während andere noch nicht entsprechend ihrer Menschenwürde leben können, unvertretbar ist. Darum ist die Stunde gekommen, in einigen Teilen der Welt eine gewisse Rezession zu akzeptieren und Hilfen zu geben, damit in anderen Teilen ein gesunder Aufschwung stattfinden kann. Benedikt XVI. hat gesagt, dass „die technologisch fortgeschrittenen Gesellschaften bereit sein [müssen], Verhaltensweisen zu fördern, die von einem Maßhalten geprägt sind, indem sie den eigenen Energiebedarf reduzieren und die

---

289   „Eher geht ein Kamel durch ein Nadelöhr, als dass ein Reicher in das Reich Gottes gelangt." Marcus 10,25.

Nutzungsbedingungen verbessern". Quelle: Deutsche Übersetzung der Deutschen Bischofskonferenz. Punkt 193.[290]
Die Wirkung dieser sauren Botschaft wird auf Menschen in unterschiedlichen Lebenslagen verschieden ausfallen. Wie versteht ein Nord-Koreaner den Aufruf zum Konsumverzicht und wie ein Schweizer? Die Rhetorik bedient sich der gängigen Vokabeln (Nachhaltigkeit) und Stereotypen (Gier, Unersättlichkeit) der moralisierenden Kapitalismuskritik.

Ach würde der Papst doch etwas mehr von Ökonomie verstehen! Franziskus predigt in der Pose des Hirten der Armen vom Lehrstuhl der Satten aus. Wer satt ist, hat gut von der Tugend der Armut und Bescheidenheit reden. Aber den Hungernden und Armen stehen ganz andere Ziele vor Augen. Ihnen nützt es nichts, wenn die Mittelschichten der hochentwickelten westlichen Länder zeitweilig fasten oder bei Wasser und Vollkornknäckebrot hochgesinnte Gespräche führen. Damit es dem Hungernden besser geht, muss die Wirtschaft der Welt in möglichst allen Ländern florieren, denn je entwickelter die Wirtschaft eines Landes ist, desto stärker verflicht sie sich mit anderen. Ein florierendes Weltwirtschaftssystem aber entsteht aus dem Streben der Menschen nach säkularen Zielen.

Der Austausch der Güter ist das entscheidende Moment des wirtschaftlichen Fortschritts. Gerade die Armen werden durch eine Rückentwicklung der hochentwickelten Länder am stärksten geschädigt, weil eine Rückentwicklung den internationalen Verkehr drosselt und eine Tendenz zur Abschottung stärkt. Die Vorstellung einer Umverteilung aus einem vollen in einen fast leeren Eimer, damit beide halb voll sind, ist abwegig.[291] Zu einem wirtschaftlichen Austausch kommt es nur, wenn ein wechselseitiger Vorteil

---

290 Online:
http://www.dbk.de/fileadmin/redaktion/diverse_downloads/presse_2015/2015-06-18-Enzyklika-Laudato-si-DE.pdf.

291 Das nivellierende Ausmaß einer Einkommens-Umverteilung können wir an einem Rechenbeispiel anhand der Bevölkerung und des Bruttoinlandsprodukts von Indien und den USA nachvollziehen. 2013 entfielen auf 1.200 Millionen Inder 1,8 Billionen USD, pro Kopf 1.500 USD. Auf 317 Millionen Amerikaner entfielen 16,8 Billionen USD, pro Kopf 53.000 USD. Bei einer Gleichverteilung über diese beiden Länder kommen pro Kopf 12.220 USD. Für die Inder wäre dies ein rechnerisch bedeutsamer Gewinn, aber den Amerikanern würden drei Viertel ihres Einkommens genommen. Der Weg zur Überwindung der Armut führt über den Kapitalismus und nicht über seine Zerstörung.

gegeben ist. In einer Rezession geht der Warenverkehr zurück und die armen Länder können weniger exportieren. Das Gewinnstreben ist unauflöslich der Anreiz des Handelns und Wirtschaftens.

Aus der Perspektive der Armen ist das Predigen von Verzicht für die Reichen billig. Wer von den Anhängern des Anti-Säkularismus ist bereit, in ein Kloster einzutreten? Und welcher Bettelmönch ist bereit, das Betteln bei arbeitenden Mitmenschen aufzugeben, um sich von den Wurzeln des Waldes zu ernähren? Es liegt auf der Hand, dass diese Mentalität sich mit dem Ruf nach Nullwachstum[292] verbindet. Gerade der herbeifantasierte Untergang der Erde lässt den Ruf nach Umkehr und Buße, das Hauptgeschäft der christlichen Mission, dringlich erscheinen. Doch, während im Christentum das ewige Leben als Lohn eines steinigen Heilsweges lockt, strebt der Ökologist von heute danach, dass es allen Lebewesen besser geht – außer den Menschen.

Kritik des Neo-Elitarismus

„Ihr Verlangen, die irdischen Angelegenheiten der Menschheit nach dem Inhalt eines Ideenkomplexes organisieren zu wollen, deren Gültigkeit nicht argumentativ bewiesen werden kann, charakterisiert sie als Theokraten. Sie geben vor, dass ihre Führer mit einem Wissen gesegnet sind, das dem Rest der Menschheit nicht zugänglich ist und das den Ideen derjenigen zuwiderläuft, denen die Gnade verweigert ist. Die charismatischen Führer wurden von einer mystischen höhe-

---

292 Die ökologistische Kritik am Kapitalismus als Rohstoff verzehrendem Moloch ist eine Neuformulierung des sozialistischen Vorwurfs des Menschen verschlingenden Molochs der Ausbeuter. Die moralisierende Kritik der Raffgier und Zerstörung von Leben arbeitet mit naiven Vorstellungen des immer Mehr und immer Weniger, mit dem Schema des Nullsummenspiels. Das Gewinnstreben des Unternehmers ist ein Wesensmerkmal seiner Funktion und Tätigkeit. Doch es mündet nicht zwangsläufig in der Vernichtung der natürlichen Grundlagen. Wäre dies so, wäre es selbstzerstörerisch und würde sich selbst aufheben. In einer lebendigen Wirtschaft ist das Erzielen von Gewinnen gerade damit verbunden, dass die Produkte rohstoff- und damit kapitalsparender erzeugt werden. Nehmen wir die Miniaturisierung der Elektronik als Beispiel. Ökonomie ist das Handeln mit knappen Ressourcen. Wer knappe Mittel sparsamer einsetzt, hat einen Vorsprung. Das Begriffspaar qualitatives versus quantitatives Wachstum versucht, diese komplizierteren Zusammenhänge in den Blick zu nehmen.

ren Macht mit dem Amt der Leitung der Angelegenheiten einer ir-
renden Menschheit betraut. Sie allein sind erleuchtet; alle anderen
Leute sind entweder blind oder taub oder Übeltäter."[293]

Nach der Blamage des heroischen Elitarismus des 19. Jahrhunderts bildet
der Neo-Elitarismus keine ausgeprägten ideologischen Strukturen in Form
von prononcierten Schulen aus. Er formiert sich in städtischen und akademischen Milieus, etwa in Berlin-Mitte und Prenzlauer Berg. Er artikuliert
sich nicht heroisch und will die Gesellschaft nicht zum Sieg oder Tod führen, sondern *nur* die Welt retten vor einem sicheren Untergang, der durch
den Kapitalismus herbeigeführt wird. Er arbeitet daran, seinen Einfluss
durch Unterwanderung der meinungsbildenden Einrichtungen und durch
Indoktrination systemisch auszubauen. Er durchdringt alle politischen Parteien, den Staatsapparat und vor allem die Bildungseinrichtungen und die
Medien. Seine Unterwanderungsstrategie geht vom Verbraucher aus. Wie
die romantischen Vorläufer ist er eine Lebensreformbewegung. Das ist einer der Gründe, warum er schwer zu fassen und abzugrenzen ist. Viele
Menschen nehmen seine Ideen und entwickeln seine Lebensgewohnheiten, verstehen das aber nicht als Glaubensbekenntnis oder politische De-
monstration. Öko zu sein, ist auch Distinktionsmerkmal der akademischen
Mittelschichten und großer Teile auch der Oberschicht.

Seine Wurzeln sind die alternden hochentwickelten Gesellschaften, die
USA, Deutschland, Frankreich, Italien u.a. und dort die akademischen Mittelschichten. Er zielt darauf, seine moralischen und utopischen Vorstellungen der Mehrheit aufzuzwingen. Insbesondere sollen die Länder der Erde
nach seinem Wesen umgestaltet werden.

Er ist in ökonomischer Hinsicht parasitär und verschwenderisch. Er be-
greift nicht, dass knappe Ressourcen teuer sind und zur sparsamen Verwendung zwingen. Knappheit ist ein ökonomisches Konzept. Stattdessen
glaubt er an eine stoffliche Knappheit. Er ist nicht mit dem ökonomischen
Denken vertraut, er misstraut ihm geradezu und lehnt es ab. In dieser Einstellung führt er fort, was die Sozialisten, die Keynesianer u.a. begonnen

---

293   Mises: *Human Action*, Kap. VIII.2 (Praxeologie und Religion).

und was die Mächtigen aller Zeiten immer glaubten: Die Ökonomie unter das Primat der Politik stellen zu können.

Solange er seine Ideologie populär machen kann, ist es ihm möglich, den wirtschaftlichen Fortschritt zu verlangsamen und Ressourcen zu verschwenden. Aber da dies nur so lange möglich ist, wie akkumuliertes Kapital vorhanden ist, das er vernichtet, kann er nur in guten Zeiten erfolgreich sein. Konsequent zu Ende gedacht, vernichtet er sich selbst. Die emporstrebenden jungen Gesellschaften werden sich seinen Vorschlägen nicht anschließen. Sie wollen Wirtschaftswachstum und sich aus der Rückständigkeit herausarbeiten.

D: DIE ALTERNDE GESELLSCHAFT UND DIE FREIHEITSBEWEGUNG

Verzicht zu predigen fällt dem leicht, der über Reserven verfügt. Der Verzicht auf 10 % seines Einkommens als Opfer für eine bessere Welt ist bei einem Niveau von 40.000 Euro eine völlig andere Sache als bei einem Niveau von 25.000 Euro (Durchschnittslohn im Gastgewerbe)[294] oder gar von 1.693 Dollar (Durchschnittseinkommen in Bangladesch, 2011). Das ökologistische Programm verlangt eine Reduktion der Energiegewinnung aus der Verbrennung von Kohlenwasserstoffen um 20 %. Dem deutschen Energieprogramm sollen sich alle Länder anschließen, die reichen wie die armen. Es ist ein ausgesprochen arroganter Standpunkt.

Wie zu Anfang gezeigt, haben Menschen mit einem gehobenen Lebensstandard Spielräume für Bedürfnisse, d. h. Handlungsziele, die im engeren Sinne nicht-ökonomisch sind. Die im öffentlichen Leben dominierenden Mittelschichten nehmen ihren eigenen Lebensstil zum Maßstab für andere. Das ist im Kontext einer Gesellschaft wie in Deutschland lästig. Doch bedeutet das Verbot der Glühbirne für niemanden bei uns eine Katastrophe. Die zur Diskussion stehende künstliche Verteuerung der Kohleverbrennung schädigt aber arme Menschen in armen Ländern schmerzlich. Die philanthropischen Kampagnen der Eine-Welt-Bewegung innerhalb und außerhalb der Kirchen sind objektiv gesehen in diesem Kontext ein Zynismus.

Die hochentwickelten Gesellschaften sind alternde Kulturen. Sie sehnen sich nach Ruhe und werden tendenziell konservativ. Doch die Menschheit befindet sich mitten im Aufbruch der kapitalistischen Dynamik.

---

294 http://de.statista.com/statistik/daten/studie/1789/umfrage/durchschnittseinkommen-in-deutschland-nach-branchen/.

Es ist immer erhellend, einen Blick in die Zeit zurück zu werfen, um zu sehen, wie sich die Verhältnisse verändern, langsam zwar, wenn wir die Ungeduld unseres Wünschens zum Maßstab machen, schnell im Kapitalismus jedoch, wenn wir sie vergleichen mit noch immer rückständigen Gesellschaften, die damals auf einem vergleichbaren Niveau der Entwicklung standen, wie London im Jahre 1700. Nehmen wir uns ein wenig Zeit, um im Rückblick unsere Maßstäbe zu schärfen. Bernard Mandeville schreibt:

„Es gibt, glaube ich, in London unter denen, die gelegentlich zu Fuß gehen müssen, wenige, die nicht wünschten, dass die Straßen viel reiner sein möchten, als sie gewöhnlich sind, wobei sie aber bloß ihre eigene Kleidung und Privatbequemlichkeit im Auge haben. Zögen sie jedoch in Betracht, dass, woran sie Anstoß nehmen, das Resultat des Gedeihens, des großen Verkehrs und Reichtums jener mächtigen Stadt ist, und wäre ihnen an deren Wohlstand etwas gelegen, so würden sie kaum jemals die Straßen weniger schmutzig zu sehen wünschen. Denn bedenken wir nur einmal die Materialien aller Art, mit denen eine so unendliche Zahl von dauernd in Betrieb gehaltenen Gewerben und Handwerken versehen werden muss; ferner die ungeheure Quantität von Ess- und Trinkwaren und von Heizstoffen, die täglich verbraucht werden, dazu die davon herrührenden Abfälle und Überbleibsel; die Menge von Pferden und anderem Vieh, die fortwährend die Straßen verunreinigen; die Karren, Kutschen und schweren Fahrzeuge, die unablässig das Pflaster abnutzen und zerstören, und schließlich noch den endlosen Schwarm von Menschen, die immerzu durch alle Teile der Stadt eilen und sich hinschieben! Man sieht leicht, dass unter diesen Umständen jeder Augenblick neuen Schmutz hervorbringen muss; und welche Kosten und Mühen man auch auf die tunlich schnellste Beseitigung des Unrats verwenden möge, in Anbetracht der weiten Entfernung der Hauptstraßen vom Flusse ist es doch nicht möglich, die Unsauberkeit Londons zu verringern, ohne gleichzeitig das Gedeihen der Stadt zu beeinträchtigen. Und nun möchte ich die Frage stellen, ob nicht jeder gute Bürger, des soeben Gesagten eingedenk, anerkennen muss, dass schmutzige Straßen ein von dem Gedeihen London unabtrennbares Übel sind, ohne doch im geringsten ein Hindernis für die Reinigung der Schuhe oder Fegung der Straßen zu sein, und damit ohne die Schuhputzer und Straßenkehrer irgendwie zu schädigen."[295]

Die Bewertung von Verhältnissen muss gemessen werden an den Möglichkeiten ihrer Lösung. Dhaka heute und London 1700 können im Hinblick auf die Stadtreinigung miteinander verglichen werden. Argentinien war vor hundertfünfzig Jahren ein blühendes Land, dessen Wirtschafts- und Lebensniveau mit dem des westeuropäischen Durchschnitts mithalten konnte. Die überzähligen Fräuleins der gehobenen Schichten wanderten dorthin aus, um sich – standesgemäß – zu verheiraten. Nach Jahren sozialistischer Experimente ist es ausgelaugt und zurückgeblieben.

Hochentwickelte Länder können eine segensreiche Rolle im Rahmen der weltweiten Arbeitsteilung spielen. Statt die Wirtschaftsentwicklung zu hemmen durch Maßnahmen wie das erhöhte bedingungslose Grundeinkommen, Mindestlöhne, Vermögensabgaben, Erbschaftssteuern, progressiven Einkommenssteuersätze, die alle protektionistische Funktionen erfüllen, oder gar der Vernichtung von ganzen ökonomisch effizienten Branchen, sollten die Grenzen für Waren und Menschen durchlässiger werden, damit sich die Marktkräfte im Hinblick auf eine Angleichung der Entwicklungsniveaus entfalten können. Statt sich in einem vergleichsweise luxuriösen Europa einzuigeln und mit Tariflöhnen und Agrarsubventionen[296] gegen die Vernetzung mit den billigeren Arbeitern und den rückständigeren Wirtschaftsräumen abzuschirmen, sollten wir, wenn wir in einer Welt menschlich sein wollen, tauschen. Tauschen wir unsere Güter mit den anderen auf einer fairen Grundlage und lassen wir die Wirtschaft in Ruhe. Mehr braucht es nicht. Durch die Integration der armen Länder in das System der weltweiten spezialisierten Arbeitsteilung, also in den Weltkapitalismus, entwickeln sie sich schneller. China nach Mao mag als Beispiel dienen. Unsere Spitzentechnologie wird die Arbeitsproduktivität in Asien, Lateinamerika und Afrika rasch erhöhen, deren riesige Wirtschaftskraft wird unsere Warenangebote größer, besser und billiger machen. Wir können ihnen

---

295   Bernard Mandeville: *Die Bienenfabel oder Private Laster, öffentliche Vorteile*, Frankfurt, 1980, S. 63 f.

296   Vgl. Die Welt: *Thema Agrarsubventionen*, vom 05.06.2014.
       Online: http://www.welt.de/themen/agrarsubventionen/.

unsere Spitzenprodukte nur im Tausch gegen Importe geben. Stattdessen versucht der Ökologismus jede technologische Weiterentwicklung zu blockieren. Er verdammt damit die unterentwickelten Länder auf ihrem jetzigen Niveau stehen zu bleiben. Der politische Ökologismus ist eine unmenschliche, mitleidslose Doktrin der Welteliten. Ethischer Konsum wäre es, wenn die Agrarzölle der EU[297] aufgehoben würden und die Subventionierung der Lebensmittelpreise verschwände, damit die afrikanischen Lebensmittel auf unserem Markt eine Chance haben. Stattdessen spenden wir zur Beruhigung unseres schlechten Gewissens und ziehen die Außengrenzen Europas höher.

14. Der Kapitalismus ist das soziale und ökologische Erfolgsmodell schlechthin

„Der Begriff Fortschritt ist sinnlos, wenn er auf kosmische Ereignisse oder auf eine umfassende Weltanschauung angewandt wird. Wir haben über die Pläne des ersten Bewegers keine Information. Aber im Rahmen einer ideologischen Lehre verhält es sich anders. Die überwältigende Mehrheit strebt nach einer größeren und besseren Versorgung mit Nahrung, Kleidung, Wohnung und anderen materiellen Annehmlichkeiten. Wenn die Ökonomen das Steigen des Lebensstandards der Massen Fortschritt und Verbesserung nennen, vertreten sie keinen dürftigen Materialismus. Sie stellen einfach die Tatsache fest, dass die Leute durch die Not zur Verbesserung ihrer materiellen Existenzbedingungen angetrieben sind. Sie beurteilen die Politik vom Standpunkt der Ziele, die die Menschen erreichen wollen. Wer das Sinken der Kindersterblichkeit und das graduelle Verschwinden von Hunger und Seuchen verachtet, werfe den ersten Stein auf den Materialismus der Ökonomen."[298]

---

297 Kern der Marktorganisation der EU ist ein festgelegter EG-Binnenmarktpreis, der grundsätzlich höher ist als der Weltmarktpreis. Diesen Preis schützt die Marktorganisation durch die Erhebung spezieller Agrarzölle bei der Einfuhr aus Ländern außerhalb der Europäischen Gemeinschaft. Diese Zölle erreichen in der Regel die Differenz zwischen dem hohen Binnenmarktpreisniveau und dem Weltmarktpreisniveau.

298 Mises: *Human Action*, Kap. 9.4.

Der Liberalismus ist schlecht beraten, wenn er die Anliegen der Unterstützer der Ökologisten zurückweist, weil sie mit ökologistischen Utopien verbunden werden. Umweltschutz und Armutsbekämpfung, Verbraucherschutz und fairer Handel sind berechtigte und menschliche Ziele. Ihre Verwirklichung ist im Kapitalismus einer freien Marktwirtschaft am besten möglich.[299] Aber Öko ist Romantik und Religion.[300]

Es waren nicht die Gewerkschaften, die die Lebensbedingungen der arbeitenden Massen verbessert haben. Wenn zwischen 1900 und 1990 sich in den USA die inflationsbereinigten Reallöhne verachtfacht haben,[301] so nicht deshalb, weil die Gewerkschaften irgendeine Forderung durchgesetzt hätten. Im Gegenteil. Obwohl die Gewerkschaften dazu drängten, die Löhne ständig über das Niveau eines freien Arbeitsmarktes zu heben und damit chronische Massenarbeitslosigkeit verursachten, hat sich die Produktivität der Wirtschaft entwickelt. Sie hat sich entwickelt durch Sparen, Kapitalneubildung und die Einführung immer besserer Technologie. An diesem Nektar konnten die Gewerkschaften über Gebühr saugen und damit die Entwicklung eher hemmen als fördern.

Es waren nicht die sogenannten marxistischen Freiheitsbewegungen der Dritte-Welt-Länder, die den Hunger zurückgedrängt haben. Das setzte der Kapitalismus trotz und gegen die marxistischen Guerillas durch. Mao

---

299 Belege des Ökonomen Max Roser: http://www.huffingtonpost.de/2015/08/05/oxford-okonom-max-roser-die-welt-wird-standig-besser_n_7937264.html.

300 Es soll der Hinweis genügen, dass einer der wichtigsten Theoretiker des Ökologismus, Ernst Friedrich Schumacher, seine Lehre *buddhistisch* nannte. Im Kern ging es ihm um einen religiösen Heilsweg. „Woher nimmt man die Kraft, die Züge von Habsucht, Neid, Hass und Begierde in sich selbst zu überwinden? Ich glaube, Gandhi hat eine Antwort gefunden:,Man muss die vom Leibe getrennte Existenz der Seele und die Fortdauer ihres Seins anerkennen. Aus dieser Anerkennung muss letztlich ein lebendiger Glaube erwachsen.'" a.a.O. S. 45. Sein Ökologismus basiert auf Platons Seelenlehre. Er zielt auf die Schaffung eines reinen Menschen. Ganz in den Denkschemata der Propheten, die das Ende der Welt verkünden, sah Schumacher die Ursache für eine bevorstehende Katastrophe durch den Kapitalismus in den aufgezählten menschlichen Affekten. (Kehrt um, tuet Buße!) Noch jede Religion ist im Bestreben, das tierische Erbe des Menschen auszumerzen, gescheitert. Es ist mehr als nur eine Anekdote, dass Schumacher ursprünglich Sozialist war.

301 Dirk Maxeiner/Michael Miersch: *Das Mephistoprinzip. Warum es besser ist, nicht gut zu sein*, Frankfurt, 2001, S. 21

war der größte Massenmörder der Geschichte.[302] Seine Wirtschaftsreformen hatten zig Millionen Hungertote zur Folge. Beginnend mit Justus von Liebigs Entdeckung des Phosphatdüngers (1846—1849) waren es die Erfindungen der industriellen Landwirtschaft, die Züchtungen besserer Sorten, die Kapitalinvestitionen im Agrarbereich, die die Mengen vermehrten und die Preise sinken ließen. Diese kapitalistischen Errungenschaften überwanden den Hunger und nährten eine wachsende Bevölkerung.

„Dank der Grünen Revolution stehen heute so reichlich Nahrungsmittel auf der Welt zur Verfügung wie nie zuvor in der Geschichte. Seit 1970 hat sich die Menge pro Kopf global um über ein Viertel erhöht. Und dies trotz einer Verdoppelung der Weltbevölkerung. Die Weltmarktpreise für die drei wichtigsten Nahrungspflanzen – Weizen, Reis und Mais – fielen auf einen historischen Tiefstand. Allein zwischen 1980 und 1997 stieg die globale Nahrungsmittelproduktion um 60 Prozent."[303]

Die Grafik zeigt die Entwicklung des Weizenpreises (1264–1996):[304]

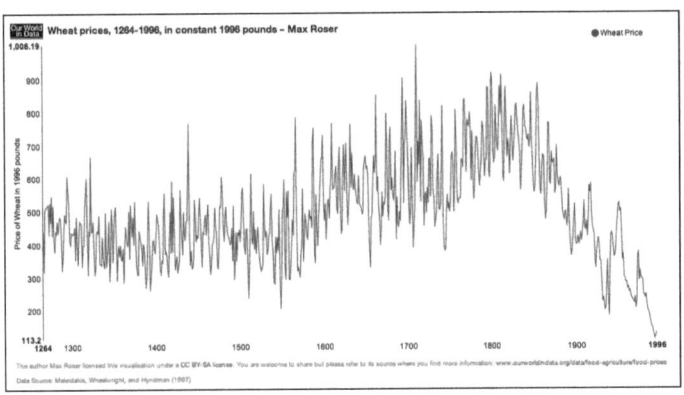

302 http://www.welt.de/kultur/literarischewelt/article125158458/Sagt-endlich-dass-Mao-der-groesste-Massenmoerder-war.html.

303 Maxeiner/Miersch, a.a.O. S. 11.

304 http://ourworldindata.org/data/food-agriculture/food-prices/#wheat-prices-1264-1996-in-constant-1996-pounds-max-roserref.

Es waren auch nicht Die Grünen, die sich als Partei 1980 gründeten, die Deutschland saubere Luft und sauberes Wasser gebracht haben. Es waren Generationen von Menschen, die in Deutschland und den anderen hochentwickelten Ländern seit nunmehr schon über hundert Jahren die Umweltbedingungen Schritt für Schritt verbesserten. Als die Grünen antraten, waren die Städte längst kanalisiert, die hoch effektiven Kläranlagen bereits flächendeckend gebaut, wurden Stück um Stück schädliche Bestandteile der Waschmittel durch unschädliche ausgetauscht. Die Produzenten der Haushaltschemie entwickelten immer umweltfreundlichere Produkte, weil sie das dazu notwendige Kapital einsetzen konnten und wollten. Eine vernünftige Gesetzgebung trieb die Entwicklung während der ganzen Zeit immer weiter voran.[305]

Es ist nicht Greenpeace, das die Wale vor dem Aussterben gerettet hat, sondern es war ausgerechnet John D. Rockefeller, der 1870 die Standard Oil Company gründete. Sein Petroleum für die Öllampen ersetzte das Walöl und schenkte Mobby Dick das Leben. Dass Greenpeace heute Wale retten kann, hat sie dem zu verdanken, den es als Inkarnation des Bösen verunglimpft.

Mitte des 19. Jahrhunderts war der von den Romantikern besungene deutsche Wald in einem erbärmlichen Zustand. Er war überwirtschaftet. Holz war Bau-, Möbel-, Papier-, Bergwerksholz, vor allem aber der Rohstoff für die Wärmegewinnung. Das Vieh wurde zur Weide getrieben, die Armen sammelten Krüppelholz, wodurch die Humusbildung verhindert wurde. Seit langem versuchten Forstwirte die Nachhaltigkeit[306] als Prinzip durchzusetzen, doch erst im 19. Jahrhundert konnte in Deutschland endlich nachhaltige Forstwirtschaft tatsächlich betrieben werden, der Wald ergrünen und die Romantiker darin wandern und den Vögeln lauschen, weil die Steinkohle Holz als Primärenergieträger abgelöst hatte. Die Industrialisierung unternimmt gewaltige Eingriffe in die Umwelt. Doch der Umweltschutz folgt der

---

305 Als Beispiel soll auf die Berliner Abwasserversorgung verwiesen werden. http://www.bwb.de/content/language1/downloads/Berliner-Kanalisation_2012_web.pdf.

306 Das Prinzip, dass nur so viel Holz geerntet wird, wie nachwächst, nennt man Nachhaltigkeit.

Industrialisierung. Auch für die Probleme, die die Kohle brachte, wurden Lösungen gefunden. Manchmal dauert es einfach länger.

Dies sind nur einige Hinweise darauf, dass Verbesserungen der Umwelt kapitalistische Lösungen erfordern und nicht sozialistische – ökologisch rücksichtsvolle Lösungen wohl, aber nicht ökologistische. Nicht Stagnation, sondern Wirtschaftsentwicklung führt zu einer Humanisierung der Lebensverhältnisse und einer Verbesserung der Umweltbedingungen. Bei den Themen der alternden Gesellschaft hat der Liberalismus die besseren Ideen, vor allem aber die ökonomischen und technischen Mittel.

Die Chancen des Liberalismus

„Es kommt darauf an, die Herrschenden zu kontrollieren und in ihre Schranken zu weisen, sie zudem hin und wieder mit friedlichen Mitteln wie Wahlen abzulösen. Herrschende Gruppen sind indes nötig. Demokratie ist eine Regierungsform und nicht ein Dampfbad des Volksempfindens. Sie braucht diejenigen, die die Initiative ergreifen, ebenso wie die, die offenbare Irrwege der Politik aufhalten und die Anmaßung der Macht verhindern"[307]

Der Ökologismus hat viele Themen an sich gerissen, die von allgemeinem Interesse sind. Umwelt- und Verbraucherschutz sind Bedürfnisse aller Menschen. Ihre Entwicklung trägt zur Verbesserung der Lebensbedingungen bei. Ihre Chancen wachsen mit der Wirtschaftskraft.

Vor hundert Jahren entrissen die Sozialisten den Liberalen die sogenannte „soziale Frage". Die Lebensbedingungen der unteren Einkommensschichten und der Armen wurde zur Waffe gegen die freie Marktwirtschaft geschmiedet. Doch trägt gerade die freie Marktwirtschaft zu einer noch nie dagewesenen Verbesserung der materiellen Lebensbedingungen aller Menschen bei.

Auch eine menschenfreundliche Umwelt, nämlich reine Luft und hygienische Verhältnisse sind ein urliberales Anliegen wie alle anderen Aspekte des Lebensstandards der Massen. Die Thematik wurde von der Partei „Die

---

307   Ralf Dahrendorf: *Betrachtungen über die Revolution in Europa*, Stuttgart, 1990, S. 13 f.

Grünen", dem politischen Arm der Öko-Energie-Lobby, usurpiert und in eine etatistische Richtung gelenkt.

Der Liberalismus ist schlecht beraten, wenn er sich auf ökonomische Fragen einengen lässt, wenn er sich rein „marktliberal" versteht. Er hat eine Zukunft, wenn er sich als eine überparteiliche soziale Bewegung versteht, die die Zukunftsinteressen aller zum Ziel hat. Überparteilich, weil Parteien aus Prinzip kurzfristige Partikularinteressen vertreten, um Wählerklientele an sich zu binden.

Die Strömungen des Sozialismus und Ökologismus verbindet die Haltung zum Staat. Es sind etatistische Kräfte, die nicht nur versuchen, ihre Ziele mit Hilfe der Staatsmacht durchzusetzen, sondern die ein durchreguliertes Staatswesen als Ziel verfolgen. Ihre paternalistische Politik setzt den Bürger letztlich zum Untertan eines dem Guten verpflichteten Staates herab. Dem gegenüber setzt der Liberalismus auf die Verstandeskräfte freier Bürger. Er setzt auf Eigenverantwortung und Selbsthilfe. Er hält am Wert unternehmerischer Initiative der Einzelnen fest. Was der Staat besser kann, soll er tun; was der Bürger besser kann, soll der Staat nicht tun. Der Liberalismus ist nicht staatsfeindlich, aber er vergöttert ihn nicht. Das Recht ist aus liberaler Sicht eine Institution zum Schutz des freien Bürgers vor staatlichem Übergriff.

Beide ideologischen Hauptrichtungen, Sozialismus und Ökologismus, wenden ähnliche Methoden der Demagogie an. Sie schüren die Ungeduld. Sie lasten die negativen Aspekte dem Kapitalismus, der freien Marktwirtschaft, an und agieren so, als wären sie die Lokomotive des Fortschritts. Dass sie nur Trittbrettfahrer der Menschheitsentwicklung sind, die unter kapitalistischen Bedingungen im Sinne einer Humanisierung des Leben erfolgreich ist, gelingt ihnen geschickt zu verstecken.

Das System des Interventionismus stellt eine Kongruenz zwischen den ideellen Zielen und kurzfristigen Interessen der Mittelschichten und dem politischen Machtapparat her. Die Verhältnisse bilden sich heraus im Ergebnis der Demokratie. Demokratie bedeutet eben die Durchsetzung von Mehrheitsmeinungen. Interventionismus führt zur gesellschaftlichen Sklerose und damit tendenziell zur Transformation der Demokratie in einen neoabsolutistischen Staat. Doch ist diese Zukunft keinesfalls unvermeidlich.

Der Verstand des Menschen vermag sie zu durchschauen und Alternativen aufzuzeigen.

Der Liberalismus kann der Demagogie nur die Wahrheit entgegenstellen. Er ist dadurch im Nachteil, denn Wahrheit braucht Wissen und Verstandeskraft. Doch Lügen haben kurze Beine, und die Wissenschaft ein langes Gedächtnis. Die Wahrheit wird sich am Ende eines langen Kampfes durchsetzen, weil sie allen Menschen langfristig nützt, während die Lüge ihnen schadet.

Der Liberalismus wird Einfluss nehmen können auf die Nachdenklicheren und Einsichtigeren. Er muss unermüdlich die Irrtümer der Schwärmer und Demagogen aufdecken. Rolf Dahrendorf formulierte das obige Zitat im Jahre 1990, als der Marxismus seine historische Niederlage erlitt. Der Liberalismus hat keinen Grund, an den Schwierigkeiten zu verzweifeln. Auch der Ökologismus wird ein weiteres Mal zerschellen. Wenn die akademischen Mittelschichten am Ende einer zweiten Aufklärung, zu der wir aufbrechen müssen, die Ideen des Liberalismus verstanden haben, wird sich auch der politische Machtapparat erneut ihrem Willen beugen. Wir müssen in langen Zeiträumen denken.

ANHANG

Systemische Betrachtungen

Nach egalistischen Prinzipien bilden sich spontan keine Gemeinschaften heraus. Die Erfahrungen der Kibbuzbewegung in Israel zeigen, dass Kommunen, die sich ohne Druck von außen entwickeln können, sich auflösen und in natürliche Kleingemeinschaften ausdifferenzieren. Natürliche Kleingemeinschaften sind in der Regel nach den Prinzipien des herrschaftlichen Verbands organisiert.[308] Diese werden von einem zentralen Willen regiert. Die Mitglieder beziehen aus ihrer Zugehörigkeit Vorteile der Gemeinschaft und folgen daher der Regierung. Ist die Zugehörigkeit mit Verlusten verbunden, entstehen innere Kämpfe um die Führung, es kommt zur Spaltung, zu Separatismus und zur Emigration. Herrschaftlich ist der Verband, weil er zentralistisch aufgebaut ist. Jede Verwaltung, auch die von Privatunternehmen, ist so organisiert. Ferner sind Familien und Schulklassen, Parteien und Interessenverbände herrschaftlich strukturiert. Die Führung übt ihre Macht in unterschiedlich strengem Maße aus. Aber sie kann die Führung nicht aufgeben.

Dagegen ist das Prinzip der selbstorganisierenden freien und offenen Gesellschaften nicht herrschaftlich. Es beruht auf der Autonomie der Individuen, auf freiwilligen temporären Verträgen und schafft gegenseitige Vorteile. Im Rahmen von offenen Gesellschaften formieren sich die Individuen in Herrschaftsverbänden. Weder kann die Großgesellschaft als Herrschaftsverband organisiert werden, ohne die Entwicklung zu hemmen, noch können Kleingemeinschaften nach dem Prinzip der Tauschgesellschaft organi-

---

308 Vgl. Über „Tauschgesellschaft und herrschaftlicher Verbrand", Mises: *Nationalökonomie*, S. 182 ff.

siert werden, wie Anarchisten sich das erträumen. Beide Vertauschungen sind entweder extrem restriktiv oder instabil, zuweilen auch beides.

Ein Beispiel für die Auswirkungen eines falschen Verständnisses der Strukturprinzipien sind die Kibbuzim in Israel. Die kommunistisch und anarchistisch gesinnten Gründer wollten die traditionelle Familie auflösen, weil sie in ihr eine Brutstätte des „alten Menschen", der sich politischer Herrschaft unterwirft, sahen. Die Kinder dieser Utopisten, die in den Kibbuzim und anderen Kommunen statt in Kleinfamilie in Kinderkollektiven aufwuchsen, wollen wieder die traditionelle Familie zurück haben. Sie gründeten erneut welche innerhalb der Kommunen oder zogen aus.

Immer waren tradierte oder sich spontan bildende Kleingesellschaften hierarchisch organisiert. Die Beziehung zwischen den Mitgliedern sind typischerweise komplementär. „Häuptling" und „Indianer" bilden ein Kleinsystem, in dem die Funktion des einen die des anderen voraussetzt und mit ihr ein Ganzes bildet. Der Häuptling befiehlt und der Indianer gehorcht. Der Feldherr nimmt die Kriegsbeute und teilt sie unter seinen Getreuen auf.

Doch das beschreibt nur die Oberfläche. In Wirklichkeit ist Führen und Geführtwerden nicht einseitig. Wie beim Paartanz der Mann führt, die Frau ihm aber bedeutet in welche Richtung, so muss der Führer die Wünsche und Meinungen der Geführten berücksichtigen und ihnen quasi „gehorchen". Frustriert er diese Erwartungen, zerbricht der Konsens und die Gefolgschaft kriselt. Selbst der härteste Despot kann nicht ohne Zustimmung der öffentlichen Meinung regieren.

Hierarchien bilden sich aufgrund der Ungleichheiten spontan, weil sie nützlich sind. So lange die Zugehörigkeit zu einer Gruppe einen größeren Nutzen verspricht als das Ausscheiden, ordnen sich Gruppenzugehörige in die Hierarchie ein. Rangordnungskämpfe sind zwar normal, aber wirken destabilisierend. Der Neid ist ein Naturinstinkt, der das Eigeninteresse auf das Erklimmen einer höheren Position in der Rangordnung befeuert. Beendet wird der Streit durch eine erneute Zuordnung des Rangs in der Hierarchie.

Der Nutzen einer Gruppenzugehörigkeit ist so vielfältig, dass er sich einer theoretischen Analyse entzieht. Aber ein Aspekt lässt sich leicht aus dem Komplex isolieren. Kooperation und Spezialisierung vervielfachen die Effizienz des Handelns. Der einzelne Mensch ist nicht überlebensfähig. Kleingruppen tendieren zu statischen Regeln, mit gefestigten Überzeugungen und festgelegten äußeren Zeichen. Sie kennen Intimität, aber keine Privatsphäre. Die marxistische Utopie einer „Verteilung" nach Bedürfnis ist dem Brauch der Familie entnommen, in der den Kindern aus dem vorhandenen Vorrat nach ihren Bedürfnissen oder der Meinung der Eltern zugeteilt wird.

Erst die Großgesellschaft teilt privat und öffentlich, Mein und Dein, unterscheidet Innenwelt und Außenwelt, trennt Gewissen und Gesetz[309]. Hier braucht es das Tauschmedium (Geld), den Vertrag, die Unterscheidung zwischen Gebräuchen und Recht und den rationalen Diskurs der *res publica*. Großgesellschaften kommen weitgehend ohne strenge Hierarchien aus, weil sich die vernetzten Beziehungen zwischen den Gliedern über Fairnessregeln auf der Grundlage der Freiwilligkeit von selbst regeln. Sie brauchen aber die Autorität eines Rechtsrahmens und für die Stunde der Gefahr die staatliche Gewalt zur Aufrechterhaltung der Rechtsordnung. Im Prinzip organisieren sich in ihr die Gleichen, d. h. Gleichberechtigten, partnerschaftlich von selbst. Wie in einem Vogelschwarm niemand herrscht, aber sich durch Informationsübertrag von Individuum zu Individuum eine Ordnung von selbst bildet, ist die Großgesellschaft ein Beziehungsnetz, das im Austausch der Güter, im Markt sein Zentrum hat. Großgesellschaften sind prinzipiell offene, Kleingesellschaften prinzipiell geschlossene Lebensformen.

Der Grundirrtum des Kommunismus und des extremen Egalitarismus ist, dass er die Großgesellschaft wie eine Kleingesellschaft organisieren will, und zwar ohne die Rationalität der Tauschbeziehungen, ohne Geld und Preise, vor allem ohne Hierarchie. Welch eine Illusion! Keine Gesellschaftsordnung hat sich bei der Durchsetzung von zentraler Macht brutaler erwiesen als die sozialistische.

Es gibt nur diese beiden Systemtypen: das große, offene auf symmetrischer rechtlicher Gleichheit beruhende, nicht zentral gelenkte, sich spontan organisierende und progressive System und das kleine, geschlossene, auf Hierarchien und komplementärer Ungleichheit beruhende, konservative System. Wenn die Regeln der Systeme verwechselt werden, können beide nicht reibungslos funktionieren. Daraus lässt sich auch die Erkenntnis gewinnen, dass das Kleingruppenmodell, wenn es zum großgesellschaftlichen

---

309 Der Grundkonflikt der griechischen Tragödie *Antigone* von Sophokles.

Paradigma gemacht wird, konservativ wirkt.[310] Das Modell der absolutistischen Monarchie entsprach dem einer strengen, hierarchisierten Kleinfamilie mit einem strengen allmächtigen Patron an der Spitze, der allerdings zur Fürsorge seiner Untertanen verpflichtet war. Es überdauerte einige Jahrhunderte, doch dann zerbrach es unter dem Ansturm der bürgerlichen Revolution. Die Verbindung der beiden Organisationssysteme, jedes auf seiner Ebene, ergibt eine elastische und evolutionsstabile Zivilisation. Ihr Fortdauern hängt auch davon ab, dass verstanden wird, welche Regeln wo zu gelten haben.

Zwei Deutungen politischer Macht

„Die Geschichte aller bisherigen Gesellschaft ist die Geschichte von Klassenkämpfen." Kommunistisches Manifest
„Nothing appears more surprising to those who considers human affairs with a philosophical eye, than the easiness with witch the many are governed by the few; ... " David Hume[311]

Marx

Die marxistische Geschichts- und Gesellschaftslehre geht von Klassen aus. Klassen werden von Marx wie wirkliche Dinge aufgefasst, die mit Menschen gefüllt sind. Die Klassen haben ein klar definiertes Klasseninteresse und bilden ein entsprechendes Klassenbewusstsein aus, selbst wenn ihre Mitglieder weit davon entfernt sind. Klasse kämpft gegen Klasse um die Macht in der Gesellschaft. In leninscher Terminologie kämpfen sie um die Eroberung der Staatsmacht. Der Staat ist Klassenstaat, d.h. er befindet sich in der Hand einer Klasse und wird als Instrument eingesetzt, um Zwang auszuüben. Die zur Herrschaft strebenden Klassen, wollen ihre wirtschaftlichen und anderweitigen Interessen gegen die Klassenfeinde durchsetzen. Auch der Staat ist ein Ding, das erobert und eingesetzt werden kann.

---

310   Vgl. Friedrich August von Hayek: *Recht, Gesetz und Freiheit*, Tübingen 2013, Kapitel 11, „Die Disziplin abstrakter Regeln und die Emotionen der Stammesgesellschaft", S. 284 ff.
311   David Hume: *Of The First Principles of Government*, in: *Essays*.

Diese Deutung ist Allgemeingut geworden. Selbst Menschen, die den Marxismus explizit ablehnen, glauben zumindest teilweise an diese Interpretation. Zum Beispiel ist der Glaube populär, dass der Staat in Deutschland in den Händen wirtschaftlicher „Mächte" liegt und für ihre Interessen und gegen die aller anderen arbeitet. Vorzugsweise werden diese Mächte in den Großbanken gesehen, gerne auch die amerikanischen, als Kern des internationalen Finanzkapitals.

Diese Lehre ist jedoch unhaltbar. Abstrakte Begriffe wie Klasse, Staat und Gesellschaft sind keine Dinge. Sie können nicht handeln, nicht in Besitz nehmen oder genommen werden. Die Bedeutung solcher abstrakter Begriffe ist handelnden Menschen als Individuen oder in der Gruppe eingeschrieben. Es sind Aspekte oder Funktionen des Handelns Einzelner. Menschen können Gruppen theoretisch zugeordnet werden. Diese Zuordnung bedeutet aber nicht, dass die Gruppen außerhalb von ihnen stehen. Gruppen bilden sich, indem Menschen in einer bestimmten Weise handeln. Menschen gehören überdies immer mehreren Gruppen zugleich an, die sich gegenseitig überlappen. So sind Arbeiter sowohl Verbraucher als auch Produzenten, sie sind Unternehmer in eigener Sache und Arbeitnehmer zugleich. Sie können Kapitalist sein, indem sie Altersrücklagen bilden, die investiert werden und zur Gruppe der Empfänger staatlicher Zuwendungen gehören. Sie können Mitglied in der Gewerkschaft sein und in der Kirche usw. Die jeweilige Gruppenzugehörigkeit korrespondiert mit unterschiedlichen Interessen, die gegeneinander in kurzfristiger Sicht konkurrieren. Der Arbeitnehmer möchte höhere Löhne, der Verbraucher niedrigere Preise, der Kapitalist höhere Renditen und der Steuerzahler geringere Abgaben. Und alle vier Zuschreibungen sind eine handelnde Person.

Der Klassenbegriff von Karl Marx war den vorkapitalistischen Kasten nachgebildet. Im Feudalismus war der obere Stand für den dritten weitgehend undurchlässig. Eine gewisse Aufstiegsmöglichkeit bot die Kirche. Nur dem höheren Adel und dem höheren Klerus war der Zugang zur politischen Macht gestattet. Niemand konnte seine Klasse eigenmächtig verlassen. Die gesellschaftlichen Gruppen von denen wir heute sprechen, sind durchlässig. Es gibt keine gesetzlichen Schranken, die den Zugang zur politischen Macht bestimmten Gruppen verwehren. Wir leben in einer offenen freien Gesellschaft.

Mit der materialistischen Idee des Klassenkampfes und der Klassenherrschaft steht die Tatsache in Widerspruch, dass einerseits die Mittelschichten den stärksten Einfluss auf Politik und Gesellschaft ausüben und gleichzeitig in der Umverteilung finanzielle Nettoverlierer sind. Das Konzept einer „Klassenherrschaft" hat nur Sinn im Zusammenhang von Umbrüchen in Herrschaftskrisen, in denen sich eine Revolution oder ein Putsch ereignen kann. Außerhalb solcher Ausnahmezustände ist das marxistische Konzept unscharf und unzutreffend.

Hume

Eine andere Deutung schließt an Humes oben zitierte Frage an. Wie kann es sein, dass die politische Macht immer von wenigen über viele ausgeübt wird? Marx' Antwort wäre: Die Minderheit zwingt die Mehrheit mit Gewalt zur Unterordnung. Gehen wir auf Marx' Sichtweise ein. Nehmen wir an, in einer Gefängniszelle befinden sich zehn Menschen. Einer ist der Despot über alle. Warum lassen die anderen neun sich das gefallen? Der Despot hat nicht die Körperkraft, neun Menschen zu unterwerfen. Selbst mit Waffen wäre das auf die Dauer unmöglich. Irgendwann schläft er ein und sie entwenden ihm die Waffe. Seine Gewalt nützt ihm nichts. Was hat er davon, Angst zu verbreiten? Er muss sie dazu bringen, etwas für ihn zu tun (z.B. Steuern zu zahlen). Die neun Mitgefangenen würden aber nicht für ihn arbeiten, es sei denn, sie hätten selbst etwas davon. Er muss ein Tauschgeschäft einrichten. Es könnte ausreichen, dass er verspricht, niemanden zu schlagen, und sich das Versprechen mit einer Abgabe abkaufen lässt. Die anderen würden darin einen Vorteil sehen. Sie hätten die Wahl zwischen unberechenbaren Gewaltattacken und in Ruhe gelassen zu werden für eine kleine Abgabe. Was also gibt dem Despot die Macht über die anderen? Ist es seine Stärke? Das ist nicht hinreichend. Es ist vielmehr das Urteil, das die neun Anderen darüber fällen, dass diese Lage besser ist, als die alternative, geschlagen zu werden. Es ist ihre eigene Entscheidung, die sie dazu bewegt, in Abgaben einzuwilligen. Die Wenigen regieren über die Vielen aufgrund der Meinung der Vielen über die Lage der Dinge und ihren damit verbundenen Vorteil. Das Zitat von Hume setzt sich wie folgt fort:

„... and the implicit submission, with which men resign their own sentiments and passions to those of their rulers. When we enquire by what means this wonder is effected, we shall find, that, as force ist always on the side of the governed, the governors have nothing to support them but opinion. It ist, therefore, on opinion only that government ist founded; and this maxim extends to the most despotic and most military governments, as well as to the most free and most popular."

Wenn also selbst die despotischsten und militärischsten Regierungen nur durch die „Meinung" (gedankliche Zustimmung) der Regierten ihre Macht ausüben können, um wie viel mehr dann die freiesten und beliebtesten!

Deutschlands Regierung ist bei seiner Bevölkerung vergleichsweise beliebt.[312] Die öffentliche Meinung und die Meinung der Bundesregierung passen im Großen und Ganzen zueinander. Die ständige Anpassung der Regierungspolitik an die Veränderungen der öffentlichen Meinung ist die Hauptaufgabe der politischen Parteien. Ihre Wiederwahl hängt davon ab, der Mehrheitsmeinung zu entsprechen. Auch der Zugang von Interessengruppen zum offenen Ohr der Regierung führt über die Beeinflussung der Öffentlichkeit. Ist ein Ziel nicht mehrheitsfähig, wie beispielsweise im Sommer 2015 die PKW-Maut-Pläne der CSU, dann hat es auch keine Chance, Gesetz zu werden. In der Flüchtlingspolitik setzte Merkel ihre Popularität aufs Spiel. Letztlich steuert die Mehrheit den Staat.

Die Zustimmung der Bevölkerungsmehrheit zur Regierung betrifft sowohl das Große und Ganze als auch die Tagesereignisse. Die Zustimmung ist an Personen und ihr Ansehen gebunden. Die Menschen wollen geführt werden und sie wollen einen Führer, mit dem sie sich identifizieren können. Auch Hitler und Stalin wurden von der Mehrheit teilweise aus Furcht überwiegend aber aus Bewunderung gestützt. Wenn ein hochrangiger Politiker sich kleinliche Vorteile in Form von Rabatten bei Hotelrechnungen verschafft, fällt er in der öffentlichen Meinung durch.

---

312 Nur eine Momentaufnahme, doch eine symptomatische: Die Deutschen identifizieren sich mit ihrem Land, ihrer Regierung.
http://www.welt.de/politik/deutschland/article131002728/Regierung-Merkel-ist-so-beliebt-wie-nie.html.

Erklärungskraft der beiden Modelle

Komplexe konkrete Gegebenheiten und Geschehnisse müssen gedeutet werden. Sie sind nicht objektiv zu verstehen. Deutungsmuster, wie die beiden vorgestellten, unterscheiden sich in ihrer Erklärungskraft. Sie können konsistent oder in sich widersprüchlich sein. Sie können ein gröberes oder feineres Bild zeichnen. Sie können besser oder schlechter passen. Das Deutungsmuster von Hume ist dem von Marx an Erklärungskraft haushoch überlegen. Es beruht auf einer Grundannahme, der Komplementarität von Staat und Bürger. Das marxsche ist faszinierend für Menschen, die damit rechnen, übers Ohr gehauen zu werden, und Angst haben, zu gutgläubig zu sein. Es ist eine Verschwörungstheorie.

Geschichte ist Ausdruck eines Kampfes der Ideologien. Mit dieser Metapher ist gemeint, dass die Menschen von Ideen geleitet werden. Die von ihnen angestrebten Ziele werden durch Ideologien beeinflusst. Es sind die vorherrschenden Ideologien, die der Politik zugrunde liegen, weil sie der öffentlichen Meinung entsprechen. Wenn die deutsche Regierung eine ökologistische Politik verfolgt, dann darum, weil die einflussreichsten Bevölkerungsgruppen ökologistischen Meinungen anhängen.

Frieden und Sicherheit sind die stärksten Motive in heutiger Zeit. Es gelingt den Sozialisten und Ökologisten, ihre schädlichen Ideen als Antworten auf die Sicherheitsbedürfnisse der alternden Gesellschaft anzubieten. Die Politik wird sich erst ändern, wenn die Kritik des Liberalismus von den Massen übernommen wird. Nicht der Staat ist der Feind des Liberalismus, sondern die vorherrschenden falschen Ideologien, die seine Politik bestimmen.

Beigaben[*]

Freiheit und Sicherheit als konkurrierende Bedürfnisse

Freiheit und Sicherheit werden in der neoklassischen Ökonomie oft als antagonistische Bedürfnisse aufgefasst, die zu Widersprüchen in der Interessenlage der Menschen, zu sogenannten Zielkonflikten führen. Auf den ersten Blick erscheint dies plausibel und wir nehmen diesen Sachverhalt schulterzuckend zur Kenntnis. Soll sich doch die Politik um die schwankenden Interessenlagen der Bürger kümmern und wechselnde Kompromisse finden. Eine kritische Untersuchung dieses Gemeinplatzes wird aber beweisen, dass wir es mit einem ideologisch bedingten Vorurteil zu tun haben, das über ein relevantes gesellschaftpolitisches Problem hinweggeht. Für eine Kritik müssen wir zunächst den Begriff „Bedürfnis" klären. Wie wir noch zeigen werden, führt eine psychologische Definition in die Sackgasse. Eine belastbare definitorische Grundlage liefert uns eine Handlungstheorie, in der der Begriff des Bedürfnisses eine eindeutige Funktion hat.

Das Handeln und das Bedürfnis

In der Praxeologie, der Theorie des Handelns nach Ludwig von Mises, ist Handeln ein aktives, bewusstes, auf die Zukunft gerichtetes, in die Welt eingreifendes Tun. Es ist begründet durch Unbefriedigtsein.[313] Darunter ha-

---

[*] Thematische Vorstudien aus „Forum Freie Gesellschaft, 2015.
313 Vgl. Mises: *Nationalökonomie, Theorie des Handelns und Wirtschaftens*, Flörsheim 2010 (Genf 1940), S. 40. „Der Handelnde sucht einen Zustand, der ohne sein Dazutun gege-

ben wir (im engeren Sinne) einen Zustand zu verstehen, der uns Unbehagen bereitet oder die Vorstellung eines solchen unbehaglichen in der Zukunft liegenden, zu erwartenden Zustands. Im weiteren Sinne ist es die Vorstellung von äußeren Verhältnissen, die als Ursache des Unbefriedigtseins aufgefasst werden. Unbehagen oder Unbefriedigtsein ist Leid und Handlungsmotiv. Das Ziel ist Lust, Behagen, Befriedigung oder Zustände, die das begründen.

Handlungstheoretisch liegt das Bedürfnis im Grenzbereich zwischen der physischen und der intellektuellen Welt des Menschen. Es speist sich aus der physischen Gegebenheit der Lebenssituation und wird vom Intellekt als Datum eines Planentwurfs verarbeitet. Die Inhalte des Unbefriedigtseins (im engeren Sinne) nennen wir nämlich Bedürfnisse des Leibes und des Geistes. Unbefriedigtsein ist Sein, nicht Denken. Als Bedürfnisse dringen sie vom Sein in unser Bewusstsein. Als Gedanken gehören sie zur Klasse der Urteile. Es sind Wertungen zwischen zwei Zuständen – eines realen (des Seins) und eines fiktiven (des durch das Handeln veränderten Seins). Diese beiden Vorstellungen werden miteinander verglichen und in eine Rangordnung gereiht. Es sind *subjektive* Werturteile, weil es Vorstellungen des Befriedigtseins *für das handelnde Ich* nach Maßgabe der eigenen Empfindungen sind.

Ist das Bedürfnis ins Bewusstsein gedrungen, sucht dieses nach Mitteln zu seiner Realisierung. Erscheint es in Abwägung des Für und Wider der Kosten und Opportunitätskosten als möglich und vorrangig, wird es zum Handlungsmotiv. Wir nennen das Bedürfnis dann Wollen. Die Wahl der Handlungsmittel unterliegt der Analyse der kausalen Gegebenheiten der äußeren Welt. Bedürfnisse sind handlungstheoretisch folglich Handlungsziele, mit denen ein Zustand des Unbefriedigtseins beseitigt oder gemildert werden soll.

---

ben ist, durch einen anderen Zustand zu verdrängen. In seinem Denken sieht er einen Zustand, der ihm mehr zusagt als der gegebene, und sein Handeln ist darauf gerichtet, diesen gewünschten Zustand zu verwirklichen. Antrieb des Handelns ist das Unbefriedigtsein."

Die beiden Bedürfnisklassen

Es wurden schon viele Versuche unternommen, Bedürfnisse als objektive Sachverhalte zu beschreiben und zu klassifizieren, ohne dass sich ein allgemein anerkanntes Schema durchsetzen konnte. Es wurden Grund-, Existenz- und Luxusbedürfnisse, leibliche und seelische Bedürfnisse unterschieden. Ein Bedürfnis zu haben, bedeutet, an einem Mangel zu leiden oder an einem Missverhältnis von Zuviel und Zuwenig. Doch ist die Zahl der Fälle solcher Mängel oder Disproportionalitäten unendlich. Alle Typologien, die die Fälle inhaltlich gliedern, beruhen auf zwei Irrtümern. Erstens: Physiologische Bedürfnisse sind immer sensorisch und folglich auch geistiger Natur, wenn wir unter geistig mehr als nur das rationale Denken verstehen. Eine Trennung von Leib und Seele ist unmöglich. Sie können also nicht nach ihrem Ort im Organismus sauber unterschieden werden. Zweitens: Bedürfnisse sind ihrem Gewicht nach immer subjektiv, denn Werturteile beziehen sich in diesem Kontext auf die eigene Befindlichkeit. Was für den einen existenziell ist, also stark, mag für den anderen vernachlässigbar sein. Die Einteilung kann nicht materiell oder inhaltlich sein. Es ist unvermeidlich, dass bei der Aufstellung solcher Listen die eigene Sichtweise zu Grunde gelegt wird und damit willkürliche Kriterien eine Rolle spielen. Auf diese Weise kann keine Allgemeingültigkeit erreicht werden.

Dagegen bietet die Handlungstheorie eine sichere Grundlage zur Einteilung aller Bedürfnisse in zwei Klassen, denen die Einzelbedürfnisse zugeordnet werden können. Die beiden Typen von Bedürfnissen, von denen hier die Rede ist, sind eben Freiheit und Sicherheit. Es handelt sich nicht um Mängel der Befindlichkeit, sondern um Abstraktionen solcher Mängel. Es sind keine konkreten Bedürfnisse handelnder Menschen, sondern gemeinsame Wesensmerkmale, die ihnen zu eigen sind. Untersuchen wir die Qualität der beiden Begriffe im einzelnen.

Gedichte vermitteln uns manchmal ein plastischeres Bild von Lebenseinstellungen als die trockene Prosa der Wissenschaftssprache. Johann Wolfgang von Goethe rechnen wir unter die großen liberalen Geister des europäischen Erbes.

Freiheit

Feiger Gedanken
Bängliches Schwanken,
Weibisches Zagen,
Ängstliches Klagen
Wendet kein Elend,
Macht dich nicht frei.

Allen Gewalten
Zum Trutz sich erhalten,
Nimmer sich beugen,
Kräftig sich zeigen,
Rufet die Arme
Der Götter herbei![314]

Gehen wir von banalen Fällen aus. Ein Mangel kann auftreten als Hunger und Durst, als körperlicher Schmerz oder Unbehagen, auf höherer Stufe als Fehlen von Tauschmitteln. Aber auch der Mangel an sensorischer Reizung kann peinigend sein. Wir erleben Langeweile als Unlust bis hin zur Folter in Isolationshaft. Ein Zuviel kann auftreten, als Monotonie, als Übersättigung. Umgekehrt ist die Vorstellung der Bedürfnisbefriedigung lustvoll. Sie weckt Wünschen und Begehren. Auch Wünsche können zu Inhalten von Unbefriedigtsein werden. Wir können neugierig sein, entdeckungsfreudig. Wir wollen lustvolle sinnliche Erlebnisse genießen: kulinarische Genüsse, Rausch, Sex, sinnliche Erlebnisse in schönen Welten und Vorstellungen.

Die Aufzählung kann nicht umfassend sein. Doch allen Beispielen ist gemein, dass sie einen bestimmten Typ von Handeln begründen. Handelnde Menschen stellen sich Ziele und wählen Mittel. Das Wählen von Mitteln bedeutet, dass von den verfügbaren, aber immer knappen Dingen einige verbraucht werden müssen, um die Ziele zu erreichen. Handeln ist in dieser engeren Bedeutung, innerhalb dieses Handlungstyps, immer Verbrauch. Das Changieren der Synonyme für Konsumption, Verbrauch und Genuss,

---

314 Johann Wolfgang Goethe, aus dem Jahre 1777.

drückt dies aus. Wer handelt (zum Beispiel eine Mauer baut), zerstört auch (die Rohstoffe, die er verbaut). Er verbraucht Mittel (die anderweitig nicht mehr zur Verfügung stehen) und er verändert die Gegebenheiten. Er hat Appetit und eignet sich an, was er braucht.[315] Der Mensch ist untrennbar in die Stoffwechselkreisläufe der Natur eingebunden. Seine Einbindung heißt Leben, seine Entbindung Tod.

Handeln ist *transitiv*. Das Ich nimmt sich die Welt als Objekt seines Eingriffs. Es ist *praktisch*, das heißt, es verändert die Welt. Diesen Sachverhalt nimmt der Begriff der Freiheit auf. Freiheit als Bedürfnis ist Handlungsfreiheit[316]. Es ist die Möglichkeit, nach seinem eigenen Wollen zu handeln. Frei sein heißt, handelnd in die Welt einzugreifen und sie zu verändern.

Handeln heißt, entschlossen sein, seine Kräfte gebrauchen, seine Mittel einsetzen, sich gegen Widrigkeiten durchsetzen und für sich und für andere neue Gegebenheiten schaffen. Handeln heißt, sich als Beweger verstehen, als Subjekt begreifen, mutig sein, Täter sein. Ich passe mich an die Bedingungen an, um Erfolg zu haben, um aus den Angeboten das für mich vorteilhafteste auszuwählen. Der Aktive rüstet sich, versieht sich mit Mitteln und ergreift die Gelegenheit. Ich nenne ein solches Handeln *aktiv* und die Bedürfnisse *appetent*, d.h. begierig, verlangend.

Der Handelnde braucht ein Wirkungsfeld. Eine freie Welt ist veränderlich und darin sucht er seine Chance. Er scheut sich nicht, immer aufs Neue veränderten Bedingungen Rechnung zu tragen. Die Dinge sollen sich seinen Plänen fügen, aber wenn nicht, so passt er seine Pläne der Lage der Dinge an. Das Ganze bleibt seiner Kontrolle entzogen. Die Ungewissheit des Ausgangs begründet die Unvorhersagbarkeit der weiteren Zukunft. Eine freie Welt ist eine, in der die Menschen verändernd eingreifen, ohne dass ein zentraler Wille den Ausgang, den Zielzustand vorher bestimmt. Das Leben in Freiheit ist ungewiss, die Zukunft offen.

---

315 Vgl. Immanuel Kant: *Die Metaphysik der Sitten*, Einleitung in die Metaphysik der Sitten, IV. Vorbegriffe zur Metaphysik der Sitten. „Nur die *Willkür* also kann *frei* genannt werden." Kant spricht von einem „Prinzip der äußeren Erwerbung" und in diesem Sinne von einer „Bemächtigung". ebd. 1. Teil, Zweites Hauptstück, § 10. Die Freiheit im Sinne von Erwerbung der äußeren Welt begründet sich aus der Bedürftigkeit des Menschen.

316 Vgl. Helmut Krebs: *Der Begriff der Freiheit* (Forum Freie Gesellschaft, 2015)

Sicherheit

Ihr wandelt droben im Licht
  Auf weichem Boden, selige Genien!
    Glänzende Götterlüfte
    Rühren euch leicht,
      Wie die Finger der Künstlerin
      Heilige Saiten.
Schicksallos, wie der schlafende
  Säugling, atmen die Himmlischen;
    Keusch bewahrt
    In bescheidener Knospe,
      Blühet ewig
      Ihnen der Geist,
        Und die seligen Augen
      Blicken in stiller
        Ewiger Klarheit.
Doch uns ist gegeben,
  Auf keiner Stätte zu ruhn,
    Es schwinden, es fallen
    Die leidenden Menschen
    Blindlings von einer
    Stunde zur andern,
      Wie Wasser von Klippe
      Zu Klippe geworfen,
      Jahr lang ins Ungewisse hinab.[317]

Wir sind nicht nur Handelnde in einer sich fügenden Welt. Wir sind auch Objekte des Handelns für andere und sollen uns selbst fügen. Von uns ernähren sich andere Lebewesen, Bakterien, Pilze oder gar Raubtiere. Auf unsere Existenzmittel haben es Konkurrenten abgesehen. Wir sind potenziell Opfer von physischer Vernichtung oder Verletzung, Ausbeutung, Beraubung und Übervorteilung. Objekt und Opfer sein ist das Gegenteil zu Han-

---

317   Gedicht von Friedrich Hölderlin aus dem Jahre 1799.

delnder und Täter sein. Mehr noch – das Bedürfnis nach Schutz und Sicherheit wächst nicht nur aus der bösen Erfahrung. In uns wirkt ein uralter stammhirnlicher Angstimpulsgeber[318], der uns zur ständigen Wachsamkeit nötigt. Grundlose endogene Angst sucht sich äußere Gründe und ist empfänglich für Angstbilder, die mögliche Gefahren wachrufen oder eingebildete Gefahren ausmalen. Die Angst zu beschwichtigen und tatsächliche Gefahren zu entschärfen ist der Zweck der Sicherheit, ihr psychologischer Sinn.

Nicht das Einwirken auf die Welt *durch* mich, sondern das Einwirken der Welt *auf* mich ist der Ausgangspunkt des Denkens. Es soll aufhören oder an mir vorübergehen. Wer Sicherheit sucht, ist leidend, d. h. *passiv*. Er leidet durch andere und will flüchten, sich in Sicherheit bringen. Er braucht einen Schonraum, eine Burg, einen abgeschlossenen, befestigen Raum.

Das Bedürfnis nach Sicherheit strebt einerseits nach Schutz vor anderen oder nach Macht über andere und nach Kontrolle über die Dinge. Die erwarteten negativen Ereignisse sollen aufgehalten oder abgewendet werden. Die Gegenwart soll über die Zukunft herrschen. Unsicherheit als Quelle von Gefahr soll beseitigt werden durch eine starre Ordnung, Veränderbarkeit der Verhältnisse, also Freiheit, soll in Unveränderbarkeit verwandelt werden. Die Freiheit der anderen soll durch Vorschriften beschränkt, das sich selbst organisierende freie System durch das strenge Gesetz geregelt werden. Letztlich soll die bedrohliche Welt an meine Bedürfnisse angepasst werden und damit gemütlich werden. Die anakreontische Idylle drückt diese Sehnsucht aus. Aber auch das eigene Handeln birgt Gefahren. Vorsicht ist geboten. Sparsamkeit und Enthaltsamkeit, Distanzierung und Verbot, also Hemmung, sind Mittel der Wahl.

Ich nenne diesen Handlungstyp das *gehemmte oder hemmende* Handeln, seine Bedürfnisse *aversiv*, d.h. vermeidend.

Sicherheit und Freiheit sind folglich scheinbar Gegensätze. Die Sicherheit sieht in der Freiheit eine Bedrohung und die Freiheit in der Sicherheit eine Einschränkung und Behinderung.

---

318   Die Amygdala wurde als Angstzentrum des Gehirns identifiziert.

Gegenüberstellung der beiden Handlungstypen

Kategorie	Freiheit	Sicherheit
Handlungstyp	aktiv / verändernd	passiv / hemmend
Bedürfnistyp	appetent	aversiv
Selbstverständnis	Subjekt	Objekt
Erwartungshaltung	optimistisch	pessimistisch

Diese Gegenüberstellung führt uns zu der Erkenntnis, dass das Begriffspaar einen großen Bedeutungsumfang hat. Zunächst handelt es sich um charakterliche Dispositionen. Die Handlungstypen können Charakteristika von Persönlichkeitstypen sein (Optimist vs. Pessimist). Weiterhin handelt es sich um unterschiedliche Perspektiven auf die Sachverhalte. Wird die Teilnehmerperspektive oder die Beobachterperspektive eingenommen. Drittens schließt das Begriffspaar die Bedeutung von Handlungsalternativen ein, die je nach Situation besser oder schlechter geeignet sind. Soll gehandelt oder abgewartet werden, soll angegriffen oder verteidigt werden? Soll expandiert oder restringiert werden? Auch der mutige Spekulant wird zu gegebener Zeit den Gewinn einstreichen und auch der vorsichtige Zauderer wird zuletzt doch den wohlüberlegten Schritt wagen.

Die Verführbarkeit des Sicherheitsbedürfnisses

Die beiden Bedürfnis- und Handlungstypen sind zwar gegensätzlich und alternativ, aber nicht symmetrisch. Appetit kann gestillt werden, das Sicherheitsbedürfnis nie. Nach dem Genuss ist das Unbefriedigtsein behoben. Zwar wächst ständig neue Unzufriedenheit, aber nicht unbedingt aus ein und derselben Quelle und nicht sofort. Ist ein Hunger gestillt, so legen wir uns gerne zur Ruhe oder genießen ein schönes Gespräch. Anders bei Sicherheitsbedürfnissen. Keine Beschwichtigung ist hier „sättigend", das Unbefriedigtsein besteht als Rest fort. Es bleibt immer noch eine weitere Gefahr ungebannt, ein Restrisiko übrig. Das Sicherheitsbedürfnis kann niemals gestillt werden, weil die Mittel zur Abhilfe niemals ausreichend sind. Der Zufall ist nicht aus der Welt zu schaffen. Die Zahl möglicher Gefahren ist unendlich groß. Außerdem sind die Gründe einer endogenen Angst nicht in den äußeren Bedingungen zu suchen und daher auch nicht durch deren Veränderung zu beheben. Es sind nur Projektionen, die eine innere Befindlichkeit illustrieren und ihr einen scheinbaren Sinn verleihen. Die einzige Möglichkeit, sich aus einer Angststarre zu befreien, besteht darin, aktiv zu werden und zu handeln. Der Handelnde ergreift seine Freiheit und er befreit sich aus der passiven Rolle. Doch das wäre ein Ausbruch aus einem Dilemma. Die Angst hindert uns ja gerade zu handeln. Der Befreiungsakt setzt Willenskraft voraus, die die Angst lähmt.[319] Die Logik der Sicherheit gleicht einem Labyrinth, aus dem es kein Entrinnen gibt.

Die Sicherheitsindustrie und der Wohlfahrtsstaat

Die niemals zu stillende sublime Angst in einer kontingenten Welt bietet eine Angriffsfläche für lukrative Sicherheitsindustrien. Wir leben in einem Land, in dem seit Jahrhunderten der Staat als Anbieter von Sicherheit und Wohlfahrt die Bürger in ein Abhängigkeitsverhältnis bringt und zu diesem Zweck ihre Handlungsspielräume durch hohe Besteuerung und soziale Zwangssysteme einengt. Die Bürger passen ihren Handlungstypus diesen Verhältnissen an, was gleichbedeutend mit einem schwindenden unternehmerischen Geist und einer wachsenden Versorgungsmentalität. Das hohe Sicherheitsbedürfnis wird auf diesem Hintergrund zur kollektiven Mentalität, ist geschichtlich gewordenes Produkt eines paternalistischen Staates.

Von den Versicherungen bis zu den Sicherheitsdienstleistern der Politik, von den Beratern in Gesundheits- und Ernährungsfragen bis zu den Apokalyptikern eines angeblichen selbstverschuldeten Weltuntergangs bietet sich geängstigten Menschen ein enormes Angebot an Gefahren und Helfern. Sie müssen sich nur ihrer Führung anvertrauen und ihre Handlungsfreiheit gegen die der Sicherheitsorganisationen eintauschen. Sie müssen, um im Wahn der Kontrollierbarkeit der Kontingenz zu schwelgen, ihnen Macht und Mittel und am besten ihren eigenen Verstand übereignen. Wir vergiften uns angeblich durch Ernährung und glauben, daran, uns krank- oder gesundessen zu können, durch Essen sowohl ab- als auch zuzunehmen. Das

---

[319]   Eine besondere deutsche Art der Hemmung ist die Furcht, ein drittes Mal vor der Geschichte zu versagen. Es ist ein wirkungsmächtiges Motiv besonders unter Gebildeten.

aversive Denken wird durch technische Neuerungen, Unsicherheiten und Unübersichtlichkeiten gereizt.[320] Fracking, Gentechnik oder Kernenergie, jede technologische Erneuerung wird als Anschlag auf Gesundheit und Wohlergehen von Mensch und „Natur" beargwöhnt und soll verboten werden. Uns wird eingeredet, dass wir durch das Verbrennen von Kohlenwasserstoffen die Erde zerstören und durch den Verbrauch von Konsumgütern die Rohstoffe vernichten. Wir sterben, weil wir leben!

Dabei übersehen wir die eigentlich lauernden Gefahren. Wir sind zu unwissend und überdies einer unablässigen Fehlinformation durch eigennützige Interessengruppen ausgesetzt; wir sollen jeweils den richtigen Verkündern von Wahrheit folgen. Wir sollen den hilfreichen und gut informierten Journalisten vertrauen, die uns über bisher völlig unbekannte Risiken unterrichtet haben (Fehlernährung durch zu viel Zucker, Salz, Glutamat, Fette, Kohlehydrate, Eiweiße, zu viel und zu wenig Vitamine und zu wenig Wasser usw.). Wir sollen der Propaganda der angeblich philanthropischen, semistaatlichen NGOs, den Schützern des Bewahrenswerten von Greenpeace bis Peta, glauben schenken, weil diese doch uneigennützig im Dienste der guten Sache stünden.[321] Die Guten, die selbsternannten moralischen In-

---

320 Vgl. Ulrich Beck: *Die Risikogesellschaft, Auf dem Weg in eine andere Moderne.* Suhrkamp, Frankfurt a.M. 1986, das unter dem frischen Eindruck des Reaktorunglücks von Tschernobl entstand. „In der fortgeschrittenen Moderne geht die gesellschaftliche Produktion von *Reichtum* systematisch einher mit der gesellschaftlichen Produktion von *Risiken"* (Beck, S. 25), und Richard Sennett: *Der flexible Mensch,* Berlin 2006 (1989), S. 99 ff. „Das Risiko wird zu einer täglichen Notwendigkeit, welche die Masse der Menschen auf sich nehmen muss." (Senett, S. 105) Wie wenn das Leben in früheren Zeiten weniger Gefahren vorgehalten hätte. Wenn eine Grundbedingung jeden Lebens zum Charakteristikum einer Zeit und einer Generation stilisiert wird, haben wir es mit einer Wahnvorstellung zu tun. Die Kontingenz des Lebens wird einem Gesellschaftssystem angedichtet. „Persönliche Ängste sind tief mit dem neuen Kapitalismus verknüpft." (Senett, S. 128) was suggeriert, es gäbe eine Alternative in Form eines anderen Systems. Die Ideologen der neuen Linken sind in Wahrheit konservativ. Zu Beck vgl. auch James Heartfield: *Soziologie: Ulrich Beck und die Angst vor der Moderne,* in Novo Argumente # 119, S. 234,
Online http://www.novo-argumente.com/magazin.php/novo_notizen/artikel/0001884? utm_content=buffer39bc5&utm_medium=social&utm_source=facebook.com&utm_ca mpaign=buffer.

321 Einige der mächtigsten NGOs werden aus dem EU-Haushalt mitfinanziert. Vgl. Hardy Bouillon: *Brüsseler NGO-Finanzierung,* in Novo Argumente, Frankfurt, 2014, # 117, S. 45.

stanzen, formieren sich als Foodwatcher, Verbraucherschützer, Tierschützer, Vegetarier und so weiter. Nicht ein einziger Bereich der persönlichen Lebensführung bleibt von ihrer fürsorglichen Bevormundung ausgespart. Die Kampagnenverbände erheben die Forderungen, Parteien und Regierung erfüllen sie und retten uns.

Ein Einzelner ist durch die Überfülle an undurchschaubaren Informationen überfordert, die von der Sicherheitsindustrie auf ihn einströmt. Die Quintessenz all dessen ist die Vorstellung, dass sich die Dinge nicht von selbst regeln, sondern aktiv und bis in alle Einzelheiten geregelt werden müssen. Dass dieses Regeln einen enormen Verwaltungsaufwand erfordert und der Einzelne ohne den Staat und die ganze Sicherheitsindustrie dem sicheren Untergang geweiht wäre, wird uns suggeriert. Die Sicherheitsindustrie schafft die Scheinbedürfnisse, deren Abhilfe sie selbst besorgt. Sie ist der wahre Verführer und Manipulator.

Die Mythen dieser Sicherheitsindustrie heißen *Nachhaltigkeit* und *Schöpfung*. Nachhaltigkeit soll bedeuten, nicht mehr zu verbrauchen, als nachwächst. Es ist ein grober Unfug, denn nur in kontrollierten abgeschlossenen Systemen können Output und Input gleichgeregelt werden.[322] Biosphäre und Gesellschaft sind offene Systeme und nichtnachhaltig. Sie sind nicht kontrollierbar.[323] Schöpfung soll bedeuten, dass die organische Welt eine harmonische ewige Ordnung hat. Aber Veränderung ist die einzige ewige Ordnung. Alles kommt und vergeht, alles hat einen Anfang und ein Ende. Es leben heute völlig andere Lebewesen auf der Erde als vor Äonen und die gesellschaftlichen Verhältnisse haben sich seit Anfang der Menschheit völlig gewandelt. Niemand hat die Macht, daran etwas zu ändern. Der Mensch kann den Lauf der Geschehnisse, das *panta rhei,* für keinen Augenblick anhalten.[324]

---

322   Vgl. Dirk Maxeiner und Michael Miersch: *Die Zukunft und ihre Feinde. Wie Fortschrittspessimisten unsere Gesellschaft lähmen,* Frankfurt am Main, 2002; dort insbesondere S. 56 ff.

323   Rein logisch ist jeder Versuch der Kontrolle, ein Input von innen ist. Das Teil kann niemals das Ganze beherrschen.

324   Wenn auch diese ökologistischen Mythen neu erscheinen, sind sie doch schon ziemlich alt. Sie entstanden in ihrer heutigen Gestalt parallel zur Französischen Revolution als Reaktion auf die Turbulenzen der gesellschaftlichen Umwälzungen und haben sich seither immer wieder gewandelt und umbenannt. Ihre Masken und Ideologien hießen Ro-

Das Argument für die Freiheit

Die mit dem Sicherheitsgedanken verbundenen Bedürfnisse sind teilweise künstlich heraufbeschworen und wahnhaft eingebildet, teilweise aber auch aus dem Leben entstanden. Der klassische Liberalismus zeigt, dass das, was an Daseinsfürsorge notwendig und möglich ist, in einer freien Gesellschaft auch und zudem besser in Eigenverantwortung geleistet werden kann, sobald der wuchernde paternalistische Staat zurückgebaut wurde.[325] Es ist vernünftig, Alters- und Krankheitsvorsorge zu treffen und sich für Schicksalsschläge eine finanzielle Reserve zu halten. Es ist auch vernünftig und effizient, gesamtgesellschaftliche Aufgaben die der Allgemeinheit nützen, die Dinge der *res publica*, gemeinsam zu besorgen,[326] am besten in freiwilligen privaten Vereinigungen. Maßvolle, nicht wahnhafte Sicherheitsbedürfnisse sind kein Widerspruch zur Freiheit. Eine freie Gesellschaft braucht einen sie sichernden Rahmen, eine Rechtsordnung und eine Verteidigungsfähigkeit nach innen und außen.

Der Wohlfahrtsstaat zielt darauf, die Handlungsfähigkeit und -willigkeit der Bürger zu schwächen. Der Staat zieht die Aufgabe der Individuen zur

---

mantik, Biedermeier, Lebensreform, Jugendbewegung, Eugenik, Rassenlehre, Korporatismus, Kommunismus, Hippiewesen usw. Sie setzen an beim Gedankenbild einer moralisch richtigen Lebensweise, die allen Gemeinschafts- und Gesellschaftsmitgliedern auferlegt sein soll. Doch auch diese irrationalistischen Strömungen finden Vorläufer in der Anakreontik, im Pietismus, Quietismus, Asketismus, in mönchischen Orden u.a. Das utopische Denken lässt sich bis Platon zurückführen. Der gemeinsame Nenner ist die Ordensregel, die starre utopische Idealvorstellung, der alles Lebendige, Veränderliche, Freie untergeordnet wird. *Gehorsam* (Bediene dich nicht deines eigenen Verstandes!), *Armut* (Nullwachstum und Konsumzurückhaltung) und *Keuschheit* (Reinheit als ethischer Konsum) sind die Maximen. Ludwig von Mises schrieb dazu in *Nationalökonomie*, a.a.O., S. 630: „Das Wesentliche an der Konstruktion des Gedankenbildes dieses Idealstaates ist, dass alle seine Bürger stets im Sinne der Obrigkeit handeln. Der König befiehlt, und alle gehorchen. ... Diese hypothetische Gemeinwirtschaft, die man als die Verwirklichung des sittlich Richtigen ansieht, wird nun die Marktwirtschaft gegenübergehalten."

325 Helmut Krebs und Michael von Prollius: *Zur Struktur staatlicher Aufgaben und ihrer Legitimität aus liberaler Sicht* (Forum Freie Gesellschaft, 2015); Frederik Cyrus Roeder: „Die unterschätzte Ausdauer privater medizinischer Vorsorge" (Forum Freie Gesellschaft, 2015).

326 Vgl. Michael von Prollius: Die öffentlichen Angelegenheiten und der Liberalismus (Forum Freie Gesellschaft 2015).

Daseinsvorsorge an sich und entmachtet und enteignet sie zu diesem Zweck teilweise. Er schafft damit erst die Maßlosigkeit des Sicherheitswahns. Es muss aber begriffen werden, dass das Ganze des menschlichen Lebens, dass die Entwicklung der gesellschaftlichen Verhältnisse und dass die Gesamtheit der irdischen Verhältnisse nicht kontrolliert und nicht geordnet werden kann. Wir Menschen sind nicht Herr über alles. Unser Leben ist ungewiss, Veränderung ist das Wesensmerkmal des Lebendigen.

Es ist eine der epochalen Entdeckungen der Geistesgeschichte, dass sich gesellschaftliche Systeme ohne zentralen Willen selbst organisieren und in gewisser Weise auch optimieren können. Der Markt, die Bühne des Gütertauschs, ist das Paradigma dieser zukunftsweisenden Leitidee unserer Zeit. Ihr widerspricht der Sicherheitswahn. Er will das sich verändernde Freie und Offene des Lebens durch Vorschrift, Regel und Kontrolle zur Erstarrung bringen. Der ausufernde Wille zur Macht der Sicherheit beseitigt nicht nur die Freiheit, er erstickt das Leben.

Der extremlibertäre Ruf nach völliger Abschaffung des Staates provoziert auf dem beschriebenen Hintergrund nur unnötige Ängste und kann keinen allgemeinen positiven Widerhall erwarten. Die Verabsolutierung des einen Pols eines zusammengehörenden Ideenpaares ist falsch, sowohl in der einen wie der anderen Richtung. Sicherheit und Freiheit sind nur dann unversöhnliche Gegensätze, wenn das Sicherheitsdenken die Freiheit überwuchert. Eine harmonische Verbindung beider ist möglich und notwendig. Freiheit sollte als Chance verstanden werden, nicht als Bedrohung, und Sicherheit als Teil der Freiheit.

Die Freiheitlichen sollten den Sicherheitswahn bekämpfen, die realistischen Sicherheitsbedürfnisse der Menschen anerkennen und dazu Vorschläge auf freiheitlicher Grundlage erarbeiten.

Der Unterschied zwischen der Rechten und der Linken und warum ich weder das eine noch das andere bin

Wer sich hilfesuchend bei Wikipedia umschaut, weiß zu berichten: „Bereits im unmittelbaren Vorfeld der ersten – der „großen" – Französischen Revolution (1789–1799) angewandt, hat sich der Begriff der politischen „Linken" (und deren Gegenpol, der „Rechten") während der sogenannten „Julimonarchie" in Frankreich nach der Julirevolution von 1830 für die Einteilung der parlamentarischen Sitzordnung etabliert. Inhaltlich wurden damals unter der Linken zunächst alle in Opposition gegenüber den tradierten, monarchischen Herrschaftsformen der europäischen Staatsgebilde der frühen Neuzeit stehenden politischen Vorstellungen subsumiert. In diesem Verständnis wurden mit der Linken tendenziell antimonarchistische und republikanische, auch am klassischen Liberalismus orientierte politische Strömungen bezeichnet." (Stichwort: Politische Linke)

Zur inhaltlichen Unterscheidung in der Gegenwart heißt es:

„Als politische Rechte wird ein Teil des politischen Spektrums bezeichnet. Sie geht von einer Verschiedenheit der Menschen aus und befürwortet oder akzeptiert daher eine gesellschaftliche Hierarchie. Ungleichheit wird deshalb von der politischen Rechten als unausweichlich, natürlich, normal und wünschenswert betrachtet. (Siehe auch: Egalitarismus) Hier ist zu unterscheiden zwischen der klassischen Rechten, welche die Ungleichheit durch Erbfolge und Familientradition gerechtfertigt sieht, und der liberalen Rechten, welche Ungleichheit nur dann für gerechtfertigt hält, wenn sie das Resultat eines fairen Wettbewerbs ist. Rechte Politik kann sich sowohl auf die gesellschaftspolitische als auch auf die wirtschaftspolitische Ebene beziehen." (Stichwort: Politische Rechte)

„Unter der politischen Linken werden relativ breit gefächerte weltanschauliche Strömungen des politischen_Spektrums verstanden. Die mitunter weit voneinander entfernten Strömungen der politischen Linken eint dabei, dass sie von einer Gleichheit der Menschen ausgehen. Mit linker Politik werden sehr unterschiedliche Umsetzungsversuche jener ideologischen Ansätze bezeichnet, welche die Aufhebung von Ungleichheit und als Unterdrückung begriffenen Sozialstrukturen, zugunsten der wirtschaftlich oder gesellschaftlich Benachteiligten, zum Ziel haben." (Stichwort: Politische Linke)

Dies ist eine zutreffende Beschreibung, aber ein inhaltliches Chaos. Gehen wir die Punkte durch. Zur Linken zählte ursprünglich gemeinsam mit den antimonarchistischen republikanischen Kräften der klassische Liberalismus. Die politische Rechte unterteilt sich in klassische Rechte, was ein Synonym für die Monarchisten ist, und die liberalen Rechten, die Ungleichheit als

Folge fairen Wettbewerbs akzeptieren. Zur politischen Linken zählen alle Kräfte, die von der Gleichheit der Menschen ausgehen und bestehende Ungleichheit überwinden wollen.

Der Schlüssel zum Verständnis der Topologie stellt die Idee der *Gleichheit* (Egalitarismus) dar. Die frühen Liberalen, insbesondere Locke, gingen von der angeborenen Gleichheit aller Menschen aus. Sie übernahmen sie aus der Naturrechtsphilosophie, die ihrerseits in der christlichen Theologie wurzelt. (Die Idee der Gottesebenbildlichkeit ist die Stammwurzel des Egalitarismus.) Der naturrechtlich begründete Egalitarismus war ein zentraler Glaubensinhalt des Rationalismus. Er wurde von Grotius über Hobbes[327] und Locke bis zu Rousseau[328] tradiert und fand Eingang in die Unabhängigkeitserklärung der Vereinigten Staaten von Amerika 1776[329] und in die Erklärung der Menschenrechte in Frankreich von 1789[330].

Das Gleichheitspostulat der rationalistischen Denker verband zwei Ideen, die in klassischer Weise bei Hobbes (siehe Fußnote) zum Ausdruck kommen. Die Menschen sind faktisch gleich und sollen daher gleichberechtigt sein. Die faktische Gleichheit bedeutet nicht, dass sie tatsächlich wie Klone sind. Die Unterschiede sind nur im Hinblick auf die gesellschaftliche Stellung unerheblich. Aus ihnen lässt sich kein Anspruch auf Vorrang (Hierarchie) ableiten. Mit anderen Worten: Die Adligen sind auch nicht anders als die Bürger. Insofern ist die Sitzordnung von 1830 korrekt. Der Liberalismus ist in *damaliger* Topografie *links*, weil er (in *rechtlicher* Hinsicht) die Gleichheit vertritt. Andererseits akzeptiert der Liberalismus die faktische Ungleichheit der Personen und der wirtschaftlichen Lage, die sich aus der natürlichen Ungleichheit unvermeidlich ergibt.[331] Im Sinne der gängigen Defi-

---

327 Leviathan, Kapitel 13: „Die Natur hat die Menschen hinsichtlich ihrer körperlichen und geistigen Fähigkeiten so gleich geschafften, dass trotz der Tatsache, dass bisweilen der eine einen offensichtlich stärkeren Körper oder gewandteren Geist als der andere besitzt, der Unterscheid zwischen den Menschen alles in allem doch nicht so beträchtlich ist, als dass der eine auf Grund dessen einen Vorteil beanspruchen könnte, den ein anderer nicht ebenso gut für sich verlangen dürfte."

328 Gesellschaftsvertrag, Erstes Buch, 1. Kapitel: „Der Mensch wird frei geboren, und überall ist er in Ketten."

329 „We hold these truths to be self-evident, that all men are created equal ...

330 Artikel 1: Die Menschen sind und bleiben von Geburt frei und gleich an Rechten.

331 Vgl. Dagmar Schulze Heuling: *Lob der Ungleichheit. Das Postulat der Gleichheit unter Legitimationsdruck*, Edition Forum Freie Gesellschaft, hg. v. Michael von Prollius, Fürsten-

nition ist er im Kontext *heutiger* Topografie also *rechts*. In der Zwischenzeit kam es zur Spaltung des liberalen, antimonarchistischen Lagers und zu einer Neuinterpretation des Egalitarismus.

Egalitarismus und Elitarismus (Kulturalismus und Biologismus)

Am Ende einer zweihundertjährigen Diskussion erfährt die Idee der Gleichheit insbesondere bei Rousseau und seinen Anhängern (Proudhon und Marx) eine folgenschwere Bedeutungsverschiebung. Die Menschen seien von Geburt an völlig gleich und ihre faktischen Unterschiede ließen sich ausschließlich aus den Erfahrungen der Gesellschaft erklären. Schon Locke sprach vom Menschen als einem unbeschriebenen Blatt, von der *tabula rasa*. (Mao und Stalin werden diese Metapher aufgreifen.) Seine Erkenntnistheorie, der *Sensualismus*, soll diese These untermauern. Dessen Axiom lautet: Alles, was wir im Kopf haben, kommt durch die Sinne von außen. Das Gehirn ist anfangs leer und damit bei allen Menschen gleich. Man nennt dies eine *kulturalistische* Erklärung.[332]

Extremer Egalitarismus

Aus der gemäßigten Idee (ziemlich gleich, unbedingt gleichberechtigt) wird eine extreme Position, das Postulat der faktischen Identität bei Geburt. Aus dieser Sicht erscheinen nun nicht mehr nur die rechtlichen Ungleichheiten (Privilegien) als ungerecht, sondern alle Verhältnisse, die Ungleichheit erzeugen und alle Arten von Ungleichheit. Während der Liberalismus auf die Überwindung der Standesgesellschaft drängte um die rechtliche Gleichstellung aller Menschen zu erreichen, drängt dieser neue extreme Egalitarismus auf die Schaffung von Verhältnissen, in denen die Menschen faktisch

---

berg 2015.

332 Der theoretische Sensualismus wurde – nach Vorarbeiten von Thomas Hobbes – begründet durch John Locke, der seinen Ansatz mit einem Satz des Thomas von Aquin rechtfertigte: „Nihil est in intellectu, quod non fuerit in sensu" (Nichts ist im Verstande, was nicht [zuvor] im Sinne war). Dem widersprach bereits Leibniz mit dem Zusatz „nisi intellectus ipse" (ausgenommen der Verstand selbst). Hier streiten sich zwei Monismen, ein materialistischer und ein idealistischer. Ludwig von Mises verficht einen methodologischen Dualismus.

gleich sind. Die wissenschaftlichen und philosophischen Richtungen des Positivismus und Behaviorismus sind dieser Denkschule zuzurechen. Die Ideologien des Kommunismus (wirtschaftliche Ungleichheit), des Anarchismus (Einebnung aller Machtunterschiede) und neuerdings auch Feminismus und Gender Mainstreaming (biologische Ungleichheit) setzen sich zum Ziel, jede faktische Ungleichheit zu beseitigen. Es handelt sich um konstruktivistische Entwürfe im Sinne Hayeks, die zur Schaffung einer Oberherrschaft des Hobels führen müssen, der die Gesellschaft quasi von außen glättet, wann immer sich Ungleichheit ergeben sollte. Das *social engineering*, das in den 1970er- und 1980er-Jahren bei uns hoch im Kurs stand und bis heute vor allem im Bildungswesen verankert wurde, ist ein Auswuchs dieser Denkrichtung.

Extremer Anti-Egalitarismus

Die Gegenposition argumentiert mit angeborenen Ungleichheiten, die eine natürliche, weil biologisch verursachte Hierarchie begründen. Man nennt dies eine *biologistische* Erklärung. Insbesondere die Intelligenz, aber auch die Durchsetzungsfähigkeit und die Tugenden des Mutes und der Leidensfähigkeit des Kriegers werden „natürlichen" Gruppen von Menschen zugesprochen: der Rasse, der Nation, dem Geschlecht, der eigenen Adelsfamilie, aber auch aus der Zugehörigkeit zu elitären Zirkeln abgeleitet (Zaungasterhöhung). Die Angehörigen der jeweiligen Gruppe werden als naturgegebene Herrenmenschen angesehen, die die Aufgabe haben, die Masse zu führen. Die Masse, das Synonym für die anderen, wird verachtet, das Ego vergötzt. Hauptvertreter dieses Anti-Egalitarismus, des *Elitarismus* und wirkungsmächtigster Denker ist Friedrich Nietzsche (Zarathustra, Wille zur Macht). Er ist Teil einer Strömung, die sich als Reaktion auf den Liberalismus und vor allem die Französische Revolution herausbildet.[333] Der Träger der Elite-Idee ist schillernd. Für Nietzsche war es der Herrenmensch (der Geistesaristokrat), Royalisten ließen nur den König gelten, Marx sah das Proletariat als kollektive historische Elite und Träger des Weltgeistes, Lenin

---

333   Ihren Ursprung hat diese Richtung im sogenannten Rechts-Hegelianertum (Ludwig Feuerbach, Bruno Bauer, Max Stirner), an dem sich Marx in seiner Jugend rieb.

schmiedete die Bolschewiki zur Avangarde, bei Che Guevara ist es seine Guerilla.

Der Haufen ist kunterbunt, doch eint sie alle ein Hintergedanke: Die elitären Zirkel und Klassen, die zur Herrschaft aufgerufen sind, brauchen Führer. Alles läuft darauf hinaus, dass der Intellektuelle, der diese Ideen ausbrütet, selbst zur Oberherrschaft berufen ist. Elitarismus ist verkappte Selbstvergötzung.[334] Er tendiert aus seiner inneren Logik zum Totalitarismus und zur Despotie eines einzigen. Wir sind nun bei den großen Diktatoren des 20. Jahrhunderts angelangt, den Früchten des Elitarismus, bei Hitler, Stalin und Mao Tse Tung, bei Peron, Mussolini, Franco, Nasser, Kemal Pascha, Kim Il-Sung, Pol Pot, bei Che Guevara, Fidel Castro, Hugo Chavez.

In Deutschland war der Elitarismus im 19. Jahrhundert sehr stark und wirkungsmächtig. Er war eine der dominierenden Leitideen, die insbesondere auch durch Kaiser Wilhelm II. Ausdruck fand. Diese bedeutenden Hintergründe werden durch die Einteilung des heutigen Links-rechts-Schemas verdeckt. Die Elitaristen wetteiferten untereinander und gegeneinander, bildeten aber bei aller Heterogenität des Inhalts der Elite eine verwandte Denkschule. Sie zogen mit Hurra in den Ersten Weltkrieg, polarisierte sich aber im Augenblick der deutschen Niederlage, die den Elitarismus kränken musste (Hitlers Mentalität der Revanche). Ich spreche von einer große Schar bekannter deutscher Intellektueller: die Autoren Thomas Mann, Heinrich Mann, Stefan George, Bertold Brecht, Hermann Hesse, Robert Musil, Kurt Tucholsky, Ernst Jünger, die expressionistischen Maler Pechstein, Marc, Kandinsky, Corinth, Slevogt, Käthe Kollwitz, Unternehmer und Politiker wie Walter Rathenau, Friedrich Naumann, Denker wie Rudolf Steiner bis hin zu Wirrköpfen wie Silvio Gesell, Gustav Landauer und der weiteren Münchener Bohème, darunter Hitler. Sie alle waren 1914 glühende Patrioten und Bellizisten. Die selbststilisierte Geisteselite schloss sich nach

---

334 Den Auftakt spielt Max Stirner mit seiner Schrift *Der Einzige und sein Eigentum*. In diesem schreibt er konsequent alle Pronomen in der ersten Person groß. „Das *Jenseits außer Uns* ist allerdings weggefegt, und das große Unternehmen der Aufklärer vollbracht; allein das *Jenseits in Uns* ist ein neuer Himmel geworden und ruft Uns zu neuen Himmelstürmen auf." (aus der Präambel zur 2. Abteilung des *Einzigen* - EE, 170) Der Ich-Kult hat sich aus dem Genie-Kult des deutschen Idealismus und der Spätaufklärung entwickelt.

dem Ersten Weltkrieg in Scharen der KPD an, andere später der NSDAP. Zu den elitären Bewegungen gehören auch die Jugendbewegung, die Anthroposophie, der Existenzialismus und natürlich die revolutionären Strömungen des (linken) Bolschewismus und Surrealismus, und des (rechten) Futurismus, Faschismus, Nationalsozialismus.[335] Im Unterschied dazu war die Sozialdemokratie und die Gewerkschaftsbewegung, aber auch der Marxismus, egalitaristisch ausgerichtet. Der Zwist zwischen Lenin und Kautsky ist der zwischen elitärem Revolutionarismus und egalitaristischem Evolutionarismus.

Der Elitarismus umfasste historisch ebenso „linke" wie „rechte" Gruppen. Er hat sich in heutiger Zeit nur in Gruppen gehalten, die sich als rechts bzw. konservativ verstehen.[336] Seit dem Niedergang des leninistisch-maoistisch-trotzkistisch orientierten linken Revoluzzertums orientiert sich die Linke etwa seit 1980 nur noch egalitaristisch, und nur die rudimentäre Rechte elitaristisch. Der Elitarismus hat sich mit seinen blutigen Experimenten im 20. Jahrhundert spätestens nach seiner krachenden Niederlage 1989 ins Abseits manövriert.[337] Der extreme Egalitarismus wird noch von Teilen des akademischen Milieus (Genderismus) und von Sekten vertreten. In abgeschwächter Form ist er nun zur dominierenden Leitidee geworden (Mindestlohn, Deckelung der Managergehälter, progressive Einkommenssteuersätze usw.).

Zwischenergebnis

Die heutigen politischen Lager lassen sich, wenn überhaupt nur in Linke und Rechte gliedern, wenn als Maßstab die Ideologien des Egalitarismus

---

335 Wolfgang Prabel: *Der Bausatz des Dritten Reiches*, E-Book, 2015 (Edition Freiheit, Deutscher Arbeitgeberverband)

336 Bei den Ökologisten scheinen Züge des Elitarismus wieder auf. Die Absage an den niederen Materialismus (den Kapitalismus) und das Gebot des ethischen Konsums wird von einer selbsternannten Moralelite vorgetragen, sodass wir vielleicht von einem Neo-Elitarismus sprechen können. Unverkennbar sind auch die konservierten Traditionen aus dem alten Elitarismus, die Affinität zur Anthroposophie, zu Vegetarismus u.ä. Die Partei der Grünen setzt sich aus beiden Lagern zusammen. Sie hat neben den braungrünen und wertkonservativen (Springmann, Guhl) auch sozialistische und anarchistische Wurzeln (Trittin, Fischer).

337 Er kehrt durch die Hintertür als Al Quaida und eurasischer Dulginismus zurück.

und des Elitarismus als sich voneinander abgrenzende Gegensätze zugrunde gelegt werden. Die Linke will gleicher machen, die Rechte will bestimmte Ungleichheiten konservieren.

Der klassische Liberalismus im politischen Spektrum

Der klassische Liberalismus, verkörpert von Hume, Smith, Ricardo, Kant, von Humboldt, Cobden, Bastiat und in seiner Summe von Mises, hält am ursprünglichen Gedanken fest. Er leugnet nicht die natürliche Ungleichheit, aber er fordert die rechtliche Gleichheit. Er lehnt sowohl den Elitarismus wie den Egalitarismus ab, weil beide zu illiberalen Verhältnissen führen. Wissenschaftlich hat sich ein Mittelweg zwischen Kulturalismus und Biologismus herausgebildet. Natürliche Eigenschaften sind sowohl vererbt als auch durch Erfahrung erworben. Mittlerweile wird sogar schon die Vererbung von Erfahrung (über die RNA) erforscht.[338] Intelligenz und Temperament sind zu einem erheblichen Anteil biologisch ererbt, aber innerhalb einer gewissen Bandbreite auch beeinflussbar.[339] Der Streit ist längst beigelegt.

Der klassische Liberalismus ist nie den Weg ins Extreme mitgegangen. Allerdings wurde von Teilen der rationalistischen Strömung, aus dem die Aufklärung und der Liberalismus sich herausbildete, der Weg ins Extreme beschritten. Das geschah quasi am Liberalismus vorbei, der an der alten, gemäßigten Sichtweise festhielt. Rufen wir uns die Kernpunkte in Erinnerung. Das Hauptargument für die liberale Kernforderung der Herrschaft des Rechts (der rechtlichen Gleichstellung aller Menschen) ist seine zentrale Funktion bei der Sicherung der Zivilisation, d. h. der gesellschaftlichen Zusammenarbeit in Arbeitsteilung. Recht sichert Frieden, weil es faire Tauschbeziehungen definiert und absichert. Die marktwirtschaftliche Gesellschaft ist klassen- und kastenlos. Die persönlichen Unterschiede werden als Ursache für gesellschaftliche Unterschiede akzeptiert, und die wirtschaftlichen

---

338 Artikel *Die Auferstehung des Monsieur Lamarck*, in Bild der Wissenschaft, Ausgabe 3, 2011, S. 36, online http://www.bild-der-wissenschaft.de/bdw/bdwlive/heftarchiv/index2.php?object_id=32548185.

339 Vgl. Dieter E. Zimmer: *Ist Intelligenz erblich? Eine Klarstellung*, Reinbeck, 2012.

Unterschiede werden als Anreize für ein Gewinnstreben angesehen, das letztlich allen zugute kommt.

Das Ziel ist ganz klar die Überwindung der Klassengesellschaft, durch die Gleichstellung aller Stände, aller Menschen. Das Ziel ist die Verbesserung der Lebensbedingungen der Vielen durch die Freisetzung der wirtschaftlichen Dynamik des Kapitalismus. Der Liberalismus kämpft für die Freiheit und Gerechtigkeit, in der alle Menschen prinzipiell frei sind, sich nach ihren eigenen Möglichkeiten zu entfalten. Die Macht von Gruppen und Eliten über andere lehnt er ebenso ab, wie Eingriffe in die Eigentumsrechte zum Zwecke der Gleichmacherei. Die Kategorien rechts und links lassen sich nicht auf den klassischen Liberalismus anwenden. Es kann daher auch keinen Links- oder Rechtsliberalismus geben. Diese Begriffe stehen für Strömungen, die sich liberal wähnen, aber einen egalitaristischen oder elitaristischen Einschlag haben und daher nicht liberal sind. Es sind rechte oder linke Strömungen im liberalen Gewand.

Der klassische Liberalismus ist also weder rechts noch links. Diese Unterscheidungen beziehen sich auf in sich widersprüchliche und unhaltbare Ideologien, die jünger sind als der Liberalismus und die sich historisch längst überholt haben. Er ist auch nicht das Gegenteil von beiden, wie das die Anarchisten vorschlagen. Die unhaltbaren Ideologien stellen rechts und links unter den Oberbegriff des Etatismus (verstanden als Staatsfreundlichkeit) und interpretieren den Liberalismus als antietatistisch. Allerdings hilft auch die Stellung zum Staat in antithetischer Zuspitzung nicht weiter. Die Koordinaten sind allesamt unbrauchbar. Der Liberalismus hält den minimalistischen Rechtsstaat für unverzichtbar und hat mit dem Anarchismus keine tragfähigen Gemeinsamkeiten.

Der Liberalismus ist eine Denkweise, die die Gesamtinteressen aller Menschen ins Auge fasst, die langfristigen Interessen aller den kurzfristigen und partikulären einzelner Gruppen vorzieht. Sie geht von der allen Menschen eigenen Freiheit aus. Der Liberalismus ist keine politische Partei, sondern eine humanistische Philosophie, die allen Menschen zugute kommt. Er tritt der ideologischen Überspitzung entgegen, führt zusammen, wo andere spalten; er glaubt an die Harmonie der Interessen, wo andere Hass säen.

Die Themen der amerikanischen Rechten und der deutsche Liberalismus

In den Vereinigten Staaten hat sich eine liberale Tradition von Europa von den Pilgervätern und der liberalen Elite (Jefferson, Franklin) tradiert, die vor allem in Locke, das heißt im älteren, rationalistischen Liberalismus[340] wurzelt. Er wurde von einem reformsozialistischen Liberalismus überlagert, wodurch sich die amerikanischen Liberals heute kaum noch von den egalitaristischen europäischen Sozialdemokraten unterscheiden. Die Liberals sind fast identisch mit den Anhängern der Partei der Demokraten.

Dagegen entwickelte sich im Milieu der Republikaner eine liberale Bewegung, die sich zur Unterscheidung libertär nennt. Sie entwickelt als Tea-Party-Bewegung eine gewisse gesellschaftliche Breite. Der amerikanische Libertarismus ist fest im rechten republikanischen Lager verwurzelt. Daher mischen sich klassisch liberale mit konservativen und elitaristischen Ideologien. Sie halten sich für die einzigen und wahren Liberalen und sprechen diese Bezeichnung den Liberals ab, denen sie feindselig gegenüberstehen.

Der Liberalismus der amerikanischen Liberals hat seit langem einen großen Einfluss auf die europäische Intelligenz. Die FDP etwa orientiert sich stark an ihnen. Neuerdings strahlt die republikanische libertäre Strömung auf Deutschland aus. Es werden spezifisch amerikanische Themen aufgegriffen und übernommen, wie das Recht auf Waffenbesitz, und konservative moralische Einstellungen: der Wert von christlicher Familie und Ehe, die Ablehnung der Homosexualität. Elitaristische Tendenzen äußern sich sozialpolitisch in der rigorosen Ablehnung jeder nicht individualisierten Daseinsvorsorge, in einer großen Staatsferne und -feindlichkeit. Außenpolitisch wird ein isolationistischer Kurs präferiert, wodurch jede Einmischung der USA auf dem Erdball bekämpft wird, was Teile aus dieser Opposition in die Arme der Feinde Amerikas führt, in die Arme Putins.

Diese Tendenzen sind nicht liberal, sie sind konservativ und fundamentalistisch staatsfeindlich. In den neuen libertären Zirkeln werden sie von

---

340 Zur Unterscheidung zwischen dem rationalistischen und dem evolutionistischen Liberalismus, siehe Hayek: *Recht, Gesetz und Freiheit*, Tübingen, 2013, Kapitel 1, insbesondere S. 31. Ludwig von Mises ist aus meiner Sicht eindeutig dem evolutionistischen Flügel zuzurechnen. Ob Hayek diese Sichtweise teilte, weiß ich nicht. Ich vermute, die Ablehnung der Praxeologie durch viele Neoliberale liegt an ihrer Ähnlichkeit mit rationalistischen Systemen.

jungen Menschen gerne aufgegriffen, weil sie eine starke Wirkung haben im Sinne ihres Wunsches nach Abgrenzung und Selbststilisierung. Sie sind drastisch und oppositionell und damit für junge Menschen attraktiv. Kein vernünftiger Liberaler wird für eine Bürgerbewaffnung in Deutschland eintreten. Das atlantische Denken in außenpolitischen Fragen ist für Liberale nicht kompromissfähig. Die lebensweltlichen Liberalisierungen (Abschaffung von §§ 175 und 201, Fristenregelung, Schwulentoleranz, insbesondere die Gleichberechtigung der Frau in der Ehe) der letzten Jahrzehnte stehen nicht zur Verhandlung. Die Freiheit der privaten Lebensführung wird vom Liberalismus ebenso verteidigt wie er die staatlichen und halbstaatlichen Einmischungen in das Verbraucherverhalten bekämpft.

Es ist zudem völlig verkehrt, in diesen Feldern eine Gefahr durch die Stärkung der libertären Kräfte sehen zu wollen. Die weit rechts stehenden Kräfte gewinnen neuen Zulauf über die Thematik der Schwulenehe, mehr noch über die Ausländerfurcht. Diese Thematik wird mit einer scharfen EU- und Euro-Kritik verknüpft. Es gibt hier Verbindungen und Beeinflussungen zwischen den Strömungen, zwischen der äußeren Rechten, den Konservativen, Nationalliberalen, Libertären. Es wird auch davon geträumt, dass eine neue – libertäre – Rechte, eine deutsche Tea-Party entstehen möge. Solche Träume entbehren einer realistischen Grundlage. Es kann kein Rollback der lebensweltlichen Freiheiten in Deutschland gegeben, weil sie von der breiten öffentlichen Meinung bis tief hinein in die Bevölkerung geschätzt wird. Dieses Aufbäumen des Konservatismus erschüttert den Liberalismus nicht. Es sind Moden, die vor allem junge Menschen bewegen. Es sind Internet-Stürme auf einer sehr schmalen personellen Basis. Von einer Unterwanderung des Liberalismus von Rechts kann keine Rede sein.[341]

Der deutsche Liberalismus muss sich am klassischen evolutionistischen orientieren und die eigenen europäischen, speziell die britischen Wurzeln in Erinnerung rufen. Er kann nicht gewinnen, wenn er sich an eine der amerikanischen Richtungen anschließt, weder an die Liberals noch an die Libertarians. Die eigene geistige Tradition ist reich und noch lange nicht ausge-

---

341 Günter Ederer: *Auf Horn genommen. Hayek und die „Liberalen"*, in Achse des Guten, 01.06.2015, online: http://www.achgut.com/dadgdx/index.php/dadgd/article/ auf_horn_genommen_hayek_und_die_liberalen.

schöpft. Das gilt insbesondere für den vernachlässigten kontinentalen Liberalismus.

Weder rechts noch links – freiheitlich

Vom den Vereinigten Staaten gehen vielerlei geistige Impulse aus. Wir müssen sie als Bereicherung verstehen, nicht als Bedrohung. Der Liberalismus gewinnt im Zuge dieser Impulse an Lebendigkeit, insbesondere in der akademischen Jugend, was sehr erfreulich ist. Die Auseinandersetzung mit illiberalen Positionen ist eine immerwährende Aufgabe. Aber von einer Unterwanderung des Liberalismus durch rechte Kräfte zu sprechen, wäre eine fatale Fehldiagnose und führte zu folgenschweren dogmatischen Verengungen.

Elitarismus und Egalitarismus haben sich historisch überholt. Die Konvergenz der politischen Parteien ist auch davon ein Ausdruck. Es finden sich heute nur noch am sektiererischen Rand Kräfte, die diese Konzepte mit Überzeugung verfolgen. Es ist eine laue Mittelmäßigkeit und Unentschlossenheit an die Stelle von ideologischer Schärfe getreten. Selbst der Feminismus, in der Nachhut des Zeitalters der Ideologien, ist sich uneins über den Grad der Radikalität seiner Ziele. Die Zeit sucht nach anderen Fundamenten. Die hat der Liberalismus zu bieten. Er muss sich als überparteiliche geistige und soziale Kraft verstehen und an seinem humanen Wesenskern festhalten. Mischt er sich in das Getümmel der Parteipolitik, wird er immer die Färbung seiner Umgebung annehmen und sich in die zahlreichen Bindestrich-Liberalismen verwandeln und verwässern. Er wird Richtungskämpfe und Ausschließungsbestrebungen durchleiden und sich daran zerreiben.

Konservatismus und Freiheit

„Jede konservative Politik ist aber von vornherein dem Misserfolge geweiht; ist es doch ihr Wesen, etwas zu halten, was nicht zu halten ist, sich gegen eine Entwicklung zu stemmen, die man nicht verhindern kann. Was sie bestenfalls erreichen kann, ist Zeitgewinn; aber es fragt sich, ob dies ein Erfolg ist, der den Einsatz lohnt. Jedes Reaktionäre ermangelt der geistigen Selbständigkeit. Wollte man die in

Deutschland für alle politischen Gedankengänge übliche Herüber-
nahme von Bildern aus dem militärischen Denken hier anwenden, so
könnte man sagen, dass Konservatismus Verteidigung ist und wie
jede Verteidigung sich vom Gegner das Gesetz diktieren lässt, wäh-
rend der Angreifer dem Verteidiger das Gesetz des Handelns dik-
tiert."[342]

Europäische Patrioten verteidigen das christliche Abendland gegen die Islamisierung. Vier Lügen in einer Losung! Weder sind die Führer, die im Winter 2014/15 in Dresden einige spektakuläre Demonstrationen veranstalteten, europäische Patrioten noch ist das Abendland christlich noch wird es islamisiert. Es handelt sich hier um eine kleine Gruppe von provinziellen Sachsen, die – bei größerer Nähe zu nationalistischen Überzeugungen – es weder mit dem Christentum, noch mit dem Abendland so sehr haben. Sie alle marschieren aus Furcht – nach dem Implodieren des repressivpaternalistischen Sozialismus Honneckers – erneut eine gewohnte, bzw. eingebildete Ordnung zu verlieren, nun an einen sie beängstigenden Islam. Will man einer oberflächlichen Befragung glauben, deren Ergebnisse in der Tagespresse veröffentlicht wurden, verstanden viele Teilnehmer das Schlagwort von der Islamisierung eher metaphorisch als Platzhalter für einen problematischen geistigen Zustand unserer Nation. Pegida-Demonstrationen sind, wo nicht nationalistische so doch konservative Bekundungen einer Illusion, im Rahmen einer Leitkultur zu leben, die christlich abendländisch genannt wird, schwammig definiert ist und irgendwo in der Vergangenheit verortet wird.

Konservatismus als Ideologie soll nicht mit der Sorge verwechselt werden, dass die gemeinsamen Wertevorstellungen einer Gesellschaft brüchig geworden sind. Eine arbeitsteilige Tauschgesellschaft braucht einen kulturellen Rahmen, einen Boden aus Gewohnheiten und Routinen, die von den allermeisten Bürgern wie selbstverständlich eingebracht und erwartet werden: Zuverlässigkeit in der Einhaltung von Absprachen, freiwillige Einhaltung der Gesetze, Wahrhaftigkeit und Treue. Mit dem Außerkraftsetzen der spontanen Ordnung des Marktes durch staatliche Eingriffe – einer Ordnung, die eine fortwährende Optimierung in der Verwendung der materiel-

---

342   Mises: *Nation, Staat und Wirtschaft*, Flörsheim, 2014, S. 97.

len und personellen Ressourcen leistet, die jedem Arbeitswilligen einen Platz zuordnet, wo er gebraucht wird und durch den er sich erhalten kann – gerät die Gesellschaft nicht nur in eine ökonomische, sondern auch in eine geistige Krise, die eine *Krise der Inflationskultur*[343] genannt wurde. Die Bereitschaft zur Loyalität gegenüber anderen sinkt, wenn die eigene Lage prekär wird.

Der Warnruf, dass wir auf eine schiefe Bahn geraten sind, ist nicht Konservatismus. Wir verstehen darunter eine Denkweise, *die das Bewahren zum Prinzip erklärt.* Sie muss erklären, was zu konservieren ist und stellt sich damit eine Aufgabe, die aus logischen Gründen nicht lösbar ist. Konservatismus will im Allgemeinen das vorgeblich bessere Jetzt bewahren und gegen die Veränderungen der Zeit erhalten. Sein Standpunkt ist keine klar definierte Position oder Idee, vielmehr eine Abwehrhaltung gegen alle Kräfte, die gestaltend in die Gegenwart eingreifen. Er bevorzugt das Gewohnte gegenüber dem Neuen, das einfache Bekannte gegen das komplexe Unbekannte, das Bestimmte gegen das Kontingente, das Herrschende gegen das Herausfordernde. Sein Standpunkt ist ihm selbst unklar, denn dass er im Namen des Bestehenden auftritt hat seinen Grund darin, dass die Gegenwart für ihn fragwürdig geworden ist, dass die gewohnte Ordnung aus seiner Sicht durch eine neue abgelöst zu werden droht.

Er muss sich also auf eine Vergangenheit beziehen, die doch stets auch nur eine sich verändernde Gegenwart gewesen sein kann. Daher weicht er aus in Verklärungen, in Idealisierungen der Vergangenheit. Was er schließlich verteidigt, ist eine Fiktion, die niemals Wirklichkeit gewesen sein konnte.

Für die Zukunft kann er keine Ziele definieren. Er wird keine Bewegung für ein Programm entwickeln, sondern verteidigen, was er als das Bessere für das Ganze ansieht. Ihn umweht ein melancholischer Zug, denn seine Sendung entspringt dem Pessimismus. Die Tendenz der Zeit ist schlecht. Sie bedarf seines Protests und Beharrens, wohl wissend, dass sie dem Untergang zustrebt.

---

343   Jörg Guido Hülsmann: *Krise der Inflationskultur. Geld, Finanzen und Staat in Zeiten der kollektiven Korruption*, München, 2013.

Aus dem Bewusstsein eigener Schwäche bevorzugt der Konservative den starken Staat, den er als die Kraft sich wünscht, die das Gute schützt und das Böse abwehrt, die Ordnung gegen die Freiheit stärkt. Er wird Gehorsam verlangen, die Unterordnung unter die Staatsraison und sich darin mit dem Nationalisten verbünden.

Konservatismus ist relativ. Er kann Teilmoment jeder politischen Richtung sein. Auch der Sozialist kann konservativ denken, indem er auf das bisher Erreichte blickt, das ihm bewahrenswert erscheint. Der Sozialismus ist seinem Ursprung nach und seiner Vision erzkonservativ. Marx und die anderen Sozialisten seit Saint-Simon träumten von einer Wiederkehr des Goldenen Zeitalters, während das bestehende ein zerrissenes sei, eines des Ausgestoßenseins aus dem ursprünglichen Paradies des Naturzustandes. Marx gehörte zur historistischen Strömung, die weltanschaulich antirationalistisch-mystizistisch war (Hegel, Schelling), wissenschaftlich empiristisch-szientistisch (Comte) und im Lebensgefühl romantisch.

„Der Historismus wurde Ende des achtzehnten Jahrhunderts als eine Reaktion auf die Sozialphilosophie des Rationalismus entwickelt. Den Reformen und der Politik, die von verschiedenen Schriftstellern der Aufklärung vertreten wurden, stellte er ein Programm der Bewahrung bestehender Einrichtungen und, manchmal, sogar einer Rückkehr zu erloschenen Einrichtungen entgegen. Gegen die Postulate der Vernunft berief er sich auf die Autorität der Tradition und die Weisheit vergangener Zeitalter. Das Hauptziel seiner Kritik waren die Ideen, die die amerikanische und die französische Revolution und verwandten Bewegungen in anderen Ländern inspiriert hatten. Seine Verteidiger nannten sich stolz antirevolutionär und hoben ihren strengen Konservatismus hervor. In späteren Jahren änderte sich aber die politische Orientierung des Historismus. Er begann, den Kapitalismus und den freien Markt – sowohl den Binnen- als auch den internationalen Markt – als das weitaus größte Übel zu betrachten, und verband sich mit den „radikalsten" oder „linksgerichtetsten" Feinden der Marktwirtschaft, aggressiven Nationalisten auf der einen Seite und revolutionären Sozialisten auf der anderen. Soweit der Historismus noch aktuelles politisches Gewicht besitzt, ist er ein Nebenzweig des Sozialismus und Nationalismus. Sein Konservatis-

mus ist fast dahingeschwunden. Er überlebt nur in den Lehren einiger religiöser Gruppen."[344]

Wir beobachten bei Pegida das Verschmelzen von „linken" sozialistischen und „rechten" nationalistischen Positionen, ein typisches Merkmal
vieler Menschen, die in der DDR lebten und in einer verhältnismäßig freien
Ordnung aufwachten, die sie ängstigt. Es sind manche unter ihnen, die es
nicht gewohnt sind, Gewinn und Verlust ihres Lebens ihrer eigenen Tatkraft
und ihrem eigenen Scheitern zuzuschreiben. Sie ziehen die Illusion eines
staatlichen Paternalismus dem „Unternehmertum" der Lebensbewältigung
aus eigener Kraft vor. Sie ziehen die vermeintliche Sicherheit der Freiheit
vor. „Das Wesen der Freiheit eines Individuums ist die Möglichkeit, von den
traditionellen Denkweisen und Handlungsweisen abzuweichen."[345]

Alles fließt. Nichts ist beständig außer dem Wandel. Die Menschheit
weiß schon immer, dass das Hauptmerkmal der Welt ihre Veränderbarkeit
ist. Eine unveränderliche Welt ist tot. Leben ist Ungleichgewicht, Bewegung, Streben, Handeln. In einer freien Welt wandern Arbeiter aus Gebieten, die relativ überbevölkert sind, in solche, die relativ unterbevölkert
sind. (Maßstab für die Über- bzw. Unterbevölkerung ist die Versorgung mit
den Subsistenzmitteln pro Kopf der Population.)

In den aufnehmenden Gebieten der Migration vermehren die einwandernden Arbeiter die Produktivität und tragen so zur Hebung des Lebensstandards aller bei. Natürlich bringen sie ihre eigenen Sitten und Gebräu-
che mit. Aber die friedliche Kooperation mit der autochthonen Bevölkerung
ist dann kein Problem, wenn die einwandernden Arbeitssuchenden Arbeit
finden und somit ihr Leben und das ihrer Angehörigen fristen können. Alle
gewinnen durch die Arbeitsteilung und den Austausch der Güter und
Dienstleistungen auf dem Markt. Wenn aber Teile der Bevölkerung keine
Arbeit finden, entstehen die Probleme, die der Einwanderung selbst ange-
lastet werden. Es sind genuin keine kulturellen Probleme, sondern die Folgen interventionistischer Marktverzerrungen, die zur Arbeitslosigkeit führen. Es sind Probleme eines viel zu starken, dirigistischen Staates.

---

344 Mises: *Theorie und Geschichte*, München, 2014, S. 198.
345 Mises, ebd., S. 363.

Die Lösung der Probleme wird im christlichen Abendland und (versteckt) im Sozialismus gesucht, in der Fiktion eines Gesellschaft, in der jeder seinen eigenen Platz erhält und bewahrt, in einer Ordnung der Gerechtigkeit und Stabilität. Damit verbunden sind Vorstellungen einer Abschließung nach außen, einer Definition der Leitkultur zur Abwehr der Differenz und der Idee staatlicher Fürsorge statt marktwirtschaftlicher Selbstregulierung und bürgerlicher Freiheit. Unter christlichem Abendland ist tatsächlich zu verstehen, die religiöse Intoleranz, die die Aufklärer angesichts der Verheerungen der hundertjährigen Glaubenskriege im Kampf gegen die Kirche überwinden konnten, wieder aufzuheben zugunsten eines neuen obligaten Glaubensbekenntnisses. Zurück zum Obrigkeits- und Gesinnungsstaat!

Unser Wohlstand ist auf den Leitideen der liberalen Aufklärer gebaut. Sie rieten dazu, der spontanen Selbstregulierung freien Lauf zu lassen. Sie erkannten, dass die Menschen arbeitsteilig produzieren und miteinander Handel treiben können, wenn sie die Glaubensunterschiede beiseite schieben und auf der Grundlage nicht gemeinsamer religiöser Überzeugungen, sondern gemeinsamer Fairnessregeln miteinander verkehren. Das schaffe Frieden und Wohlstand, sagten die klassisch Liberalen, und das trat dann auch ein. Unser heutiger Wohlstand ist auch auf die wissenschaftlich-technischen Erkenntnisse gebaut, auch auf die Sparsamkeit früherer Generationen, aber in erster Linie auf das Prinzip des bürgerlichen Friedens einer laizistischen Gesellschaftsordnung. Das bedeutet Fortschritt. In einer fortschrittlichen Wirtschaftsordnung, in der die Investition von Kapital beständig sich vermehrt und damit die Produktivität, also den allgemeinen Wohlstand, kann es keine Stabilität der Ordnung im Sinne einer starren Verteilung von Ressourcen und Plätzen geben. Vielmehr erfordert sie eine ständige Anpassung der Verhältnisse an sich verändernde Bedürfnisse. Ein wachsender Organismus muss sich häuten, wenn er in ein starres Korsett gepresst wird. Je freier eine Gesellschaft ist, desto fließender und humaner sind die Korrekturen; je starrer und staatlich gelenkter, desto größer die inneren Spannungen und desto eruptiver die Anpassungen. Liberalismus ist die Denkweise der fortwährenden Anpassung eines sich ständig wandelnden Gesellschaftssystems. Der Konservatismus ist das Gegenmodell.

NACHWORT

Vortrag von Dr. Titus Gebel, Gründer der Deutsche Rohstoff AG, an der Universität Heidelberg auf der Konferenz „Recht und Freiheit" der Students For Liberty am 31. Oktober 2015

Unternehmen sind per se sozial, da sie der Gesellschaft Güter und Dienstleistungen zur Verfügung stellen, die es sonst nicht gäbe. Das können sie auf Dauer nur, wenn sie dabei Gewinne erwirtschaften. Dieses Profiterfordernis sorgt wiederum dafür, dass die Mittel optimal eingesetzt und die Ressourcen bestmöglich ausgenutzt werden. Unternehmen schaffen so etwas, was vorher nicht da war, namentlich Produkte, Dienstleistungen, Arbeitsplätze, und erhöhen somit den Lebensstandard der Welt.

Unternehmen brauchen also kein Charity-Theater aufzuführen, um ihre soziale Ader zu beweisen. Ich tendiere sogar zu der Ansicht, dass etwa Bill Gates mit der Entwicklung von Microsoft mehr für die Menschheit getan hat, als mit der Verteilung all seiner Wohltätigkeits-Milliarden.

Kennzeichen eines freien Marktes ist es, dass jeder Akteur in Freiheit und Eigenverantwortung seine jeweiligen Interessen verfolgen kann, für die Konsequenzen dann aber auch selbst verantwortlich ist. Das führt dazu, dass Marktentwicklungen zwar nicht vorhersehbar sind, aber durch die freiwillige Interaktion der Beteiligten sowie beständigen Versuch und Irrtum den Wohlstand aller fördern.

Erfolgreiche freie Unternehmer zeichnet es nämlich aus, dass sie etwas anbieten, was die Kunden wirklich haben wollen. Nur wer sich Gedanken darüber macht, was seine Mitmenschen brauchen, sich wünschen oder in Zukunft für ihr Glück und Wohlbefinden benötigen werden, wird am freien Markt erfolgreich sein. Denn im Gegensatz zum Staat hat kein Unternehmer die Macht, die Menschen zum Kauf bestimmter Produkte (oder Fernsehsender) zu zwingen. Er muss den Kunden durch Qualität und Preis für sich gewinnen.

Steve Jobs, Dietmar Hopp und auch die Aldi-Brüder waren nicht erfolgreich, weil sie selbstlos zu Planerfüllungsgehilfen erleuchteter Eliten oder zu Subventionsabgreifern wurden, sondern weil sie aus Eigeninteresse ihren Mitmenschen gute und preiswerte Produkte angeboten haben.

Alle noch so gut gemeinten Gesetze und Regulierungen, welche in die wirtschaftliche Entscheidungsfreiheit des Unternehmens eingreifen, zerstören aber die Grundlagen und Resultate freiwilliger Kooperation durch staatliche Macht. Sie vernichten dadurch das, was eine Gesellschaft erfolgreich und attraktiv macht. Dies geschieht derzeit insbesondere in der EU.

Schauen Sie sich die Wachstumsraten an: In den 1960er Jahren hatten wir 5-6% pro Jahr, heute kommen wir auf nur noch runde 1%, wenn überhaupt. Wohlgemerkt, trotz der Entwicklung von Produktivitätsbeschleunigern wie Computern, Internet, Smartphones, GPS, Nanotechnologie und DNA-Technologie, trotz vorhandener Infrastruktur und gut ausgebildeter Arbeitskräfte. Irgendetwas drückt auf die Bremse und das ist der ständig wachsende Regulierungsmehltau.

Je mehr Regulierung, desto weniger Wachstum, desto weniger Wohlstand. Denn jede neue Regulierung schafft neue Unsicherheit und vor allem zusätzliche Kosten. Dadurch werden mittelbar die Produkte verteuert und dadurch sinkt insbesondere der Lebensstandard ärmerer Menschen. Immer schärfere Grenzwerte, deren zusätzlicher Nutzen für die Gesundheit und Umwelterhaltung oft gar nicht mehr messbar ist, erschweren das Geschäft zusätzlich, insbesondere im Produktionsbereich. Wir reden dabei in Deutschland mittlerweile über die Umsiedlung von Ameisenvölkern! Der Frankfurter Flughafen ist in seiner Broschüre darauf sogar noch stolz, ich hingegen schäme mich für dieses Land, wenn ich im Ausland diese Geschichte erzähle.

Unternehmer können durchaus mit einer gewissen Regulierungsdichte auskommen und umgehen, aber wenn diese jedes Jahr wächst oder sich ändert, dann werden viele neue Projekte gar nicht erst angefangen. Die Politik versteht das nicht: Sie glaubt vielmehr, sie würde die Unternehmer über ihre Verbände doch einbeziehen. Nun, auch ich habe einen viele Seiten starken Entwurf des neuen Bergbaugesetzes erhalten (Bundesberggesetz) und ich habe auch eine Meinung dazu. Aber mir fehlt schlicht die Zeit, mich in dieses umfangreiche Werk hineinzulesen und all die zahlreichen Stellen zu beanstanden und kommentieren, die – wie seit Jahren nicht anders üblich – immer neue Erschwernisse und Auflagen für die unternehmerische Tätigkeit enthalten. Irgendwer muss irgendwann ja auch Wertschöpfung betreiben!

Lediglich Großunternehmen können es sich leisten, ganze Stäbe mit solchen Themen zu befassen. Deren Änderungsvorschläge wirken sich dann „zufällig" gegen die kleineren Wettbewerber aus, denen schlicht das Personal fehlt um bestimmten bürokratischen Auflagen nachzukommen. Weist man die Politik darauf hin, dass Ihr ganzes regulatorisches Handeln Großunternehmen bevorzugt und kleine und mittlere Unternehmen benachteiligt, nimmt diese „die Sorgen und Nöte der Unternehmer" ernst und schafft – einen Mittelstandsbeauftragten! Wer ernsthaft glaubt, die EU so zum wettbewerbsstärksten Wirtschaftsraum der Welt machen zu können, und das war zumindest eine Zeit lang erklärtes Ziel, dem ist nicht mehr zu helfen, denn ihm fehlt schlicht das Grundverständnis, wie Wirtschaft und Märkte funktionieren. Dieses Ziel würde die EU nur durch maximale Deregulierung erreichen können, also das Gegenteil von dem, was praktisch alle Parteien fordern. Mithin ist keine Besserung in Aussicht.

Hinzu kommt eine wachsende Technologiefeindlichkeit, so dass neue und auch etablierte Technologien immer neuen Auflagen unterworfen werden. Dass dies die Produktion insgesamt immer weiter verteuert und schließlich unrentabel macht, wird einfach ausgeblendet. Zukunftsträchtige Technologien wie Gentechnik, Kernenergie, Fracking, (oder auch Uber!) deren Schadensbilanz im Vergleich zu anderen etablierten Technologien gut bis sehr gut ist, werden aus Deutschland vertrieben, zugunsten von unausgereiften Ideen wie Photovoltaik, Windenergie, Elektroautos, die nur durch Subventionen und Regulierung überhaupt überleben können. Und das, obwohl niemand mit Gewissheit sagen kann, ob der Klimawandel, wenn er denn kommt, unter Strich mehr schadet als nützt.

Aber keine Sorge: das planwirtschaftliche Projekt der Energiewende wird mit Pauken und Trompeten scheitern. Es hat leider das Potenzial, durch die Verteuerung der Energiekosten nahezu alle Industriezweige in

Deutschland mit nach unten zu reißen. Wer jedoch davon überzeugt ist, uneigennützig und selbstlos zum Wohle der Menschheit und der Erde zu handeln, und das sind ja in Deutschland viele, dem ist nicht mit Vernunftargumenten beizukommen. Da bleibt dem Unternehmer nur der Ausweg, die
Produktion entweder ins Ausland zu verlagern oder sich auf weniger regulierte Bereiche wie Handel oder Dienstleistungen zu beschränken.

Aber ich möchte noch einen anderen Aspekt abseits von Wirtschaftlichkeitsgesichtspunkten ansprechen. Unternehmer sein hat seinen Preis: die
ständige Möglichkeit des Scheiterns, das Nicht-abschalten-können auch
nach Feierabend und am Wochenende und die Unerbittlichkeit der finanziellen Resultate, die keine Ausreden und keinen Selbstbetrug zulassen. Dafür muss auf der anderen Seite auch etwas stehen und das ist eben nicht
nur der hohe Verdienst, wenn es gut geht. Beweggrund Unternehmer zu
werden ist vor allem auch die Möglichkeit, selbst etwas zu schaffen und das
Geschaffene eigenverantwortlich zu gestalten. Wenn der Staat hier auch
noch eingreift, dann geht ein großer Anreiz verloren, Unternehmer zu sein.

Bei mir war der Rubikon mit den Antidiskriminierungsgesetzen überschritten. Wenn man nicht mehr frei entscheiden kann, wen man einstellt
oder an wen man vermietet, ist die Vertragsfreiheit endgültig abgeschafft.
Als später dann absehbar war, dass in börsennotierten Unternehmen eine
Frauenquote für den Aufsichtsrat kommt, war das sozusagen der Tropfen,
der das Fass zum Überlaufen brachte und meine Entscheidung besiegelt
hat, in Deutschland Ende 2014 aufzuhören.

Trotzdem bin ich überzeugt, dass man auch heute in Deutschland noch
erfolgreich Unternehmer sein kann. Ich würde aber auf jeden Fall raten,
hoch regulierte Bereiche zu meiden und nicht in subventionierte Zombiemärkte zu gehen. Und halten Sie sich von Anfang an die Möglichkeit offen,
mit Ihrem Unternehmen ins Ausland auszuweichen.

Zum Autor

Helmut Krebs, verheiratet, mehrfacher Vater und Großvater, ist Pädagoge und autodidaktischer Philosoph. Von ihm erschienen bisher die Übersetzung Ludwig von Mises *Theorie und Geschichte* und die Monografie *Klassischer Liberalismus* als Band 1 der Edition Forum Freie Gesellschaft sowie Aufsätze im gleichnamigen Forum. Er übersetzte die wichtigsten englischsprachigen Werke von Ludwig von Mises, u.a. *Human Action* und *The Ultimate Foundation of Economic Science*.

Zum Herausgeber

Dr. Michael von Prollius ist Publizist und Gründer von Forum Freie Gesellschaft, einer Internetplattform, die sich für die Wiederbelebung und Weiterentwicklung des klassischen Liberalismus einsetzt.
Vom ihm sind zum Thema dieses Buches u.a. folgende Studien erschienen.: *Soziale Gerechtigkeit auf dem Prüfstand* (Liberales Institut, Schweiz), *Die Dunkle Bedrohung: Verstaatlichung durch schleichende Bürokratisierung*, *Bildungsvielfalt statt Bildungseinfalt*. In Koautorenschaft mit Helmut Krebs erschienen zum Thema standortbestimmende Working Papers: *Bedingungen eines freiheitlichen Staates*, *Zur Struktur staatlicher Aufgaben und ihrer Legitimität aus liberaler Sicht*, *Die öffentlichen Angelegenheiten und der klassische Liberalismus*.

Forum Freie Gesellschaft

Forum Freie Gesellschaft (www.forum-freie-gesellschaft.de) ist eine Internetplattform, die für eine Ordnung der Freiheit wirbt. Die Autoren setzen sich mit Analysen und Kommentaren für eine freie Gesellschaft und freie Märkte ein. Grundlage bilden die Ideen der europäischen Humanisten, Ökonomen und Sozialphilosophen. Dieses Bewusstsein wachzuhalten und an einer Erneuerung des klassischen Liberalismus mitzuwirken, ist das wesentliche Ziel von Forum Freie Gesellschaft.

Dank

Ich danke meiner Frau, Nini und Michael.

Dank auch an Michael Miersch für sein Interesse und die vielen Einsichten, die ich ihm und Dirk Maxeiner verdanke.

Titus Gebel überließ mir spontan seine Rede auf der Abschlussfeier der Students for Liberty im Oktober 2015 in Heidelberg. Ein besseres Nachwort konnte ich mir nicht wünschen.

In Liebe meinen Kindern.

Edition Forum Freie Gesellschaft

Bisher erschienen:

Bd. 1
Helmut Krebs: *Klassischer Liberalismus. Die Staatsfrage – gestern, heute, morgen*, hg. von und mit einem Aufsatz von Michael von Prollius, Norderstedt 2014, 216 S., 7,99 Euro (Taschenbuch), 4,49 Euro (Ebook).

Bd. 2
Tomasz M. Froelich: *Bildungsvielfalt statt Bildungseinfalt. Bessere Bildung für alle ohne Staat*, Norderstedt 2015, 108 S., 6,99 Euro (Taschenbuch).

Bd. 3
Dagmar Schulze Heuling: *Lob der Ungleichheit. Das Postulat der Gleichheit unter Legitimationsdruck*, Norderstedt 2015, 108 S., 7,00 Euro (Taschenbuch).